미국의 탄생

미국 역사 교과서가 왜곡한 건국의 진실들

옮긴이 | 남경태 서울대학교 사회학과를 졸업했다. 1980년대 중반부터는 『제국주의론』, 『공산당선언』 등 사회과학 서적의 번역에 주력했다. 1990년대부터는 인문학의 대중화로 노선을 바꾸고 역사와 철학 분야의 대중서들을 쓰기 시작하여 현재까지 꾸준히 인문교양서의 집필과 번역에 몰두하고 있다. 그동안 쓴 책으로는 『종횡무진 서양사』, 『종횡무진 동양사』, 『종횡무진 한국사』, 『트라이앵글 세계사』 등이 있으며, 옮긴 책으로는 『페다고지』, 『대지의 저주받은 사람들』, 『사람의 역사 1, 2』, 『종횡무진 동로마사』, 『꿈』, 『명화의 비밀』, 『링컨의 진실』, 『알렉산드로스 대왕』, 『우리 세계의 70가지 경이로운 건축물』, 『제국의 태양 엘리자베스 1세』 등 다수가 있다.

Founding Myths by Ray Raphael
Copyright © The New Press 2004
All rights reserved.
Korean translation Copyright © Greenbee Publishing Company Published 2005
This translation of *Founding Myths* originally published in English in 2004
is published by arrangement with THE NEW PRESS Limited.

미국의 탄생 미국 역사 교과서가 왜곡한 건국의 진실들

초판1쇄 펴냄 2005년 6월 20일
초판2쇄 펴냄 2010년 4월 20일

지은이 레이 라파엘
옮긴이 남경태
펴낸이 유재건
펴낸곳 (주)그린비출판사
주소 서울시 마포구 와우산로 180, 4층
대표전화 02-702-2717 | **팩스** 02-703-0272
홈페이지 www.greenbee.co.kr
원고투고 및 문의 editor@greenbee.co.kr

편집 이진희, 구세주, 송예진, 김아영 | **디자인** 권희원, 이은솔
마케팅 육소연 | **물류유통** 유재영 | **경영관리** 유수진

이 책의 한국어판 저작권은 PubHub 에이전시를 통한 저작권자와의 독점계약으로 (주)그린비출판사에 있습니다.
저작권법에 의하여 한국 내에서 보호를 받는 저작물이므로 무단전재와 무단복제를 금합니다.
책값은 뒤표지에 있습니다. 잘못 만들어진 책은 구입처에서 바꿔 드립니다.
ISBN 978-89-7682-952-8 03940

學問思辨行: 배우고 묻고 생각하고 판단하고 행동하고
독자의 학문사변행을 돕는 든든한 가이드 _그린비 출판그룹

그린비 철학, 예술, 고전, 인문교양 브랜드
엑스북스 책읽기, 글쓰기에 대한 거의 모든 것
곰세마리 책으로 크는 아이들, 온가족이 함께 읽는 책

미국의 탄생

미국 역사 교과서가 왜곡한 건국의 진실들

레이 라파엘 지음 | 남경태 옮김

그린비

:: **차 례**

서론_ 날조된 과거 9

1부 건국의 영웅들
1_ 혁명의 전령, 폴 리비어 19
    원래의 이야기 21 | 시의 특권 29 | 끊이지 않는 생명력 35
2_ 몰리 피처 41
    전설 만들기 45 | 치장되는 이야기 53 | 돌아온 몰리 대장 59
3_ 혁명가 샘 애덤스 63
    토리당의 이야기 66 | 샘 애덤스의 혁명 71 | 집단의 사안 81

2부 다윗과 골리앗
4_ 세상을 뒤흔든 총성 : 렉싱턴과 콩코드 89
    민중의 혁명 91 | 방어 준비 98 | 잃어버린 역사 102
5_ 포지 계곡의 겨울 111
    명예롭지 않은 이야기 112 | 두 겨울의 이야기 121 | 성지 : 신화화된 이야기 128

3부 현인들
6_ 제퍼슨의 독립선언문 139
    '다른' 「독립선언문」들 141 | 늦은 출발 148 | 링컨이 부활시킨 제퍼슨 152 | 공동의 정신157
7_ 건국 시조들 : 가장 위대한 세대 161
    멋쟁이 건국자 161 | 중심인물들 169 | 소수와 다수 173

4부 전선에서

8_ "자유가 아니면 죽음을 달라" 183
    공포와 혐오 189
9_ "적의 흰자위가 보이기 전까지는 발포하지 말라" 199
    실험 200 | "사방에서 온통 포성과 총성, 북소리가 울리고 포탄이 날아다녔다" 201 | 유행어가 된 '흰자위' 207

5부 선과 악

10_ 애국적 노예 217
    흑인과 백인의 역사 223 | 두 가지 이야기 229
11_ 잔인한 영국군 239
    선인과 악인 239 | 최초의 내전 244 | 옳든 그르든 나의 조국 248

6부 해피엔딩

12_ 요크타운의 마지막 전투 261
    "전쟁은 끝나지 않았다" 261 | 미국혁명 : 세계 전쟁 269 | 사라진 1년 반 275
13_ 서부로의 이동 281
    분할과 정복 283 | "누가 서부에서 이주민들을 지켜주었는가?" 291 | "우리는 그 땅을 갖고 싶다" 295

결론_ 동화 속의 나라 305
    과거를 이용하라 306 | 낭만화된 혁명 313 | 변형된 혁명 325 | 진실을 속이는 이야기 329 | 어린이의 눈을 통해 332 | 끝없는 이야기 339

참고문헌 343 | 찾아보기 361

| 일러두기 |

1 이 책은 Ray Raphael, *Founding Myths*(The New Press, 2004)를 완역한 것이다.

2 본문 중에 나오는 '애국자'(patriot)라는 용어는 '나라를 사랑하는 사람'이라는 일반적이고 도덕적인 의미가 아니라 미국의 건국에 기여한 정치 세력을 총칭하는 의미로 이해해야 한다. 그래서 영어 단어를 그냥 읽어 패트리어트라고 쓰기도 했다.

3 본문 중 옮긴이 주는 예를 들면 '연합법(잉글랜드와 스코틀랜드가 통합을 이룬 법)'처럼 괄호 안에 작은 글씨로 올려서 표기했다.

4 본문 중 인용문 안의 대괄호〔 〕는 원저자의 것이다.

5 인명이나 지명, 그리고 작품명은 '외래어 표기법'(1986년 1월 문교부 고시)과 이에 근거한 『편수자료』(1987년 국어연구소 편)를 따랐다.

6 단행본·전집·정기간행물·신문·잡지·팸플릿 등에는 겹낫표(『 』)를, 논문·보고서·기고문·단편·미술·건축·영화 등의 작품 등에는 낫표(「 」)를 사용했다.

역사를 왜곡하는 것은 그 자체로도 나쁘지만 그 결과는 더욱 나쁘다. 역사를 보는 관점은 과거와 현재의 정치 과정에 대한 인식을 형성한다. 학생들은 왜곡된 역사서를 통해 정치 사건을 이해하는 데 필요한 '문법'을 배우고 내면화시킨다.

"온 세상이 우리의 애국자들과 영웅들을 찬양하게 하라!"

「델라웨어 강을 건너는 워싱턴」, 에마누엘 로이체의 1851년 회화 작품을 바탕으로 제작한 판화.

서론_날조된 과거

대서양을 건너 북아메리카의 동해안에 도착한 이주민들은 그곳이 미지의 땅이라는 것을 알았다. 그래서 구세계의 전통에 따라 그들은 새삼스럽게 스스로를 인간이라고 규정했다. 그들의 눈에는 신세계가 텅 빈 칠판처럼 인간의 역사가 없는 듯이 보였던 것이다.

그 뒤 서서히, 한 세기 반에 걸쳐 이주민들은 각 지역에서 별도의 역사를 전개했다. 이 역사들은 서로 독립적으로 진행되다가 갑자기 한 차례 대격변이 일어나면서 하나로 합쳐졌다. 혁명전쟁은 미국인들에게 공통의 과거를 공유하게 해주었으며, 이 과거는 국가를 건설하는 데 큰 역할을 했다. 미국이 독립을 이룩한 이야기는 200여 년 동안 수도 없이 되풀이되면서 미국인들을 하나로 결속시켜 주었다.

무릇 모든 나라는 그 기원을 찬양하고자 하지만 미국이 탄생한 이야기에는 특별한 점이 있다. 여느 나라들과 달리 미국은 건국 과정이 한 세대 내에 이루어졌고 매우 분명하다. 예를 들어 영국의 건국은 노르만의 침공(1066), 마그나 카르타(1215), 명예혁명(1688), 연합법(1707 잉글랜드와 스코틀랜드가 통합을 이룬 법) 등의 사건들을 거치며 수세기에 걸쳐 이루어졌다.

또 중국은 고대의 여러 왕조, 1911년의 민국혁명(신해혁명), 1949년의 공산혁명 등 복잡다단한 과정을 통해 건국되었다. 멕시코의 경우에는 건국과 관련된 계기가 두 가지 — 1821년의 독립과 20세기 초의 혁명 — 뿐이지만 이 두 사건의 시차만 해도 90년이나 된다. 캐나다는 평이하고 순탄하게 건국되어 특별한 이야깃거리가 없다.

그와 달리 미국의 건국 이야기는 단순하면서도 장대하다. 줄거리는 간단하다. 아메리카 이주민들은 영국의 지배에 항거하여 전쟁을 벌였고, 독립을 이루었으며, 자신들의 정부를 수립했다. 이 간단한 얼개를 가지고 얼마든지 윤색할 수도 있지만 기본적으로 줄거리 자체는 명확하고 명쾌하다. 그것으로 충분히 미국인의 고유한 정체성을 확립할 수 있다.

이 이야기를 어떤 방식으로 말하느냐에 따라 우리나라의 정의가 내려진다. 정치인들은 걸핏하면 18세기 후반 아메리카의 경험과는 전혀 동떨어진 명분을 지지하는 데 '우리의 건국 시조들'을 써먹으려 한다. 정치적 현재를 위해 과거 — 정확히 말하면 그들이 생각하는 과거 — 를 이용하려는 것이다.

독립혁명의 이야기는 먼저 구두로 전승되었고, 그 과정에서 풍부해진 민담은 역사를 발명하는 데 필요한 좋은 근거가 되었다. 혁명 이전에 분노한 이주민들은 술집과 공회당에 모여 의회를 격렬히 규탄했다. 그리고 전쟁이 끝난 뒤 그 사람들은 사과주를 마시며 무용담을 주고받았다. 초기 공화국 시대 수십 년 동안 사람들은 그때의 이야기를 거듭 되풀이하면서 실제의 사건들을 뼈대로 삼아 자꾸 살을 붙여나갔다. 돌이켜 생각하기에 너무 고통스러운 이야기들은 빼버렸고, 용감한 이야기들은 덧붙이고 치장했다. 장례식이나 7월 4일 독립기념일 행사에서 연사들은 혁명의 이야기를 골자로 삼아 연설했다. 청중이 갈채를 보내고 비평가들이 평점을 매기는 가운데 연사들은 애국적인 연설의 솜씨를 놓고 경합을 벌였다. 그 역동적인 구전 이야기는 상세하면서도 자유로운 역사를 낳는 데 기여했다. 그것은 문헌화될 필요가 없었으므로 어디든 마음 내키는 대로 흘러갔다.

구전처럼 미술도 과거를 현재 속에 위치시키는 역할을 했다. 혁명의 와중에, 그리고 혁명이 끝난 뒤에 미술가들은 주요한 사건들을 판화와 석판화로 만들어 사람들에게 보여주었다. 판화는 사진보다 유연한 형식의 예술이었으므로 해석의 여지가 넓었다. 19세기 초에는 전투와 중요한 정치적 사건들을 웅장한 회화에 담아 강렬한 이미지로 표현했다. 후대의 사람들은 역사책에서 본 그런 그림들로 혁명에 관한 집단적 '기억'을 만들어냈다. 전쟁이 끝나고 오랜 세월이 지난 뒤에 화폭에 옮겨진 그 이미지들은 곧 국민적인 우상으로 자리잡았다. 오늘날 미국의 독립혁명을 표현한 가장 대표적인 회화 작품을 두 가지만 들면, 존 트럼벌(John Trumbull)의 1818년작 「1776년 7월 4일 독립선언」과 에마누엘 로이체(Emanuel Leutze)의 1851년작 「델라웨어 강을 건너는 워싱턴」을 꼽을 수 있을 것이다(하지만 트럼벌의 그림에는 정식 서명이 없었고, 로이체의 그림에서는 워싱턴의 배에 뚜렷이 보이는 깃발이 당시에는 없었다).

구전과 예술적 상상력은 불완전하고 편향된 문헌들의 빈틈을 메웠다. 비록 일부 지식인들이 상당량의 선언, 서한, 일기, 회고록을 후대에 남겼지만, 이 기록들은 극소수의 사람들이 쓴 것이므로 인구 전체를 대표할 수는 없다. 더구나 그 일인칭 문헌들은 대부분 실제의 사실이 일어나고 수십 년 뒤에 기록되었다. 그 기록들은 왜곡되고 개인적 편견이 포함된 데다 기억의 정확성도 문제가 되기 때문에 액면 그대로 받아들일 수는 없다.

편향적인 문헌은 분량이 상당하지만 구전과 시각적 전승이 엉성하며 정치와 이념이 개재되어 있어 역사적 상상력의 여지가 크다. 우리는 이렇게 정확성은 떨어지더라도 창조적으로 우리가 원하는 과거를 만들었다.

허구는 처음부터 사실과 분리되었다. 혁명전쟁이 끝난 직후 대륙회의의 서기인 찰스 톰슨(Charles Thomson)은 전쟁의 역사를 기록으로 남기는 작업에 착수했다. 그는 내밀한 정보를 접할 수 있었으므로 많은 사실들을 밝힐 수 있었지만, 놀랍게도 역사 서술을 포기해버렸다. 훗날 그는 이렇게 설명했다. "미래 세대에게 사실을 밝히고 싶지 않다. 내가 진실을 말하면 큰 죄를 짓게 된다. 온 세상이 우리의 애국자들과 영웅들을 찬양하게 하라."

진실을 밝히려 하지 않았다면 톰슨 같은 사람들은 무엇을 말하려 했을까? 1790년, 영미 언어학의 권위자였던 노아 웹스터(Noah Webster)는 이렇게 대답했다. "무릇 미국의 아이들은 누구나 말을 배우자마자 …… 자기 나라의 역사를 이야기해야 하며, 서툰 발음으로 자유를 찬양하고 혁명을 성공시킨 빛나는 영웅들과 정치가들을 칭송해야 한다."

이리하여 낭만이 생겨났다. 독립을 이룬 직후에 탄생한 낭만이 19세기 내내 지속되면서 많은 작가와 연사들은 피비린내나는 내전의 적나라한 진실을 감추고 얄팍한 증거를 바탕으로 한 매력적인 이야기를 부각시켰다. 지금도 우리는 그런 이야기들을 한다. 이를테면 이 책에 나오는 혁명의 전령 폴 리비어, "자유가 아니면 죽음을 달라"는 연설, 세상을 뒤흔든 렉싱턴과 콩코드의 총성이 그런 사례들이다. 우리는 그것들이 실제 사건의 참된 반영이라고 여긴다. 수도 없이 반복된 탓에 그것들은 마치 진실처럼 보인다.

하지만 우리의 믿음은 착각이다. 사실 그런 이야기들은 대부분 실제 사건보다 100년 뒤에 만들어졌다. 폴 리비어는 원래 지역에서만 알려진 인물이었는데, 1861년에 헨리 워즈워스 롱펠로가 사실을 왜곡하여 그를 오늘날까지 전해지는 위대한 영웅으로 만들었다. 패트릭 헨리가 했다는 '자유냐 죽음이냐' 연설은 그가 그 말을 했다고 알려진 시기보다 42년이나 지난 뒤인 1817년에 무슨 연유에서인지는 모르지만 처음으로 출판물에 인쇄되었다. 또 '세상을 뒤흔든 총성'은 사건이 있은 지 61년이나 지난 1836년에야 비로소 알려졌다.

그런 사례는 많다. 우리가 존경하는 선동가 샘 애덤스는 19세기 전반까지만 해도 잊혀진 인물이었으나, 실제 사건이 일어난 지 한 세기 가까이 지났을 때 갑자기 독립혁명의 지도자로 부상했다. 토머스 제퍼슨도 미국적 '평등'의 설계자로 널리 인정되지는 않았는데, 87년 뒤에 에이브러햄 링컨이 그에게 그 역할을 부여했다. 남북전쟁 이전까지의 교과서에는 "적의 흰자위가 보이기 전까지는 발포하지 말라"는 명령이 나오지 않았다. 또 오늘날 초등학교와 중학교의 교과서에 미국혁명의 여장부로 사진까지 수록된 몰리 피처는 완벽한 조작이다. 그녀는 1876년 독립 100주년 기념식이 치러지기 전까지는 역사적인 인물로 특별히 자리매김되지 않았다.

오래 전에 발명된 이런 이야기들은 최근의 연구에 의해 그 진위가 부정되었음에도 불구하고 여전히 교과서와 인기 있는 역사서에 실려 있다. 널리 사용되는 어느 교과서에는 이 책에서 폭로한 이야기들 중에서 단 두 개만 제외하고 전부가 수록되어 있다. 그 중 몇몇 이야기는 현대의 모든 교과서에 나오며 마치 복음처럼 읽힌다.

우리는 왜 그런 이야기에 집착할까? 여기에는 서로 밀접히 연관된 세 가지 이유가 있다. 즉 우리에게 집단적 정체성을 부여하고, 좋은 이야깃감이 되며, 우리의 애국심을 고취한다.

우리가 건국 초기의 이야기를 듣고 싶어하는 이유는 하나의 민족이라는 동질성을 느끼게 해주기 때문이다. 미국인들은 공유된 과거의 느낌을 강조하려 할 때 늘 '우리'라는 말을 쓴다. 그래서 이 책에서도 공통으로 소유한 믿음을 가리킬 때는 일인칭 복수를 사용했는데, 단지 언어적인 편리함을 추구하기 위해서가 아니라 실제의 인지적 습관을 정확히 지적하기 위해서다. **우리**는 역사의 주인공이다. 대다수 미국인들은 혁명전쟁이나 제2차 세계대전에 관해 읽을 때는 늘 **우리** 편을 확인하고자 한다. 우리 조상들은 영국만이 아니라 폴란드와 베트남에서도 왔지만 우리는 조지 워싱턴이 **우리나라**의 시조라는 이야기를 수도 없이 듣는다.

무릇 소문이 대개 그렇듯이 그런 이야기들은 너무 훌륭한 내용이라서 무시해버릴 수가 없다. 그것들은 오랜 세월에 걸쳐 세심하게 다듬어졌다. 매번 영웅이 등장하며, 매끈한 줄거리에 해피엔딩이다. 선이 악을 맞아 싸우고, 다윗이 골리앗을 물리치고, 현인이 바보를 이긴다. 우리의 건국신화에는 그런 이야기 형식들이 잘 조화되어 있다. 사람들은 흔히 미국의 혁명이 한물 간 유럽의 혁명보다 더 훌륭하고 현명하다고 말한다. 중과부적의 이주민들이 세계 최강의 제국 골리앗과 싸워 이겼다. 선이 악을 이긴 그 전쟁의 해피엔딩은 미국의 탄생이었다. 진짜 역사보다 더 필요한 것은 그런 상상이다. 우리가 '역사'라고 여기는 것은 대부분 사실에서가 아니라 그런 이야기의 필요성에서 비롯된다.

이렇게 발명된 과거와 선별된 '애국'이 우리나라의 자기만족적인 자화상을 그려낸다. 거울 앞에서 우리는 가장 좋은 옷을 입고 자세를 취한다. 독립혁명의 영웅들을 바라보면서 우리는 미국인으로 산다는 것의 의미를 찬양한다. 우리는 우리나라를 완벽하게 만들고——비록 지금은 아니더라도 신화적 과거에서는 완벽했다——이상적인 미국이라는 행복한 관념을 행동의 지표로 삼는다. 과거의 영광스러운 전통에 의지할 수 있다면 오늘날 이 어지러이 변화하는 세상에서 우리는 보다 안정감을 느낄 것이다.

그런데 이것이 과연 '애국심'일까? 그렇게 여긴다면 편협하고 낡은 관점이라 하지 않을 수 없다. 발명된 과거는 선량한 시민을 육성하는 듯 보이지만 실은 그 반대다. 언뜻 보기에 그것은 우리를 영웅적으로 행동하도록 격려하는 것 같지만 오히려 우리의 힘을 빼앗아간다. 그것은 인민의 주권, 미국 독립의 추동력이 된 그 혁명 정신을 갉아먹는다. 그래서 우리는 지도자들이 우리보다 더 많은 것을 안다고 여기고 막연히 그들을 추종하게 된다. 또한 그것은 평범한 시민이 자신의 의사에 따라 행동하지 못하도록 한다. 그것은 다시 오지 않는 과거에 대한 수동적인 향수를 품게 하며, 군국주의를 조장하고 전쟁을 미화한다.

과거에 우리가 어땠는지, 현재는 어떤지, 장차 어떻게 되고 싶은지를 더 엄밀히 고민한다면 우리는 더 나아질 수 있을 것이다. 우리는 그렇게 편협한 자화상에 갇혀 있을 필요가 없다. 우리나라는 공동의 산물이며 수많은 헌신적인 애국자(patriot 나라를 사랑하는 사람'이라는 일반적인 의미가 아니라 미국의 건국에 기여한 정치 세력을 총칭하는 의미)들이 함께 만든 작품이다. 하지만 우리는 전통적 이야기들을 되풀이함으로써 그들 대부분을 역사에서 배제하고 있다. 더 나쁜 것은 그들이 이룬 불멸의 업적을 왜곡한다는 점이다. 미국을 건국한 것은 개인들의 영웅적인 행위가 아니라 단결의 힘을 깨우친 민중의 결집된 혁명적 행동이었다. 이 풍요하고 민주적인 유산은 너무 작은 이야기가 아니라 너무 큰 이야기이기 때문에 아직까지 아무도 손을 대지 못하고 있다. 그것은 전통적인 이야기 구조의 인위적인 제약을 초월한다. 단지 교훈적인 이야기로 정리해버리기에는 등장하는 영웅이 너무 많고 애국심이 너무 강하며 너무나 사실적이다. 그 복잡하고 방대한 이야기를 말끔하고 단정한 우리의 발명된 과거는 은폐하고 있다.

건국에 관한 우리의 이야기는 19세기의 낭만적 개인주의를 반영하며 우리나라를 보잘것없게 만든다. 그것은 묘하게도 혁명적 미국의 공동체적 이념과도, 오늘날의 민주적 가치관과도 어긋난다. 신화적 과거 속의 완벽한 미국이라는 이미지는 우리의 혁명적 뿌리를 감추고 있다. 우리는 그것을 필요로 하지 않는다.

그와 반대로, 21세기에는 국민주권이라는 개념이 더 잘 어울린다. 국민은 자신의 정치적 운명을 통제할 수 있다. 미국혁명은 언제나 그 점을 보여주는 좋은 준거가 된다. 1774년에 토리당(18세기에 영국에서 휘그당과 대립했던 정당을 가리키지만 미국 독립 시기에 이 말은 정당적인 색채보다는 미국의 독립과 건국을 지지하는 애국자 세력과 대립하여 영국을 지지하는 친영국파를 가리키는 일반적인 용어였다)의 어느 불만분자는 이렇게 썼다. "이제 정부를 좌지우지하는 것은 국민이다." 이것은 애써 꾸며낼 필요가 없는 그 자체로 서사적인 이야기다.

1부

건국의 영웅들

"나라의 명운이 걸린 그날 밤"

「혁명의 전령 폴 리비어」, 찰스 G. 부시의 드로잉, 『하퍼스 위클리』, 1867년 6월 29일자.

1_혁명의 전령, 폴 리비어

 남북전쟁이 발발하기 직전인 1860년에 연방의 유지를 지지하는 미국인들은 혁명의 새 영웅을 찾고 있었다. 일찍이 19세기 벽두에 메이슨 웜스(Mason Weems) 같은 애국적인 작가들은 조지 워싱턴을 신격화함으로써 국가의 통합을 꾀했지만(이 책의 '결론' 참조), 이번에는 노예제를 둘러싸고 분열을 빚었으므로 워싱턴을 내세우는 것은 별로 약발이 없었다. 워싱턴은 분명히 미국의 국부(國父)였으나 수백 명의 노예를 소유했던 것이다. 연방을 깨버리겠다고 협박했던 남부의 탈퇴론자들은 자신들이 워싱턴의 적통이라고 주장하며 그의 후광을 빌리고자 했다. 노예를 소유했던 워싱턴은 국민들을 단합시키기는커녕 분열을 조장한 인물이 되었다. 전통에 의지하여 국론의 분열을 해소하려 했던 미국인들은 다른 수단을 찾아야 했다.

 1860년 4월 5일에 보스턴의 올드노스 교회(Old North Church) 부근을 걷던 헨리 워즈워스 롱펠로는 조지 섬너라는 친구에게서 폴 리비어(Paul Revere)가 한밤중에 말을 타고 달린 민담을 들었다. 마침 미국의 운명이 위태로운 시기에 그 이야기를 듣고 감동한 그는 그 이튿날에 바로 자신의 생각을 종이에 적었다. 한 사람의 용감한 행위가 '나라의 명운'을 결정지을 수도 있었던 때였기에 롱펠로는 미국혁명을 극적으로 도입하는 것에서 영감을 얻었다. 그가 보기에 혼자서 말을 달리며 사람들을 깨운 리비어는 시기적절한 영웅이었다. 과거에 리비어가 나라를 일으켰다면 지금도 다시 할 수 있었다. 물론 이번에는 롱펠로의 시를 통해서였다.

폴 리비어는 밤새 말을 달렸고
그가 외치는 경보도 밤새 울려퍼졌다.
미들섹스의 모든 마을과 농장에
어둠 속의 목소리, 문 두드리는 소리가
언제까지나 메아리쳤다!
과거의 밤바람을 타고
우리 역사와 더불어 최후까지
어둠과 위험과 위급의 시간을 거치며,
사람들은 깨어 일어나 들으리라
그 다급한 말발굽소리를,
폴 리비어가 전하는 심야의 전갈을.

롱펠로는 미국의 큰길과 샛길을 누비며 모든 가정에 경보를 전하는 리비어의 활동을 상세히 묘사하면서 동시에 실제 사건의 모든 부분을 왜곡했다. 그렇게 해서 그는 폴 리비어를 만들어냈다.

롱펠로가 역사를 만든 방식은 두 가지다. 그는 애초에 없었던 사건을 꾸며냈고, 새로운 애국적 의식을 확립했다. 그 결과, 이후 한 세기 동안 미국의 거의 모든 어린이들은 '혁명의 전령 폴 리비어'를 입에 달고 살았다. 학생들은 역사 교과서에서 롱펠로의 이야기를 산문으로 읽었는데, 시의 운율은 사라졌어도 왜곡된 내용은 여전했다. 지금도 널리 사용되는 어느 사전에 실린 다음의 한 행은 작품 전체를 읽지 못한 사람들도 잘 알고 있다. "땅으로 오면 하나, 바다로 오면 둘(롱펠로 시의 첫째 연에 나오는 행. 첫 연의 주된 내용은 리비어가 친구에게 영국군이 오면 올드노스 교회 종루에 등불을 달아 달라면서 그것을 신호로 자신이 말을 달려 사람들에게 위험을 전하겠다는 것이다. 이 구절은 그 중 영국군이 땅으로 오면 등불을 한 개 걸고, 바다로 오면 두 개 걸라고 한 말)." 이 말은 그 자체로 전체 이야기를 함축한다. 이런 식으로 혁명의 전령 폴 리비어의 이야기는 미국혁명의 가장 널리 알려진 영웅담이 되었다.

원래의 이야기

롱펠로가 발굴하기 전까지 폴 리비어는 독립혁명의 계보에서 중심인물로 간주되지 않았다. 그에 관해서는 동판화(특히 보스턴 학살 장면), 은세공 작업, 독립 이전 보스턴에서의 정치 활동으로 어느 정도 알려진 게 고작이었다. 존 싱글턴 코플리가 그린 리비어의 초상화에는 그가 은세공 일을 하는 장면이 나오는데, 혁명의 전령이 되기 몇 년 전의 모습이었다. 그 지역에서 리비어는 말을 타고 다니며 경보를 알린 애국자로 기억되었으나 혁명전쟁 중에는 그런 일을 한 사람들이 무수히 많았다. 리비어는 물론 독립에 다방면으로 기여한 공로로 존경을 받았지만 찬양을 받을 정도는 아니었다. 일례로 당시의 교과서에는 리비어의 용감한 행동이 수록되지 않았다.

은세공사 폴 리비어의 동판화
폴 리비어는 미국에서 가장 뛰어난 은세공사 중 한 사람이었다. 유럽에서 보스턴으로 피난온 위그노로 은세공사였던 아버지 덕에 어린 시절부터 리비어는 은세공에 대한 충분한 교육을 받았고, 나중에는 난해한 야금술 서적도 읽을 수 있었다고 한다. 또 그는 은세공 외에도 외과수술용 기구 제작, 안경 판매, 의치 제작, 동판 새기는 일 등 다양한 일에 종사했는데, 그의 동판 작품 가운데 가장 유명한 것이 바로 위의 작품 「보스턴 학살 사건」이다.

그 얼마 뒤에 폴 리비어는 장차 자신을 유명하게 만든 전령의 역할을 했다. 영국 정규군이 렉싱턴과 콩코드로 진군한 지 사흘 뒤에 매사추세츠 주의회는 목격자들의 일차 보고를 모으기로 했다. 그때 폴 리비어는 앞에 나가서 자신이 아는 것을 말했다.

그런데 그의 이야기 ─ 물론 시가 아니라 평범한 산문이다 ─ 는 롱펠로의 이야기와는 사뭇 달랐다. 리비어의 증언에 따르면, 1775년 4월 18일 밤 10시경에 조지프 워런(Joseph Warren) 박사는 그에게 렉싱턴으로 가서 새뮤얼 애덤스(Samuel Adams)와 존 행콕(John Hancock)에게 '상당수 병사들'이 그쪽으로 가고 있는 듯하다는 전갈을 전하라고 부탁했다. 리비어는 즉시 출발했다. 그는 찰스 강을 건너 찰스타운으로 가서 말 한 마리를 얻었다. 도중에 영국군 장교 아홉 명이 목격되었다는 경고를 받고서 그는 렉싱턴으로 출발했다. 그런데 찰스타운을 벗어나기도 전에 장교 두 명을 보고 재빨리 피했다. "저는 미스틱을 거쳐 렉싱턴으로 가서 애덤스 씨와 행콕 대령에게 경보를 전했죠." 이와 같이 리비어의 진술은 평범했다.

그게 전부였다. 리비어는 훗날 자신을 유명하게 만든 그 일을 짧은 한 문장으로 표현했을 따름이다. 그 뒤에 여러 가지가 추가되었다. 그의 진술 어디에도 올드노스 교회의 등불 신호 이야기는 없다. 아마 롱펠로와 달리 그에게는 그 일이 사소하게 여겨졌던 모양이다. 그 반면에 리비어는 훗날 롱펠로가 임의로 삭제한 상당히 구체적인 정보도 밝혔는데, 이를테면 워런 박사가 '도스 씨'(윌리엄 도스)라는 또 다른 전령을 보냈다는 사실이다.

또한 리비어가 그날 밤에 겪은 고통스러운 경험도 롱펠로는 자기 마음대로 간과해버렸다. 애덤스와 행콕에게 전갈을 전한 뒤 리비어는 다른 두 사람과 함께 콩코드로 가서 그곳 주민들에게 경보를 전하려고 했으나 얼마 못 가서 영국군 장교들에게 사로잡혔다. 리비어는 증언의 대부분을 이 대목에 할애했다. 그들은 다섯 차례나 그를 죽이겠다고 협박했고 세 차례나 "너의 머리를 날려버리겠다"고 으름장을 놓았다. 비록 그 전에도 여러 차례 이 도시에서 저 도시로 전갈을 전한 리비어였지만 그때처럼 심각한 위험에 처한 적은 없었다. 리비어에게는 그 대목이 이야기의 핵심이었다.

결국 리비어의 시련은 큰 불행으로 이어지지는 않았다. 영국군은 그의 말만 빼앗고 그를 놓아주었던 것이다. 리비어는 걸어서 렉싱턴으로 돌아갔는데, 그곳에서 첫 총성을 들었다. 영국군이 먼저 사격했다고 그가 명확히 진술하지 않았으므로 주의회는 리비어의 증언이 별로 중요하지 않다고 보고 공식 보고서인 「영국군의 원정과 파괴에 관한 기록」에 수록하지 않았다.

다른 사람들도 주의회의 판단과 대체로 의견을 같이 한 탓에 리비어를 역사의 중심인물로 여기지는 않았다. 예컨대 그 무렵 현장 인터뷰를 진행했던 초기 역사가인 윌리엄 고든(William Gordon)은 렉싱턴과 콩코드의 사건을 상세히 기록하면서도 폴 리비어는 언급하지 않았다. "그 지역에 경보를 알리기 위해 연락원들이 급파되었는데, 그 중 일부가 도중에 장교들에게 체포되었다." 이 정도가 고작이었다. 13년 뒤에 출판된 책에서 고든은 그 사건을 길게 다루었는데, 여기에도 역시 폴 리비어의 영웅적인 공적에 대한 언급은 전혀 없다.

워런 박사가 나루터 건너편 렉싱턴 방향으로 전령들을 보내려던 찰나에 우연히 그것〔영국군의 이동〕을 목격한 뒤 모두 마을을 나가지 말라는 명령이 하달되었다. 장교들은 몇 사람을 잡았지만 말을 탄 사람들은 그들을 피해 달아날 수 있었다. 경보가 전달되자 일제히 종소리가 울렸고 신호용 포가 발사되었다.

독립전쟁의 시발점, 렉싱턴과 콩코드 전투
1775년 4월 19일, 콩코드에 있는 식민지인들의 화약고를 습격하라는 명령을 받고 보스턴에서 출발한 700명의 영국군은 렉싱턴 공터에서 77명의 현지 민병대(미니트맨)와 마주쳤다. 이 민병대는 당시 활동했던 전령들의 경보로 영국군의 습격을 이미 예상하고 있었다(당대 역사가들의 기록에서는 그 전령들 가운데 유독 리비어가 도드라져 있는 글은 찾아볼 수 없다). 이 공터에서 울린 총성으로 독립전쟁이 시작되었고, 그 총성은 '세상을 뒤흔든 총성'으로 이후 미국 교과서와 역사서에 기록된다.

    독립 시기의 역사가들은 모두 전쟁이 발발할 무렵에 리비어가 중심인물이 아니었다는 데 의견이 일치했다. 1789년에 데이비드 램지(David Ramsay)가 말한 것도 "돌아가는 사태에 대한 첩보가 지역 민병대에 전해졌다"는 정도뿐이었다. 또 1804년에 존 마셜(John Marshall)은 워런만 언급했을 뿐 리비어는 말하지 않았다. "워런 박사가 보낸 전령들이 순찰대를 피해 그 지역에 경보를 전했다." 1805년에 머시 오티스 워런(Mercy Otis Warren)은 "인근 마을들에 아주 일찌감치 보고가 도착했다"고만 기록했다. 당대의 대표적인 역사가 네 사람이 보기에, 워런 박사가 새뮤얼 애덤스와 존 행콕에게 전갈을 보낸 일은 1775년 4월 18일과 19일의 역사적 상황에 일어난 많은 사건들 중 지극히 사소한 것에 불과했다.

비록 폴 리비어의 공헌은 초기 역사에서 중요한 위치를 차지하지 않았지만 그의 친구, 이웃, 동료 세공인들은 그의 활약을 알았고 칭찬했다. 독립 이후 보스턴에서 리비어의 집 근처에 살았던 조슈아 파울은 어렸을 때 등불 신호와 그가 한밤중에 말을 타고 달렸다는 이야기를 들었다. "나는 여러 차례 그 이야기를 들었고 틀림없는 사실로 믿었죠. 평범한 이야기였어요." 공식 역사에는 누락되었어도 그 이야기는 민담의 형식으로 널리 알려졌으며, 1795년에는 '에브 스타일스'라는 필명을 가진 어느 시인이 조잡하게나마 그 원형을 제시했다.

그는 말을 타고 들길과 숲길을 달렸다.
강이 앞길을 가로막자
그의 말은 물살을 헤치며
강을 건너 달렸다.
그는 산과 황야를 미친 듯이 질주하며
박차와 고삐를 조금도 늦추지 않았다.
마침내 그는 콩코드 초원의 교회
문에 이르러 함성을 질렀다.

스타일스의 시에서는 이야기가 또 달라져 존재하지도 않은 산과 황야와 물살이 나온다. 또한 그는 리비어가 '콩코드 초원의 교회'에 이르렀다고 말하지만, 그가 이 시를 쓰기 20년 전인 1775년 4월 19일에는 그런 장소가 없었다.

이렇게 민담들이 계속 만들어지는 현상에 부응하여 매사추세츠 역사협회의 간사인 제러미 벨크냅은 리비어에게 그 일에 관해 자세히 서술해달라고 요청했다. 리비어는 그 요청에 따랐지만, 자신이 쓴 「1775년도 자유의 아들」이라는 글에 서명을 하고서 "내 이름을 표기하지는 말라"고 당부했다. 그러나 벨크냅은 협회의 1798년 1월 1일자 회보에 글을 발표할 때 리비어의 부탁을 거절하고 그의 이름을 표기했다.

원래의 진술이 있은 지 20여 년이 지난 뒤에 쓴 이 글에서 리비어는 예전과 달리 체포된 무용담을 줄이고 그 대신 등불 신호의 이야기를 포함시켰는데, 아마 대중의 요청에 따랐을 것이다. 또한 리비어는 의회에서 진술할 당시에는 알려지지 않았던 벤저민 처치의 반역에 관해 장황하게 썼다. 리비어의 이 글도 예전의 진술과 마찬가지로 인기 있는 민담이 될 만큼 극적인 내용은 아니었기 때문에 이것이 전설을 탄생시켰다고 볼 수는 없다.

리비어가 1818년에 사망했을 때 『보스턴 인텔리전스 앤드 위클리 가제트』에 실린 그의 부고기사에는 그의 활약상이 전혀 언급되지 않았다. 그래도 지역의 역사 애호가들이 전승에 힘쓴 덕분에 19세기 중반 내내 그의 이야기는 여러 차례 되살아나곤 했다. 혁명전쟁 발발 50주년 기념식에서, 당시 애덤스와 핸콕이 묵고 있는 주택의 관리자였던 윌리엄 먼로는 폴 리비어와 만난 일을 이렇게 말했다. "나는 그에게 가족이 방금 잠자리에 들었으니 소란을 피워 깨우지 말라고 당부했소. 그랬더니 그가 말하더군요. '소동이오! 곧 소동이 벌어질 거요. 영국군이 오고 있단 말이오.'" 1849년에 리처드 프로싱엄(Richard Frothingham)은 그 경보 사건에 관해 포괄적으로 서술하고 폴 리비어의 역할을 설명하는 글을 발표했다. 리비어와 기타 관련자들의 증언을 토대로 삼아 프로싱엄은 4월 18일 밤에 폴 리비어를 포함하여 적어도 네 명의 연락원들이 렉싱턴으로 파견되었으며, 그 중 세 명은 전갈을 전달했다고 단언했다.

이렇게 사실들이 알려짐에 따라 리비어의 이야기는 조금씩 혁명의 본 줄기 속으로 밀고 들어왔다. 1851년에 출간된 『그림으로 보는 혁명의 현장』이란 책에서 벤슨 로싱(Benson Lossing)은 폴 리비어와 윌리엄 도스의 이름을 언급하고 윌리엄 먼로의 일화를 수록했다. 또 1854년 조지 밴크로프트(George Bancroft)는 그 이야기를 제법 정확하게 소개했다. 그에 따르면 리비어와 도스는 둘 다 렉싱턴에 전갈을 전했지만 새뮤얼 프레스콧 한 사람만이 영국군 장교들을 피해 콩코드에 경보를 전할 수 있었다고 한다.

바야흐로 그 이야기는 점차 그 지역의 경계 너머로 알려지기 시작했으나 아직은 많은 이야기들 가운데 하나일 따름이었다. 사건이 있고 나서 70여 년이 지날 때까지도 폴 리비어는 대중에게 낯익은 인물이 아니었다. 사실 그것은 당연했다. 리비어는 군사 영웅이나 유명한 정치가가 아니었고, 「독립선언문」에 서명한 사람도 아니었다. 또한 감동적인 연설을 한 적도 없었고, 군중을 지도하지도 않았으며, 지속적인 의미를 가지는 공식 선언을 발표하지도 않았다. 1850년대까지만 해도 폴 리비어가 그의 세대에서 열 손가락으로 꼽히는 독립 영웅들과 어깨를 나란히 할 이유는 전혀 없었다.

그래도 역사 연대기에는 리비어에게 어울리는 좋은 장소가 있었다. 그 시기의 저자들은 역사를 그저 수많은 일화들의 집합으로 간주했으므로 리비어의 이야기는 알맞은 소재였다. 로싱과 밴크로프트 같은 저자들은 그런 이야기들을 문학적으로 다듬고, 개인들의 행위를 혁명의 이념에 맞도록 편제했다. 만약 롱펠로가 폴 리비어를 혁명의 단역으로부터 주인공으로 변모시키지 않았다면, 지금 리비어의 이야기는 독립혁명을 이루는 거대한 서사시의 한 짧은 장면으로서 자리매김했을 것이다.

시의 특권

롱펠로의 시 「혁명의 전령 폴 리비어」(Paul Revere's Ride)는 『애틀랜틱』 1861년 1월호에 처음 게재되었다. 이 시는 다음과 같은 사랑스러운 장면으로 시작한다.

> 내 아이들아, 잘 들으렴
> 폴 리비어가 한밤중에 말을 달린 이야기를 ……

그 다음에 약약강격 4음보의 급격한 운율──두 번의 느린 박자 다음에 한 번의 긴 박자가 오는 과정이 네 번 되풀이되는 운율──로 롱펠로는 어른과 어린이 모두에게 감동적인 이야기를 시작한다. 당시 청중을 가장 흥분시키는 것은 뭐니뭐니해도 짜릿한 추격전이었다.

> 거리를 내닫는 다급한 말발굽소리
> 달빛 아래 하나의 형체가 어둠 속에서 점점 커진다.
> 발굽 아래 자갈들이 불꽃을 일으키며
> 군마 한 마리가 나는 듯이 달려간다.

순식간에 지나갔다! 어둠과 빛을 뚫고
나라의 명운이 걸린 그날 밤
달리는 군마 뒤로 불꽃이 튀며
온 땅이 그 열기로 불타올랐다.

롱펠로가 보기에는 '나라의 명운'이 한 사람의 손아귀에 있었다. 한 영웅이 불꽃을 일으켜 온 땅을 열기로 불태운다는 관념은 19세기 낭만주의 세계관을 대변하는 것이었다. 그것은 또한 성공적인 이야기의 공식에도 부합했다. 뛰어난 이야기꾼이었던 롱펠로는 당연히 개인적인 행위가 지닌 원동력을 강조했다.

「혁명의 전령 폴 리비어」는 미국 문학에서 가장 잘 알려진 역사시가 되었지만, 그 내용에는 왜곡이 많다. 이것은 결코 우연이 아니다. 오히려 바로 그 왜곡 때문에 그 이야기는 150년 동안이나 생명을 유지하고 있는 것이다. 여기서 특히 중요한 역사적 오해는 네 가지다.

첫째, 이상하게도 130행이나 되는 긴 시에서 롱펠로는 폴 리비어 이야기의 핵심적 내용인 영국군 장교들의 체포 사건을 말하지 않는다. 실은 그것을 말하면 렉싱턴과 콩코드 인근에 영국군이 있었다는 이야기가 되므로 전령이 아무런 필요도 없어진다. 즉 이야기가 통하게 하기 위해 영국군은 모두 리비어의 뒤에 있어야만 하는 것이다. 영국군이 이미 와 있었다면 "레드코트(Redcoat 붉은색 군복을 입은 데서 나온 영국군의 별명)들이 온다"는 말은 아무래도 극적인 효과가 떨어질 수밖에 없다.

둘째, 최대의 효과를 얻기 위해 롱펠로는 리비어가 '미들섹스의 모든 마을과 농장'을 들르게 했다. 다소의 과장을 용인한다 해도 롱펠로는 주인공이 콩코드에 간 적이 없다는 사실은 분명히 알았다. 그곳은 영국군의 목적지였으므로 경보를 가장 필요로 하는 곳이었으나 실제 리비어는 거기까지 가지 못했다. 이해할 수 있는 일이지만, 롱펠로는 자기 이야기의 영웅이 최종 목표를 이루지 못했다는 냉정한 현실까지 굳이 말하고 싶지는 않았다.

셋째, 롱펠로의 리비어는 등불 신호 작전의 양 방향을 모두 자신이 실행한다. 이 부분은 시의 절반 이상을 차지할 만큼 길다. 찰스 강을 건너기 전에 리비어는 한 '친구'에게 신호하는 법을 말해준다. 맞은편 연안에 도착한 뒤 그는 '당장 말에 올라 달리고 싶은 심정으로' 그 신호를 기다린다. 그 대목의 16행에 걸쳐 리비어는 말을 토닥거리고, 강 맞은편의 풍경을 바라보고, 땅에 발을 구르며 초조하게 시간을 보내다가 이윽고 두 개의 불빛을 발견한다. 하지만 실제는 그렇지 않다. 맞은편 연안에서 누가 신호를 기다리고 있었는지는 알 수 없으나 폴 리비어가 아닌 것만은 분명하다. 조지프 워런의 지시를 받은 뒤 리비어는 강을 건너기 전에 등불 두 개를 켜도록 조처해두었다. 찰스타운의 다른 사람이 그것을 보고 다른 애국자들에게 알려주도록 하기 위해서였다. 그런데 **다른 사람**이라니? 여기서 또다시 강조하기 위해 사실이 변형되어야 했다. 「혁명의 전령 폴 리비어」에는 다른 영웅이 등장하면 안 되기 때문이다.

넷째, 롱펠로의 리비어는 두 단역 — 그의 말과 등불을 켜준 친구 — 의 도움을 제외하면 모든 일을 혼자서 처리했다. 하지만 사실 그 일에는 많은 사람들이 관여했다. 1994년에 역사가인 데이비드 해켓 피셔(David Hackett Fischer)는 그 사건을 완전히 재구성했는데, 추가된 등장인물은 다음과 같다.

- 마구간 소년, 말구종, 그리고 리비어에게 영국군이 공격을 준비한다는 말을 전해준 적어도 두 사람의 보스턴 시민.
- 조지프 워런 박사에게 영국군의 공격을 알려준 게이지 장군(아메리카에 주둔한 영국군 총사령관)의 가까운 측근(아마 장군의 아내인 마거릿 켐블 게이지였을 것이다).
- 보스턴 위원회를 대신하여 리비어에게 새뮤얼 애덤스와 존 행콕에게 경보를 전하라고 지시한 워런 박사.
- 조지프 워런의 부탁을 받고 그 전갈을 다른 길로 운반한 윌리엄 도스.
- 몰래 등불 신호를 보낸 세 명의 '친구들' 즉 존 풀링, 로버트 뉴먼, 토머스 버나드.
- 리비어를 찰스 강 맞은편에 데려다준 뱃사공.
- 이틀 전에 리비어와 약속한 등불 신호를 끈기 있게 기다려준 코넌트 대령을 비롯한 찰스타운의 애국자들.
- 등불 신호를 받자마자 찰스타운을 떠난 익명의 전령. (이 전령이 렉싱턴이나 콩코드에 도착하지 못한 탓에 등불 신호 계획은 성공하지 못했다.)
- 강 연안에서 리비어를 맞아주고 영국군 장교들이 렉싱턴과 콩코드로 가는 도로를 순찰하고 있다고 알려준 찰스타운의 리처드 데븐스.
- 데븐스, 에이브러햄 왓슨, 엘브리지 게리, 찰스 리, 에이저 온 등 주의 안전요원들. 이들은 렉싱턴의 행콕에게 메모를 보내 영국군이 그쪽으로 가고 있다는 사실을 알렸다.
- 이 전갈을 리비어가 말에 오르기 세 시간 전인 밤 8시경에 전달한 익명의 전령.
- 메노토미(지금의 알링턴)에 있는 블랙호스 주점의 주인. 그날 밤 늦게 엘

브리지 게리, 찰스 리, 에이저 온에게 영국군이 왔다는 사실을 알리고 그들을 뒷문으로 달아나게 해주었다.
- 렉싱턴의 솔로몬 브라운. 시 민병대의 윌리엄 먼로 상사에게 영국군이 렉싱턴으로 오고 있다는 소식을 알렸으며, 그 뒤 콩코드 주민들에게 영국군의 출현을 알리려 했으나 곧 체포되었다.
- 먼로와 여덟 명의 민병대원. 애덤스와 핸콕이 머물고 있던 렉싱턴 목사 조너스 클라크의 집을 밤새 경비했다.
- 렉싱턴 민병대원 30명. 리비어가 출발하기 두 시간 전인 밤 9시에 버크먼의 주점에 모여 대책을 논의했다.
- 영국군 감시를 자원한 렉싱턴 민병대의 엘리아 샌더슨과 조너선 로링.
- 콩코드로 가는 도로 부근에 살던 농부 조시아 넬슨. 영국군 장교의 칼에 머리를 맞고서도 이웃들에게 경보를 알렸다.
- 리비어에게 자기 아버지 새뮤얼의 말을 빌려준 찰스타운의 존 라킨.
- 리비어와 같은 시각에 북쪽으로 떠난 찰스타운의 또 다른 미확인 전령. 리비어가 영국군에게 잡혔을 무렵 이 사람은 보스턴에서 40킬로미터 떨어진 투크스베리에 도착했다.
- 투크스베리의 존 트럴 대위. 찰스타운의 전령에게서 소식을 받고 자기 침실 창문에서 총 세 발을 쏘았다. 올드노스 교회에서의 등불 계획과 같은 취지의 신호였는데, 그 효과는 더 컸다. 총성을 들은 뉴햄프셔 드래컷의 민병대장은 렉싱턴에서 유혈의 새벽이 벌어지기 몇 시간 전에 민병대원을 소집했다.
- 이스트케임브리지의 새뮤얼 터프츠. 이웃인 엘리자베스 랜드에게 영국 부대를 보았다는 말을 전해듣고 독자적으로 전령의 역할을 수행했다.

- 메노토미 민병대의 솔로몬 보우먼 중위. 영국군을 보고 즉각 민병대원들을 소집했다.
- 멜퍼드 민병대의 아이작 헐 대위. 리비어에게서 소식을 듣고 민병대를 소집했다.
- 스톤햄, 레딩, 린에 경보를 전한 멜퍼드의 마틴 헤릭 박사. 소식을 접한 그 도시들에서 곧바로 전령들을 보내 새벽녘에 이르면 매사추세츠 만의 북부 전역에서 속속 병력이 소집되었다.
- 멜퍼드에서 동쪽으로 가서 몰덴과 첼시에 경보를 전한 또 다른 전령.
- 멜퍼드에서 워번에 경보를 전한 또 다른 전령과 워번에서 현재 벌링턴에 해당하는 지역에 경보를 전한 또 다른 전령. 이런 연락이 계속 이루어진 덕분에 1775년 4월 19일 새벽에는 '미들섹스의 모든 마을과 농장'에 경보가 전해졌다.
- 마지막으로, 콩코드의 의사인 새뮤얼 프레스콧. 영국군 수백 명이 군사적 거점을 확보하기 위해 오고 있다는 소식을 자기 동네 사람들에게 알렸다. 리비어, 도스, 프레스콧은 모두 렉싱턴과 콩코드 사이의 도로에서 체포되었으나 프레스콧은 탈출에 성공하여 임무를 완수했다.

요컨대 폴 리비어는 결코 혼자가 아니었다. 영국군 주력 부대가 렉싱턴으로 향할 때 그 행렬의 앞쪽과 뒤쪽에서는 종이 울리고 신호탄이 터졌다. 그리하여 인근 지역 전체가 대비하고 있었다. 이것은 한 사람의 공로가 아니라 오랫동안 유지되어온 애국적 활동가들의 광범위한 연락망에 힘입은 결과였다. 1774년 늦여름에 영국의 행정기구를 타도한 이후(이 책 4장 참조) 그들은 군사적 대결을 준비하고 있었다. 그들은 렉싱턴과 콩코드 전투 같은 사태가 빚어질 것을 예상하고 예행연습까지 실시했다. 각 도시의 활동가들은 그런 때가 왔을 때 누구에게 연락을 취하고 어디로 가야 할지 알고 있었다. 폴 리비어와 같은 수많은 애국자들이 자기 지역에 경보를 알리고 일사불란하게 대비 자세를 취했던 것이다.

끊이지 않는 생명력

훌륭한 이야기만 만들 수 있다면 사실은 아무래도 좋다. 「혁명의 전령 폴 리비어」는 전국민적인 고전이 되었고 독자들은 그것이 실제 사건을 다루었다고 여겼다. 교과서는 의심도 없이 롱펠로의 왜곡을 그대로 실었다. 1888년의 교과서인 『학생용 미국과 미국인의 역사』에는 리비어가 "찰스타운에서 기다리던 중 교회 종루에 걸린 등불 신호를 보고 영국군이 온다는 것을 알았다"고 되어 있다. 또한 친절하게도 학생들에게 '해당 주제를 다룬 롱펠로의 유명한 시'를 참고하라고 말해준다. 그 시가 엄밀하게 역사적인 것은 아니라고 지적한 교과서도 있지만, 대부분은 롱펠로가 변형시킨 줄거리를 그대로 받아들였다. 예컨대 1923년의 교과서인 『고학년을 위한 우리나라의 역사』는 다음과 같이 멋지게 서술했다. "그날 밤 찰스타운에서는 보스턴에서 온 위그노 후손의 미국인이 말의 고삐를 잡고 교회 종루에 걸린 등불 신호를 바라보며 강을 건너고 있었다. 그는 바로 후대에 '혁명의 전령'이라고 알려지게 되는 폴 리비어였다." 1935년과 1946년의 교과서에도 리비어가 등불 신호를 기다렸다고 나온다. 게다가 여기에는 윌리엄 도스가 그와 함께 갔다고 되어 있는데, 그는 사실 찰스타운에 가지 않았다.

양심적인 작가는 역사를 토대로 허구를 만들지만 이것은 명백히 허구를 토대로 역사가 만들어진 경우다. 진지한 학자들이 시인에게 밀린 것이다. 1891년, 당대의 저명한 역사가 존 피스크(John Fiske)는 이렇게 말했다. "폴 리비어는 작은 배로 넓은 강을 건넌 뒤 먼 강둑에서 기다리다가 노스 교회의 종루에 매달린 등불을 보고 군대의 방향을 알았다."

1920년대에 등장한 우상파괴적 '폭로자'들은 롱펠로의 리비어를 농락했다. 또 다른 전령인 윌리엄 도스의 후손 찰스 도스가 캘빈 쿨리지 대통령 시절에 부통령이 되었을 때 그의 조상이 갑자기 큰 인기를 누렸다. 그러자 전통주의자들이 반발했다. 1922년에 육군 대위인 E. B. 라이언은 폴 리비어를 좇아 군용 항공기를 타고 애국심을 고취하는 소책자를 투하했다.

그러나 가장 심각하게 반발한 사람들은 폭로자나 진보적 역사가가 아니라 기계적 암기식 교육을 반대한 진보적 교육자였다. 그런데 롱펠로의 시가 표준 교과과정에서 빠지기 시작했을 무렵 에스터 포브스(Esther Forbes)가 퓰리처 상 수상작인 『폴 리비어와 그가 살던 세계』로 리비어 이야기를 다시 부활시켰다. 그녀가 소생시킨 리비어는 일상생활을 영위하는 소박한 기술자였다. 포브스는 리비어를 이용하여 평범한 사람을 찬양하려 했지만, 전통적인 견해를 답습하여 리비어가 애국자들을 구한 '고독한 전령'이었다고 썼다.

1994년에야 비로소 롱펠로의 잘못이 바로잡혔다. 데이비드 해켓 피셔가 『혁명의 전령 폴 리비어』에서 제시한 훌륭한 역사적 발견이 교과서 저술에 영향을 준 것이다. 이제 리비어는 혼자 힘으로 강을 건너 등불 신호를 받고 전 지역에 경보를 알린 고독한 전령으로 간주되지 않는다. (한

부활한 혁명의 전령
폴 리비어는 말을 타고 가가호호 방문하며 영국군이 콩코드로 진격하고 있다는 소식을 알린 영웅으로 미국의 초등학교 및 중학교 교과서들에 수록되어 있다. 당시 혁명의 전령으로 뛴 애국자들이 무척 많았음에도 유독 리비어가 '혁명의 전령'으로 부각된 것은 전적으로 롱펠로의 시 덕분이다. 롱펠로가 폴 리비어를 스타로 띄우지 않았다면 그는 역사 속에 묻혔을 것이고, 그의 일화를 다룬 수많은 그림도 그려지지 않았을 것이다.

가지 예외는 조이 해킴Joy Hakim의 『미국의 역사』인데, 이 책은 롱펠로를 자구 그대로 따르고 있다.) 그런데 현재의 교과서들은 대부분 다른 사람들도 관련되었다고 말하지만 어조가 그다지 강력하지는 않다. "'자유의 아들' (인지세법 등 영국 의회의 식민정책에 반대했던 비밀결사 조직) 단원이었던 폴 리비어는 말을 타고 렉싱턴으로 가서 핸콕과 애덤스에게 경보를 알렸다." 어떤 교과서는 이렇게 말한 뒤 "윌리엄 도스와 새뮤얼 프레스콧도 동참했다"는 말을 덧붙인다. 수록된 시각자료는 물론 도스나 프레스콧이 아닌 리비어의 동상이다. 또 다른 교과서는 다음과 같이 서술하고 있다. "보스턴의 은세공인인 폴 리비어와 또 다른 전령 윌리엄 도스는 영국군의 이동에 관한 정보를 전달하는 임무를 맡았다. …… 영국군이 이동했을 때 리비어와 도스도 움직였다. 그들은 '한밤중에' 인근 지역을 달리며 그 소식을 알렸다." 이는 단지 전령을 한 사람에서 두세 사람으로 늘린 것에 불과하다. 낭만은 제거되었으나 그 운명적인 밤에 작동했던 정교한 연락망에 관한 언급은 없다.

현재 초등학교, 중학교의 모든 미국사 교과서에는 폴 리비어의 이야기가 실려 있다. (미국혁명에 관한 엉성한 평가가 수록된 고급 과정의 교과서들도 마찬가지다.) 그 이야기는 이미 우리 유산의 일부가 되었으므로 어느 누구도 그것을 감히 무시하지 못하는 것이다.

'혁명의 전령 폴 리비어'의 이야기는 수정되고 보정되어야 한다. 리비어가 용기 있는 행동을 했을 무렵 122명이 목숨을 잃었고, 그 두 배에 달하는 사람들이 다쳤다. 당시 리비어의 행위는 중요한 사건이 아니었고, 리비어의 경보도 곧 벌어진 학살극에서 중대한 역할을 하지 못했다. 그해 내내 애국적인 농민들이 영국군과 맞서 싸울 준비를 하고 있었으며, 폴 리비어는 그 준비 과정에 기여한 수많은 사람들 중의 하나였을 뿐이다. 그 전해 9월에 그는 보스턴에서 필라델피아로 가서 매사추세츠 일대에 반란이 일어났다는 소식을 전했다. 그 소식을 들은 제1차 대륙회의는 반란을 승인했다. 또 렉싱턴에서 총성이 울리기 넉 달 전인 그 전해 12월에 리비어는 뉴햄프셔의 포츠머스로 가서 혁명의 첫번째 군사적 공격을 선동했다. 그가 렉싱턴에 간 것도 그런 활동의 일환이었지만, 그와 같은 수많은 정치 활동가들이 혁명의 대의에 헌신했다는 점에서 그의 활동도 의미를 가지는 것이다.

폴 리비어는 영국에 항거한 매사추세츠의 수만 명 애국자들 중 한 사람이었다. 이들은 대부분 보스턴 바깥의 시골에 살았으며, 전통적인 이야기와는 달리 보스턴 시민들과 긴밀한 관련을 가지지는 않았다. 그들은 자체적으로 반란을 도모했으나 지금 이 이야기는 거의 말해지지 않는다. 그들이 무시된 것은 폴 리비어의 이야기가 유명세를 탄 데도 원인이 있다. 즉 보스턴의 한 시민이 잠자는 농민들을 일깨웠고, 그래서 위험을 알아차린 농민들이 항전에 나섰다는 이야기로 만들고 싶었기 때문이다.

사실 농민들은 스스로 깨어 일어났으며, 그보다 반 년 전에 이미 자체적으로 혁명을 시도했다(이 책 4장 참조). 그러므로 폴 리비어의 이야기는 그 감동적인 드라마의 시작이 아니라 결말에 해당한다. 그 이야기는 1774년 영국의 행정기구를 무너뜨린 정치적 격변과 1775년 4월 19일의 전쟁 발발을 잇는 가교의 역할을 한다. 그러나 공교롭게도 폴 리비어의 낭만적인 이야기는 그 전과 후에 전개된 민중의 혁명을 잊혀지게 만들었다. 애국적 저항의 참된 이야기는 영웅 개인을 강조하고 부각시키려 했던 헨리 워즈워스 롱펠로의 노력보다 훨씬 깊고 풍부하다.

"대포는 발사되어야 했다!"

「몬머스의 여장부 몰리 피처」, 쿠리어와 아이브스의 석판화, 1876년.

2_몰리 피처

미국혁명의 진정한 여장부를 찾아낸다면 얼마나 멋질까? 우선 최초로 미국 국기를 만들었다는 벳시 로스가 있지만 그 이야기는 믿을 수 없다고 판명되었다. 또 남편이 여성의 권리를 옹호하도록 설득했다는 애비게일 애덤스(미국 2대 대통령 존 애덤스의 부인)도 있지만 그녀는 유명인의 아내로서 부각되었을 뿐이고 전장에는 나간 적도 없었다. 남장을 하고 군대에 입대한 데보라 샘슨을 말하는 사람도 있겠지만 사실 여성 병사들은 신분이 탄로 날 경우 부당하게 쫓겨나 매춘부처럼 취급되는 경우가 허다했다.

우리가 찾는 여장부는 남성이 아닌 여성의 차림으로 유명한 전투에 뛰어들어 적의 포화에도 아랑곳하지 않고 용감하게 행동한 여성이어야 할 것이다. 상상할 수 없는 일은 아니다. 예를 들어 병사들이 적의 포화만이 아니라 더위 때문에도 고통을 겪었던 몬머스 전투를 생각해보라. 한 여성이 물 항아리를 들고 다니며 갈증과 부상에 시달리는 병사들에게 시원한 물을 준다. 남편이 대포를 쏘다가 쓰러지자 우리의 여장부는 남편의 역할을 맡아 대포를 발사한다. 그녀의 모습에 사기가 오른 병사들은 사력을 다해 전투를 계속한다. 결국 전투가 끝나고 조지 워싱턴은 우리의 여

전사에게 훈장을 수여한다. 장교로 임명했다는 설도 있다.

우리는 그런 여장부를 찬양하고 싶다. 그래서 우리는 그런 이야기를 꿈꾸는 데서 더 나아가 그것이 사실이라고 스스로 확신한다. 당대의 사람들이 안다면 큰 충격을 받겠지만, 오늘날 중학교 교과서에서는 펜실베이니아 칼라일 출신의 초라한 '종군부'(camp follower)였던 메리 루드비히 헤이스 매콜리(Mary Ludwig Hays McCauly)가 혁명전쟁에서 싸운 '가장 유명한 여성'이라고 단언한다. 교과서에는 이런 이야기가 실려 있다. "메리 루드비히 헤이스 매콜리는 몬머스 전투에서 남편이 부상을 입자 남편 대신 대포를 맡았다. 물 항아리를 가지고 다니며 병사들에게 물을 주던 매콜리는 '몰리 피처'(Molly Pitcher)란 별명을 얻게 되었다(‘피처'란 손잡이가 달린 물 항아리를 뜻한다). 그 뒤 워싱턴 장군은 그녀의 용감한 행위를 칭찬하며 그녀를 명예 장교로 임명했다." 또 다른 교과서에는 여성 병사 두 명의 사진이 실려 있는데, 한 사람은 긴 드레스 차림이고 다른 한 사람은 현대의 군복 차림이다. 사진 설명문은 이렇다. "과거 : 몰리 피처. 현재 : 걸프 전에 참전한 여성 해병대원."

혁명의 여장부를 바라는 소망이 간절한 나머지 우리는 전설상의 인물인 몰리 피처를 실제 인물로 만들었다. 2002년 이후에 출판된 초등학교와 중학교의 교과서 여섯 종 가운데 다섯 종에 몰리 피처의 이야기가 실려 있고 네 종에는 멋진 도판도 있다. 바람에 옷자락을 휘날리며 꽂을대를 포신에 꽂는 몰리의 그림도 그 중 하나다. 이 그림들은 19세기 중후반에 그려졌는데, 지금은 고화질 컬러 복제술이 발달한 덕분에 혁명전쟁에 여성이 참전했다는 훌륭한 시각적 '증거'가 되었다. 이 그림들은 적당히 낡고 고풍스러워 보이기 때문에 독립의 시대와 빅토리아 시대의 시차는 쉽게 무시된다. 화가들에게 영감을 준 핵심적 관념은 남성성과 여성성의 병렬이다. 즉 여성의 특징이 두드러진 인물(어떤 그림에서는 몰리의 젖가슴이 살짝 드러나 있다)이 전장에서 용감하게 꽂을대와 대포를 조작하는 모습을 형상화하는 것이다. 화가들은 진짜 여성이 이렇게 싸울 수 있다면 진짜 남성은 당연히 그래야 하는 게 아니냐고 말한다.

맥밀런의 '유명한 미국인 열전' 가운데 청소년 독자를 위한 책에는 몰리 피처가 남성성과 여성성의 완벽한 조합으로 등장한다. 몬머스의 목마른 병사들이 희망을 포기했을 때 한 여성의 말이 들렸다.

"물을 드릴게요. 당신의 머리를 좀 들겠어요. 자, 이제 항아리의 물을 마셔요."
한 병사가 물을 마시고 살아났다. 계속해서 병사들은 항아리의 물이 없어질 때까지 마셨다. 그러자 여자가 말했다.
"물을 더 가져올게요. 우물이 근처에 있어요. 바로 길 건너예요. 물을 더 마시고 싶으면 저를 부르세요. '몰리'라고만 부르면 즉시 올게요."
부상병들은 그녀의 이름을 다른 사람들에게 알렸다. 곧이어 여기저기서 "몰리! 몰리! 피처! 피처!"라고 부르는 힘없는 목소리들이 들려왔다. 병사들은 점점 "몰리 피처, 몰리 피처"라고 부르기 시작했다. ……
수백 명의 병사들이 그 물을 마시고 살아났고 일부는 다시 싸울 수 있게 되었다. 모두들 자신들을 구해준 그 여인에게 감사를 표시했다.

이야기는 거기서 끝나지 않는다. 그녀의 남편이 총에 맞아 쓰러지자 몰리는 남편이 다루던 대포를 맡아 전투에 임했다.

총탄이 날아오는 것에도 아랑곳하지 않고 그녀는 대포를 닦고 장전하고 발사했다. 뜨거운 햇볕이 내리쬐는 가운데서도 그녀는 대포를 닦고 장전하고 발사했다.
그녀의 옷은 화약으로 새까매졌고 얼굴과 손에도 온통 얼룩이 묻었다. 하지만 그녀는 개의치 않았다. 대포는 발사되어야 했다!

전투가 끝난 뒤 총사령관은 군대의 영웅으로 떠오른 그녀에게 상을 주었다.

워싱턴 장군은 화약이 묻은 그녀의 손을 잡고 미소를 지으며 부드럽게 말했다. "헤이스 부인, 어제 부인은 지금까지 어느 여성도 따르지 못할 대단한 용기를 보여주었습니다. 부인의 친절한 마음씨는 최고였어요. 부인은 부상병에게는 자비의 천사였고 대포 앞에서는 무한한 힘과 노련한 포병의 솜씨를 발휘했습니다. …… 그러므로 부인을 이 군대의 상사로 임명하고 이 명예 휘장을 달아드리는 바입니다."
그의 말이 끝나자 잠시 침묵이 감돌더니 곧이어 수많은 병사들이 환호성을 울렸다. "몰리 상사 만세! 몰리 피처 만세!"

다분히 과장된 이야기다. 어린이 위인전에서 몰리 피처는 에이브러햄 링컨, 알베르트 아인슈타인, 베이브 루스 등 서른 명의 '유명한 미국인들'과 어깨를 나란히 하고 있다. 그러나 몰리 피처와 다른 위인들은 큰 차이가 있다. 다른 사람들은 모두 실존 인물이지만 몰리는 가공의 인물이라는 점이다.

전설 만들기

우선 사실부터 따져보자. 타는 듯한 더위 속에서 벌어진 몬머스 전투에서는 일사병으로만 서른일곱 명이 숨졌다. 이는 전체 전사자의 1/3이 넘는 수치였다. 또 전장 부근에는 여자가 수백 명 있었는데, 이들은 군대를 따라다니며 병참을 지원하는 '종군부'였다. 평상시에 그들은 식사 준비와 설거지, 물자 수송 등을 맡았으며, 전투 시에는 부상자를 돌보고 보급품을 전선으로 나르는 일을 했다. 물론 이들이 갈증과 더위에 지친 병사들을 돌보았을 가능성은 충분하다. 그리고 더러는 대포 사격을 돕기도 했을 것이다.

펜실베이니아 칼라일 출신의 메리 헤이스라는 여성이 당시 몬머스에 있었을 가능성은 있지만 확실한 증거는 없다. 그녀가 그 이전까지 어떻게 살았는지는 확인할 길이 없다. 사실 우리는 전투에 참전했다는 그녀의 남편에 관해서도 아는 게 없다. 어떤 역사가들은 1769년에 메리 루드비히와 결혼한 캐스퍼 헤이스가 그 사람이라고 주장한다. 또한 1775년에 군대에 처음 입대한 존 헤이스라는 설도 있고, 1777년에 포병으로 입대한 윌리엄 헤이스라는 설도 있다. 당시 존 헤이스, 캐스퍼 헤이스, 윌리엄 헤이스가 몬머스 전투에서 다쳤다는 기록이나 메리 헤이스라는 여성이 남편을 대신하여 대포를 쏘았다는 기록은 전혀 없다.

1783년의 세금 기록을 보면 윌리엄 헤이스와 메리 헤이스 부부가 세 살배기 아들 존과 함께 칼라일에 살았다는 사실이 나온다. 1786년에 윌리엄 헤이스가 사망하자 메리는 존 매칼라라는 노동자와 결혼했는데, 그의 성은 후대의 기록에 매콜리, 매켈리 등 다양하게 표기되었다. 1810년에 존은 사망하거나 실종되었으며, 당시 쉰다섯 살이 넘었을 메리는 관공서의 세탁부로 일했다. 몬머스 전투로부터 44년이 지난 1822년에 그녀는 정부에서 소액의 연금을 받았다.

메리 헤이스 매콜리는 "용감한 행위로 인해 명예 장교로 임명"된 적이 없었다. 그녀는 혁명전쟁 이후에 부와 명성을 누리지 못했다. 한참 뒤에 어떤 사람은 그녀가 "외모나 성격에서 남자 같은 여성으로, 체구는 작지만 성질이 불같았으며, 술도 잘 마시고 욕도 잘했다"고 말했다. 또 어떤 사람은 그녀가 "독한 술을 마셨고 그다지 점잖지 못한 말투를 썼다"고 말했다. 메리가 "저속하고 늘 술에 취한 노파라서 그녀를 두려워했다"고 말한 여자도 있었다.

메리 헤이스라는 여자가 '몰리 피처'로 불렸다는 기록은 없다. 1832년에 사망했을 때 그녀의 부고장에는 그녀가 수십 년 뒤에 취하게 되는 '몰리 피처'라는 이름이 없었다. "그녀가 부상병들을 잘 돌보았다"는 말은 전하지만, 그녀가 몬머스에 있었다든가 대포를 쏘았다고 말하는 사람은 없었다. 그러나 '몰리 피처'의 전설은 죽을 때까지 약소한 연금 이외에 아무런 인정도 받지 못한 이 평범한 여성에게 붙어야 했다.

당시 몬머스의 여성들에 관한 일차 문헌은 없으나 전투가 끝나고 닷새 뒤에 작성된 이차 문헌은 하나 있다. 군의관인 앨비전스 월도는 부상한 어느 장교의 말을 기록했다. 그에 따르면, 전장에서 어느 여성이 쓰러진 연인의 '총과 탄약통'을 집어들더니, '스파르타 여전사처럼' 용감한 자세로 "여느 병사에 못지않을 만큼 능숙하게 사격했다"고 한다. 하지만 그녀는 대포가 아니라 머스킷(musket 16~19세기에 사용된 구식 소총)을 쏘았다. 대포에는 '탄약통'이 없기 때문이다.

몬머스 전투에서의 조지 워싱턴
1778년 6월 28일, 조지 워싱턴이 이끄는 대륙군의 주력 부대는 뉴저지의 몬머스에서 영국 총사령관 헨리 클린턴이 이끄는 영국 정규군의 후위를 공격했다. 원래는 대륙군의 장군 찰스 리가 선발대를 이끌고 영국군의 후위를 먼저 공격했으나 도리어 측면을 역습당해 퇴각했다. 이에 워싱턴은 직접 부대를 이끌고 두 차례에 걸쳐 재공격을 시도했으나, 날이 너무나 더워 교전은 교착 상태에 빠졌고, 양쪽 모두 일사병으로 많은 병사를 잃었다.

 몬머스의 한 여성이 대포를 사격했다는 일차 문헌이 하나 있기는 하지만 당시의 기록은 아니다. 실제 사건에서 52년이 지난 1830년에 조지프 플럼 마틴(Joseph Plumb Martin)은 몬머스에서 어느 부부가 대포를 발사하는 장면을 보았다고 회상했다. "적이 쏜 포탄이 그녀의 다리 사이를 뚫고 지나갔는데, 그녀는 치마의 아랫부분이 찢어진 것 이외에 아무런 피해도 입지 않았다. 그녀는 태연한 표정으로 내려다보면서 포탄이 조금만 높이 날아왔더라면 자기 목숨이 끝장날 뻔했다고 말했다." 그러나 마틴이 말하는 여성은 '몰리 피처'와 부합하지 않는다. 그녀는 목마른 병사들에게 물을 가져다주지 않았고, 남편이 쓰러졌기 때문에 전투에 참여한

게 아니라 남편을 도운 것뿐이었다.

쓰러진 남편 대신 대포를 담당한 여성의 이야기가 있기는 하지만 몬머스 전투는 아니다. 1776년 11월 16일 워싱턴 요새에서 마거릿 코빈은 전사한 남편을 대신해서 참전했다. 그녀 자신도 전투 중 포도탄(옛 대포의 탄환으로 1발이 9개의 쇠알로 되어 있다) 세 발을 맞고 부상했으며, 평생토록 한 팔을 쓰지 못했다. 전투가 끝난 뒤 그녀는 '부상병'으로 웨스트포인트에 후송되었고, 1779년 7월 6일에 펜실베이니아 최고회의는 그녀에게 종신 연금을 수여했다. "워싱턴 요새의 전투에서 전사한 남편의 직책을 대신하여 용감히 대포를 담당하다가 부상을 입고 장애를 가지게 된 여성에게 일반 병사의 절반 액수에 해당하는 연금을 수여한다." 이것은 어느 정도 '몰리 피처'의 이야기와 부합하지만, 장소와 시기가 맞지 않고 더위와 갈증에 시달리는 병사들의 목을 적셔주었다는 이야기는 전혀 없다.

역사 문헌은 그것이 전부다. 하지만 역사에서 나온 단편적인 사실이 두 가지 있는데, 사소한 것이지만 이 이야기에는 중요할 수도 있다. 하나는 18세기 후반에 대단히 유명했던 여성들 중에 매사추세츠 린에 사는 몰 다이아몬드 피처라는 점쟁이가 있었다는 사실이다. 선원들이나 선주들이 항해를 떠나기 전에 몰 피처를 찾아와서 점을 치곤 했다. 존 그린리프 휘티어는 1832년에 그녀에 관한 시를 발표했고 「린의 점쟁이 몰 피처」라는 인기 멜로 희곡을 썼는데, 이 희곡은 보스턴, 뉴욕, 필라델피아 등지에서 1839년부터 남북전쟁 이후까지 상연되었다. 이 몰 피처는 분명히 메리 헤이스나 마거릿 코빈, 몬머스 전투와 전혀 무관하지만, 이름이 상당히 비슷하다는 것은 부인할 수 없다. 아마 나름대로 하나의 전설이 된 그 여자 점쟁이의 명성이 독립혁명에 관한 민담이 탄생하는 데 모종의 역할을 했을지도 모른다. 19세기 후반에 몬머스의 여장부는 '몰 피처'라는 이름으로 불렸기 때문이다.

우리는 또한 몰리 피처의 이야기와 나폴레옹 전쟁에서 나온 이야기 사이의 유사성에 주목할 수도 있다. 1808~1809년 프랑스 군이 에스파냐의 사라고사 시를 포위했을 때 아우구스티나 도모네크라는 젊은 여성이 병사들에게 물을 가져다주었고 죽은 포병의 역할을 대신했다. 그 뒤 그녀의 남편 혹은 애인이 총에 맞아 죽자 그녀는 그의 소총을 들고 전투에서 그의 위치를 담당했다. 훗날 이 '사라고사의 처녀'는 선풍적인 인기를 모았다. 메리 헤이스와 달리 그녀는 생전에 상을 받고 명예를 누렸다. 사라고사의 처녀와 몰리 피처 이야기의 유사성은 우연이 아닐 것이다. 19세기 내내 몰리의 명성이 점점 커지자 그녀는 유럽의 그 처녀와 자주 비교되었다.

우리는 이런 단편적인 '증거'들이 민담 속에 어떻게 섞여 '몰리 피처'를 만들어내게 되었는지 알 수도 없고 앞으로도 모를 것이다. 그러나 문헌들을 통해 그 전설의 전개 과정을 추적해볼 수는 있다.

이름을 생각해보면 줄거리가 뚜렷해진다. 묘하게도 '몰리 피처'는 '몰리 대장'으로서 전설적인 삶을 시작했다. 몬머스 전투 이후 50년이 지났을 때 마사 워싱턴(조지 워싱턴의 아내. 워싱턴과 결혼할 때 이미 전 남편 소생의 남매를 두고 있었다)의 손자인 조지 워싱턴 파크 커스티스(George Washington Parke Custis)는 그 이야기의 개요를 책으로 펴냈다.

몰리 대장이 병사들에게 물을 가져다주는 동안 그녀의 남편은 머리에 총상을 입고 대포 바퀴 아래로 쓰러졌다. 여장부는 들통을 집어던지고 숨진 남편에게 소리쳤다. "여보, 내가 복수해줄 테니 편히 쉬어요." 그런 다음에 죽은 남편이 방금 전에 손에서 놓친 꽂을대를 집어들고는 포탄을 장전하고 화약을 재서 발사했다. 성공이었다. 그녀는 포병에 못지않은 익숙한 솜씨로 연기가 피어오르는 포신에 꽂을대를 꽂았다. 전선에서는 내내 병사들의 함성이 들렸고 …… 대포는 점점 불을 뿜었다. …… 이튿날 아침 워싱턴은 그녀를 치하하며 금 한덩이를 수여하고 그녀의 활약이 영원히 기억되리라고 말했다. 이 대담무쌍한 여인은 독립을 이룬 뒤에도 몬머스 전투에서 얻은 몰리 대장이라는 고결한 명성을 한시도 잊지 않고 살았다.

이 간략한 기록은 그 이야기의 최종판과 두 가지 점에서 다르다. 첫째, 몰리의 명칭에 주목할 필요가 있다. 둘째, 커스티스는 몰리가 들통을 들고 있었다고 썼다. 물론 전투 도중에 물을 운반하는 데 식탁에 놓인 우아한 꽃병을 사용할 수는 없는 노릇이니 들통이나 양동이를 썼다고 해서 문제가 있는 것은 아니다. 그러나 훗날 몰리에게 피처라는 성이 붙은 것을 고려하면 들통은 어딘가 이상하다.

1850년에 벤슨 로싱은 커스티스를 찾아와 자신이 준비하고 있는 『그림으로 보는 혁명의 현장』이라는 책에 수록할 만한 전설이나 유물이 있느냐고 문의했다. 커스티스의 집에서 로싱은 「몬머스 전투」라는 제목의 그림을 발견했다. 말을 탄 조지 워싱턴 옆에서 몰리 대장이 대포에 탄약을 재고 있는 장면이었는데, 몰리의 이야기에 매혹된 커스티스가 직접 그린 그림이었다. 2년 뒤 출간된 책에서 로싱은 커스티스의 그림과 몰리 대장의 이야기를 수록했다.

몬머스 전투의 몰리 피처
몰리 피처가 대포의 탄약을 재고 있는 위의 그림은 역사적 사실이나 인물을 주로 그린 19세기의 화가 알론조 차펠(Alonzo Chappel)의 회화를 아미티지가 판화로 만든 것이다. 몬머스 전투가 있은 지 약 50년이 지난 뒤에 역사 기록에 등장하기 시작한 '몰리'는 얼마 뒤에는 '피처'라는 새 성(姓)도 얻었으며, 몬머스 전투 100년 뒤부터는 그녀를 '기억'한다는 사람들이 속속 등장하기 시작했다.

나중에 웨스트포인트 근방의 허드슨 고원을 여행하던 중 로싱은 몰리 대장이라는 여자를 알거나 보았다고 주장하는 세 사람을 만나 이야기했다. 여기서 전설은 사실과 접목된다. 허드슨 고원에는 실제로 혁명전쟁 직후에 '몰리 대장'이라는 여자가 살았기 때문이다. 군대의 기록에 따르면 1785년에서 1789년까지 정부는 '몰리 대장'에게 '침낭'이나 '낡은 천막' 같은 물건을 주었다. 또 그녀는 혼자 살아갈 수 없는 처지였으므로 생활보조금이 돌보는 사람에게 전해졌다.

이 '몰리 대장'이라는 사람은 누구일까? 펜실베이니아의 칼라일은 이곳에서 수백 킬로미터나 떨어져 있으니까 메리 헤이스 매콜리가 아닌 것은 확실하다. 하지만 워싱턴 요새의 여장부 마거릿 코빈일 가능성은 있다. 코빈은 연금을 받았고, 1783년에 해체된 웨스트포인트에 부상병으로 후송된 유일한 여성이었다. 2년 뒤 코빈이 살았던 곳에서 불과 5킬로미터 떨어진 지역의 군사 기록에 바로 '몰리 대장'이 나온다.

그런데 마거릿 코빈은 몬머스에 있지 않았고, 그 전투 당시에는 이미 부상한 상태였다. 그래도 그녀의 이야기는 다른 후보들보다 내용이 풍부하다. 전설에 전하는 몰리 대장은 희미한 기억 또는 변덕스런 상상력으로 인해 정확히 어느 전장에서 활약했는지도 확실치 않았다. 그에 비해 마거릿 코빈이 워싱턴 요새에서 전사한 남편의 직책을 수행했다는 것은 확실하다. 세월이 흐르자 허드슨 고원의 몰리 대장이 했다고 알려진 그 용감한 행위는 몬머스 전투의 열기 속에서 물 양동이를 운반한 여자에게로 옮겨졌다. 또한 이야기의 무대도 바뀌었다. 전쟁이 끝난 뒤 병참부에서 보낸 서신에는 코빈이 브랜디와인에서 공을 세운 것으로 기록되어 있었다. 로싱에게 한 제보자는 자신이 아는 허드슨 고원 출신의 '몰리 대장'이 활약한 장소를 몬머스가 아니라 클린턴 요새라고 말했다. 거기서 그녀는 미군이 퇴각하기 전에 마지막으로 대포를 발사했다는 것이다.

아마 전투 중에 남편이나 연인을 대신한 여성들은 여러 명이 있었을 것이다. 그 중에서 대포를 발사한 사람도 있었을 것이다. 많은 여성들이 물이나 기타 병참에 필요한 것들을 운반했다는 사실은 분명했다. 그런데 19세기 중반에 그 모든 공로는 오직 한 여성, 즉 몰리 대장에게만 돌아갔던 것이다.

그러나 '진짜' 몰리 대장은 여장부와 거리가 멀었다. 로싱의 한 제보자에 의하면 그녀는 '천한 케이트'라고도 불렸으며, '매독으로 인해 끔찍한 죽음'을 당했다. 1850년에 엘리자베스 엘릿은 혁명전쟁에 기여한 여성들을 찾았으나 몰리 대장은 포함시키지 않았다. 그녀는 세 권짜리 책을 썼지만 정작 그 뒤에 그 책들보다 유명세를 떨치게 되는 이야기는 수록하지 못한 것이다. 조지 밴크로프트가 혁명의 역사를 서술한 여러 권짜리 대작에도 워싱턴 요새의 여장부인 몰리 대장, 몬머스, 클린턴 요새, 브랜디와인에서 활약한 여성에 관한 언급은 찾아볼 수 없다. 민담에서 찬양을 받았던 몰리 대장이 혁명전쟁 최고의 여전사라는 공인을 받으려면 더 매력적인 면모가 필요했다.

치장되는 이야기

몰리를 새롭게 포장하는 일은 이름을 바꾸는 것으로 시작되었다. 초기 기록에 나오는 '몰리 피처'는 작가들이 아니라 화가들의 작명이었다. 너새니얼 쿠리어는 그 이름을 초창기에 사용한 사람들 중 하나다. 몬머스 전투가 있은 지 70년이 지난 1848년에 쿠리어는 「몬머스의 여장부 몰리 피처」라는 그림을 그렸다. 1850년대에 데니스 멀론은 몰리가 대포 옆에 있는 장면과 워싱턴에게 소개되는 장면을 한 점씩 그렸다. 또 1860년에는 책에 수록된 그림들에 '몰리 대장' 대신 '몰리 피처'라는 설명문이 등장하기 시작했다.

    1860년대에 나온 혁명전쟁 관련 문헌들 중에는 몰리 피처가 몬머스에서 보여준 활약상이 실린 게 있는데, 커스티스가 소개한 줄거리를 바탕으로 하고 있으나, 주인공 이름은 다르다. 제임스 대처(James Thatcher)의 『미국혁명의 군사 일지』 1862년도 개정판에는, 지은이가 1844년에 사망했음에도 불구하고 몰리 피처의 이야기가 새로이 추가되었다.

이름의 변화는 기적을 낳았다. 몰리는 가난하고 저속한 종군부에서 버젓한 일을 하는 여성으로 탈바꿈했다. 무거운 들통도 최근에 얻은 새 성(姓)에 어울리는 예쁜 그릇으로 바뀌었다. 대포와 물 항아리로 정의되는 몰리는 이제 남성성과 여성성의 완벽한 조합을 구현했다. 혁명전쟁의 한복판에 그런 여인이 있었다는 것은 하나의 기적으로 찬양받아 마땅한 일이었다.

전설은 거의 완벽해졌으나 한 가지가 아직 해결되지 않았다. 실제로 살아 숨쉬는 여장부가 필요했다. 몰리 피처는 구체적인 형상을 취해야만 많은 팬들의 마음속에 자연스럽게 자리잡을 수 있었다. 사람들은 궁금증을 품었다. 도대체 몰리 피처는 누구였을까?

1876년 독립 100주년을 맞았을 때 칼라일에 오래 거주했던 웨슬리 마일스라는 사람이 자진하여 그 질문에 답했다. 말인즉슨 그는 44년 전에 군대에서 상을 받은 한 여자의 장례식에 참석한 적이 있었다는 것이었다. 지역 신문에 그는 이렇게 기고했다. "이 기억의 대상은 '사라고사의 처녀'의 본보기입니다. 그녀는 바로 몬머스의 여장부 몰리 피처입니다."

바로 그것이었다. 즉각 두 사람이 더 나서서 전설의 인물을 뒷받침했다. 마일스가 지극히 평범한 한 무덤을 가리키자 칼라일의 주민들은 100달러를 모금해서 잊혀진 여장부의 유해 옆에 다음과 같은 문구가 새겨진 묘석을 세워주었다.

몰리 매콜리, 역사에 '몰리 피처'라고 알려진 몬머스의 여장부가
1833년 1월 22일에 일흔아홉을 일기로 세상을 떠나다.

몇 년 뒤에 어떤 사람은 그녀의 사망 연도가 한 해 틀렸다고 지적했다. 그렇다면 웨슬리 마일스가 확인해준 무덤도 틀린 게 아닐까? 그래서 1892년에 칼라일의 시민들은 그 무덤을 파보았는데, 한 여자의 유골이 나왔다. 사람들은 조심스럽게 무덤을 복원하고 그 유해가 과거에 몬머스의 대포를 조작한 사람의 것이라고 확신했다.

칼라일에서 몰리 피처의 신분을 발견하고 발표하자, 나이가 있는 주민들은 그 전까지 한 적이 없는 이야기들을 털어놓기 시작했다. 어떤 여자는 자기가 어릴 때 메리 헤이스 매콜리 할머니와 같은 동네에 살았다며 그녀가 이런 말을 했다고 회상했다. "너희는 몬머스 전투에서 대포를 쏘는 내 모습을 상상하기 어려울 게다." 또 어떤 여자는 1826년에 메리를 만났는데, "당시 그녀는 '몰리 피처'라고 불렸다"고 말했다. (하지만 그때는 '몰리 대장'이라는 명칭이 사용되었고 '몰리 피처'는 그보다 20년 뒤에 처음 기록되었다.)

1905년 '애국의 아들'을 위해 발간된 책에서 향토사학자인 존 B. 랜디스도 역시 기억을 되살려 '진짜' 몰리 피처가 칼라일 출신이라는 사실에 동의했다. "몰리 피처는 상상 속의 여장부가 아니라 단단한 체구에 강인하고 용기 있는 여성이었다." 만약 오늘날 사람들이 1898년에 벌어졌던 미국-스페인 전쟁(쿠바인들이 스페인 통치로부터 벗어나기 위해 일으킨 독립투쟁 과정에서 비롯된 전쟁. 이 전쟁의 결과 아메리카에서의 스페인 통치는 종식되었고, 미국은 태평양 연안 서부지역과 라틴아메리카 지역의 영토를 획득, 국제정치 무대의 새로운 중추로 등장하게 된다) 중에 병사들이 올린 공적에 관한 기억을 갑자기 되살린다면 그것을 믿기란 어려울 것이다. 그러나 당시 사람들은 한 세기 이상이나 지난 사건이라는 점에 별로 신경을 쓰지 않았다. 1911년에 랜디스의 주장이 권위 있는 『미국 역사학 회보』에 게재됨으로써 매콜리/몰리 피처의 연관성은 거의 공식적인 승인을 얻기에 이르렀다.

몰리 피처의 신분이 밝혀지고 증명되자 그녀에 관한 구체적인 유물도 쌓이기 시작했다. 1903년에 메리 헤이스 매콜리의 고손녀는 지역 역사협회에 인상적인 선물을 내놓았다. '몰리 피처의 물 항아리'라는 아름다운 장식품인데, 일종의 요새처럼 보이는 동양식 탑과 여러 인물이 공중에 떠다니는 모습이 새겨져 있었다. 1905년에 '애국의 아들'은 몰리의 무덤에 깃대와 대포를 설치했다. 매사추세츠 워터타운의 병기고에서 얻은 대포는 몬머스에서 사용된 것으로 추측되었다. 한편 몬머스의 역사 애호가들은 몰리가 항아리에 물을 채웠다는 샘의 양편에 푯말 두 개를 세웠다. (훗날 몬머스의 유명한 역사가인 윌리엄 스트라이커는 그 전투가 있은 지 50년 뒤에 그 우물을 팠다는 사실을 털어놓았다.)

온통 팡파르가 울려퍼지는 분위기에도 수긍하지 않는 한 사람이 있었다. 제레미아 지머는 칼라일의 주민이었으나, "유익하고 존경받는 삶을 살았던 많은 혁명의 영웅들을 놔두고" 저속하게 살았다는 여성을 찬양하는 것은 옳지 않다고 여겼다. "몰리 매콜리는 역사적으로나 도덕적으로나 젊은 미국인들이 본받을 만한 인물이 아니다." 그는 조심스럽게 계보를 추적하면서 '몰리 피처=메리 헤이스 매콜리'라는 등식을 부정할 만한 근거를 찾았다.

그러나 대중은 제레미아 지머의 트집에 관심을 보이지 않았다. 자기 지역의 여장부를 믿는 사람들은 전설을 폐기하느니 그녀의 이미지를 바꾸고자 했다. 그에 따라 저속한 몰리 대장이 고상한 몰리 피처로 탈바꿈했듯이, 메리 헤이스 매콜리도 한층 우아한 면모를 지니게 되었다. 1916

년에는 그녀의 묘소에 새 기념물이 설치되었는데, 여기서 그녀는 '군대의 간호사'로서 '친절한 행위를 많이' 한 인물이 되었다. 훗날 어느 신문기사에는 그녀를 '유쾌한' 인물로 묘사하면서 '펜실베이니아에서 으뜸가는 혁명의 여장부'라고 말했다. 이제 메리는 술을 많이 마신다든가 화를 내며 욕설을 퍼붓는 노파가 아니라, 존경받는 여장부로서 젊은 여성들에게 감동을 주는 본보기가 되었다.

칼라일 동향인의 주가가 급상승한 데 자극을 받아 마거릿 코빈─'진짜' 몰리 대장─도 부활할 조짐을 보였다. 1926년 3월 16일에 '미국 혁명의 딸들'이라는 단체의 촉구를 받아 그녀의 유골이 또다시 빛을 보았다. (발굴을 목격한 어떤 사람은 이렇게 썼다. "관의 흔적은 썩은 나무 조각과 녹슨 수제 못 몇 개가 고작이었다. 유골은 두 발과 오른손의 뼈 이외에는 완벽하게 남아 있었다.") 20분 뒤 마거릿 코빈의 유해는 거기서 몇 킬로미터 거리에 있는 웨스트포인트의 미국 육군사관학교 묘지에 안장되었고, 그녀의 명판에는 '몰리 대장'이라는 문구가 새겨졌다.

이와 같이 1926년에는 몰리 대장과 몰리 피처가 동시에 확인되었으며, 무덤이 이장되고 기념물이 설치되었다. 이들의 전설은 말 그대로 돌 속에 봉인되었다. 하지만 이 두 이야기는 하나로 뭉뚱그려졌다. 비록 '진짜' 몰리 대장이 워싱턴 요새에서 남편의 역할을 대신하는 용감한 활약을 보였다 하더라도 그 정도로는 충분하지 않았다. '으뜸가는 혁명의 여장부'라는 자격에 어울리려면 대포와 물 항아리도 필요했던 것이다.

존 랜디스와 칼라일 시가 몰리 피처를 자기들의 것으로 만든 이후 그녀의 이야기는 실존했던 여성에게로 단단히 고착되었다. 1948년판 『미국 전기(傳記) 사전』에 실린 메리 루드비히 헤이스 매콜리의 인적 사항에는

"몰리 피처라는 이름으로 더 잘 알려졌다"는 말이 나온다. 예전의 『미국 전기 사전』을 대체하기 위해 최근에 새로 나온 『미국 국가 전기(傳記)』는 한 단계 더 신격화해 아예 인적 사항에 '피처, 몰리(1754?. 10. 13~1832. 1. 22)'라고 수록했다. 글을 쓴 존 K. 알렉산더는 '몰리 피처'를 실제 펜실베이니아의 칼라일에 살았던 주민으로 간주하고 생몰 연도와 날짜까지 붙였다. 그는 그녀의 삶에 관해 상세하게 알 수 없다고 말하지만—"이름이 메리라는 것만 확실할 따름이다"—명망 있는 도서관의 서가에 꽂혀 있는 이 스물네 권짜리 권위 있는 전기에 수록된 다른 사람들의 인적 사항이 그렇듯이 '피처, 몰리'라고 하면 독자에게는 실존했던 인물처럼 여겨지게 마련이다.

오늘날에도 몰리 피처는 19세기 후반에 못지않게 찬양을 받고 있다. 인터넷 검색을 해보면 관련된 사이트만 해도 1만 6,300개나 되는데, 갈수록 꾸준히 늘고 있다. 혁명의 여장부에 관한 보고서를 쓰려는 학생들은 인터넷에서 풍부한 정보를 찾으면 된다. 인터넷에는 디지털 복제된 몰리 피처의 그림과 칼라일의 묘비에 새겨진 다음과 같은 시도 나와 있다.

> 끔찍한 살육의 현장 몬머스의 들판에서
> 시원한 물과 격려의 말을 뿌리며
> 두려움을 모르는 여인이 걸어간다
> 그녀는 바로 포병 헤이스의 아내 …….

우리 시대에 알맞은 민담 전승을 찾으려는 야망에 불타는 학생들은 자신이 작성한 몰리 피처의 약전을 웹에 올린다. 또한 현재의 추세에 걸맞게 몰리는 우리 경제를 살리고자 하는 사람들에게도 이름을 빌려준다. 예컨대 mollypitcher.com은 주택융자, 도박, 구직, 여행, 생명보험, 골프, 피부관리, 휴대폰, 애완동물, 결혼 및 이혼 상담 등 다양한 분야로 소비자들을 연결시켜 주는 사이트다.

돌아온 몰리 대장

설사 전설에 결함이 있다 해도 몰리 피처는 혁명전쟁에서 '종군부'가 담당했던 역할을 소개하는 데 기여했다고 볼 수도 있다. 그러나 수천 명에 달했던 그 여성들이 사실과 다른 맥락으로 소개되는 것은 문제다. 실제로 그들은 공상적인 몰리 피처보다는 허드슨 고원 출신의 용감한 몰리 대장과 닮은 데가 더 많았다. 즉 그들은 가난했고, 그 시대의 용어로 말하면 '저속'했다. 또한 그들은 메리 헤이스, 마거릿 코빈, 그리고 여느 병사들이 흔히 그랬던 것처럼 술을 마셨고 욕설을 했다. 그들은 진지의 일부였을 뿐 그 이상은 아니었다. 기록에서 보듯이 그들은 예쁜 항아리가 아니라 묵직한 나무 양동이로 물을 날랐다. 그들은 전장에서나 후방에서 전시 병참의 모든 면을 담당했다. 조리와 청소는 물론이고, 때로는 남편이 전사하지 않았어도 대포를 장전하고 발사했다. 여자가 대포를 조작하는 것을 보고도 전혀 놀라지 않았던 조지프 플럼 마틴에게 물어보면 쉽게 알 것이다.

전설 속의 몰리 피처와는 달리 그 여성들은 전장에서의 공훈으로 워싱턴에게서 상을 받은 적이 없다. 오히려 사정은 그와 정반대였다. 독립선언 1주년 기념일인 1777년 7월 4일에 워싱턴은 식민지 군대를 따라다니는 여성들에게 마차를 타지 말라는 명을 내렸다. 또한 그는 그 여성들에게 도보로 걸어야 하며 짐을 들고 후위에 있어야 한다고 명했다. 워싱턴은 번듯한 군대가 되려면 종군자의 수를 최소한으로 유지해야 한다고 보았다. 1777년에 그는 이렇게 썼다. "여자들이 많으면 이동에 어려움이 많다. …… 여단과 군단을 지휘하는 장교들은 절대적으로 불필요한 요소를 제거하기 위해 온갖 노력을 기울여야 한다."

그러나 일반 병사들은 종군부들을 고마워했다. 금지 명령에도 불구하고 그들은 여자들을 마차에 태워주는 경우가 많았다. 여성 종군부들에게 주어지는 유일한 '보상'은 남자들이 그들을 존중해주는 것이었다. 종전 후에도 병사들은 '몰리 대장'의 기억을 잊지 않았다. 옛 이야기를 할 때면 그들은 각자 나름의 '몰리 대장', 즉 워싱턴 요새, 클린턴 요새, 브랜디와인, 몬머스 등 역사적인 전장에서 대단한 활약을 보여준 용감한 종군부들을 회상했다. 수십 년이 지나 그 이야기들이 책으로 출간되자 그때까지 살아 있던 노병들은 자랑스럽게 말했다. "그래, 그 여자였을 거야. 그녀를 나도 봤어. 그 여장부를 나도 알아."

몰리 대장은 우리나라의 건국 과정에 나름대로의 역할을 했으나 몰리 피처는 그렇지 않다. 이 꾸며진 여장부는 남성적 환상, 즉 여성은 남성에게 봉사할 뿐만 아니라 전투도 수행할 수 있다는 것을 보여주려는 존재에 불과하다. 따라서 혁명전쟁에서 여성이 맡은 역할을 보여주는 예로는 적절치 않다. 문제는 그것이 애초에 불가능하다는 점이다. 여성이 전쟁에 기여한 바가 아무리 실질적이고 중요하다 하더라도 영웅적이고 호전적인 이야기에서는 쉽게 드러나지 않는다. 왜냐하면 여성들이 맡는 역할은 숭고하고 영웅적인 것이 아니라 단조로운 고역들이었기 때문이다.

우리는 상상을 좋아한다. 오늘날 일부 미국인들은 여성도 남성처럼 전사가 될 수 있다는 사실을 보여주고 싶어한다. 몰리 피처는 여성과 남성을 모두 만족시키는 존재이므로 실존 인물이 아님에도 우리는 끊임없이 그녀의 이야기를 한다. 하지만 그 꾸며진 이야기는 8년간의 독립투쟁에서 무수한 '진짜' 여성들이 했던 그 고되고 험한 일을 은폐하고 있다.

"보스턴의 샘 애덤스가 아니었다면
미국혁명은 없었을 것!"

「새뮤얼 애덤스」, 존 싱글턴 코플리의 초상화를 바탕으로 제작한 판화, 1772년.

3_혁명가 샘 애덤스

랭거스(A. J. Langguth)의 유명한 저서인 『애국자들 : 미국혁명을 시작한 사람들』에는 특히 돋보이는 애국자가 한 사람 있다. 그 책에 의하면 새뮤얼 애덤스는 보스턴에서 일어난 모든 혁명적 사건들을 조종한 사람이며, 다른 모든 애국자들은 그의 '부하'이자 '병사'에 불과하다. 『자유!』— 독립혁명을 다룬 1997년도 PBS 방송 프로그램의 자매편으로 나온 책—에서 토머스 플레밍(Thomas Fleming)은 "보스턴의 샘 애덤스가 아니었다면 미국혁명은 없었을 것"이라고 확언했다. 또한 아동물 작가인 데니스 프래딘(Dennis Fradin)은 그 점을 더욱 강조했다. "전쟁이 발발하기 전 10년 동안 새뮤얼 애덤스는 사실상 1인 혁명을 하고 있었다."

새뮤얼 애덤스는 지금 우리가 생각하는 것과 같은 영웅은 아니었다. 1819년 새뮤얼의 육촌인 존 애덤스는 이렇게 썼다. "독립혁명이 저주가 아니라 축복이라면 새뮤얼 애덤스의 이름과 인물이 보존되어야 한다. 그러나 지금까지 30년 동안 사람들은 그를 깎아내리기 위해 조직적으로 노력했다." 혁명의 시대부터 19세기 중반까지 보스턴에서 가장 존경받는 사람은 새뮤얼 애덤스가 아니라 그의 절친한 친구이자 동료였던 최초의 순국선열 조지프 워런 박사였다. 존 트럼벌이 1786년에 그린 그림 「벙커힐 전투」는 지금은 그렇게 불리지만 원래 제목은 「벙커힐 전투에서 전사하는 워런 장군」이었다. 그러나 당대의 유명한 의사였던 워런은 후대에 별로 존경을 받지 못했고, 걸핏하면 이간질을 하고 말썽을 빚었던 애덤스는 유명세를 누렸다. 현대의 전기(傳記)들 중에는 다음과 같은 애정 어린 제목을 가진 것도 있다. 『새뮤얼 애덤스의 혁명, 1765~1776: 조지 워싱턴, 토머스 제퍼슨, 벤저민 프랭클린, 존 애덤스, 조지 3세, 보스턴 시민들의 도움을 얻어』.

왜 그렇게 된 걸까? 독립전쟁이 끝난 직후에 미국인들은 조금이라도 급진적인 면모를 보이는 사람을 싫어했으므로 유명한 정치 활동가들을 좋게 말하지 않았다. 그러나 세월이 지나면서 마치 악한이 그렇듯이 급진파도 일종의 영웅으로 간주되었다. 안전하고 안락하게 살고 있는 현대의 미국인들은 배에 실린 차 상자를 파괴한 것과 같은 불법과 폭력 사태에도 두려움을 느끼지 않는다. 그래서 보스턴 차 사건은 오히려 미소를 자아내게 하며, 독립시대의 악동이자 말썽꾼인 샘 애덤스도 사람들의 호감을 얻는 것이다.

역설적인 일이지만 이 말썽쟁이는 미국 독립에 방향성과 목적을 불어넣었다. 그의 전설적 이야기에는 두 가지 핵심 요소가 있다. 그는 어느 누구도 감히 독립을 생각하지 않았던 때에 독립을 주창했으며, 보스턴 시민들을 선동하여 자신의 목표를 실현하는 데 열광적으로 나서도록 했다. 이런 점들은 우리의 미국혁명 이야기에서 결코 사소한 부분이 아니다. 우리의 국가관은 거기에 힘입은 바가 크기 때문이다. 애덤스가 정말 선견지명을 가지고 독립을 꿈꾸었다면 우리는 혁명 전 보스턴의 격앙된 군중 행

벙커힐 전투에서 전사하는 워런 장군

렉싱턴과 콩코드 전투 이후 식민지인들은 보스턴에 주둔하고 있던 영국군을 막기 위해 보스턴 주변에 모여들었다. 보스턴을 공격하기 가장 적당한 지점 중 하나였던 찰스타운에는 2개의 높은 언덕이 있었다. 1775년 6월 영국군이 이 두 언덕 가운데 하나를 점령하려 한다는 소식을 듣고, 대륙군은 브리즈힐 꼭대기에 보루를 완성했다. 곧이어 벌어진 전투에서 영국군은 결국 요새를 점령했으나, 사상자가 엄청났다. 상대적으로 적은 피해를 입고 영국에 많은 손해를 끼친 이 전투로 대륙군의 사기는 크게 올랐으며, 이후 1776년 3월 보스턴 시와 항구에서 영국군을 몰아낼 수 있었다(이 책 9장에 벙커힐 전투와 관련된 이야기가 자세히 실려 있다). 조지프 워런은 이 전투에서 자원하여 최전선에서 싸웠으며, 결국 목숨을 잃었다. 그는 혁명전쟁에서 최초로 전사한 장교였다.

동을 영국으로부터 독립하려는 궁극적인 목적과 관련된 일관적인 사건이라고 간주할 수 있다. 이러한 개인적 의지가 없었다면 반란은 뒤죽박죽이 되었을 테고 반발심 이외에 아무런 사명감도 없었을 것이다. 작가가 없으면 알맞은 대본이 나오지 못하고, 감독이 없으면 군중을 제어하기 어려워진다. 샘 애덤스는 독립을 조종하고 혁명을 궤도에 올려놓았다. 그는 대본을 쓰고 배우들을 감독하고 익숙한 솜씨로 연극을 상연했다.

이 이야기의 미덕은 애덤스가 자기 휘하의 사람들과 질적으로 다른 신분, 즉 고결한 귀족이 아니었다는 점이다. 그는 우리와 같은 군중의 한 사람이었다. 우리가 그 시대의 여느 사람들과 달리 새뮤얼을 '샘'이라는 친근한 이름으로 부르고 싶어하는 이유도 아마 그 때문일 것이다. (이 책에서는 전설 속의 인물을 '샘'으로, 역사적 실존 인물을 '새뮤얼'로 표기했다.) 여느 혁명의 시조들과는 달리 그는 거리에서 사람들과 어울리고 주점에서 술잔을 기울이는 일을 좋아했다. 그리고 과연 그런 면모에 어울리게도 오늘날 그의 얼굴은 다른 시조들처럼 주화나 지폐에 새겨지지 않고 맥주병을 장식하고 있다.

군중을 대변하면서 동시에 조종하는 샘 애덤스는 우리에게 '대중'을 찬양하라고 한다. 혹은 그렇게 보인다. 그러나 샘 애덤스의 이야기는 대중을 찬양하는 듯하지만 사실은 대중을 중요하게 여기지 않는다. 그렇기 때문에 그의 이야기를 처음 발명해낸 사람은 애덤스의 정적인 토리당이었다. 그들의 각본은 애덤스를 모든 불안의 원흉으로 모는 것이었다. 샘 애덤스 이야기의 유해한 측면을 이해하고 그것이 독립시대의 보스턴에서 실제 일어난 일을 어떻게 왜곡하는지 알기 위해서는 그 기원을 검토해야 한다.

토리당의 이야기

어떤 형태의 항의에도 정당성을 부여하고 싶지 않았던 보수파는 1760년대와 1770년대 보스턴에서 일어난 모든 사태는 한 개인의 책동 때문이라고 주장했다. 국왕이 임명한 법원장이었다가 나중에 망명한 피터 올리버 (Peter Oliver)의 말에 의하면, "어느 나라에서나 대중은 유동적이게 마련이며, 윈치(원통형 드럼에 와이어 로프를 감아 도르래를 이용해서 무거운 물건을 높은 곳으로 들어올리는 기계)를 먼저 잡는 사람이 마음대로 조종할 수 있는 기계와 같다." 스스로의 판단에 따라 행동할 능력이 없는 대중은 "지푸라기 하나로 반란을 일으킬 수 있는" 감독이 필요하다.

　이 기계론적 견해는 한 사람이 모든 사람을 이끌어갈 수 있다고 말한다. 그런데 처음에 대중의 조종자는 새뮤얼 애덤스가 아닌 제임스 오티스 주니어였다. 올리버에 의하면, 정신착란증에 시달리던 오티스는 1761년에 "아버지가 대법관으로 임명되지 않으면 주 전체를 불질러버리겠다"고 다짐했다고 한다. 그는 거칠지만 지휘를 잘 따르는 보스턴 군중을 이용하여 자신의 맹세를 실천하려 했다. 아버지 제임스 오티스에게 고용되었던 토머스 허친슨(골수 국왕파로 보스턴 학살 당시 총독 권한대행이었다) 역시 올리버만큼 과장하진 않았어도 비슷한 이야기를 했다. 오티스가 광기 때문에 일을 할 수 없는 처지가 되자 조종자의 역할은 새뮤얼 애덤스에게 맡겨졌다. 애덤스 역시 가족과 연관된 동기에서 가담했다. 그의 아버지는 여러 해 전에 진보적인 토지은행 설립을 구상했다 실패했는데, 새뮤얼은 아버지의 꿈을 좌절시킨 체제를 해체하고 정의를 추구하리라 마음먹었던 것이다. 올리버와 허친슨에 의하면 애덤스는 일찍부터 독립혁명에 투신하기로 결심했다. 1765년의 인지세법 폭동, 1768년의 리버티 호 폭동, 점령군에 대한 저항운동, 1770년의 보스턴 학살, 1773년의 차 사건 등 크고 작은 다양한 시위들이 모두 혁명의 전략가인 새뮤얼 애덤스의 작품이었다.

　"마음이 약한 사람들을 휘어잡는 그의 능력은 정말 놀라웠다." 올리버는 이렇게 썼다. 애덤스의 조종을 받은 '마음 약한' 사람들 중에는 보스턴 하층민들이 상당수 포함되었다.

그는 하층민들의 본성을 잘 이해하고 있었으므로 저속하고 저열한 사람들의 마음을 자신이 원하는 방향으로 이끌 수 있었다. …… 또한 그는 자신의 능력을 아주 야비한 목적에 사용했다.

그러나 그가 움직이는 꼭두각시들 중에는 존 핸콕처럼 보스턴의 유명한 애국자도 있었다.

핸콕 씨는 …… 방울뱀의 꼬리처럼 애덤스 씨의 꽁무니만 졸졸 따라다녔다. …… 사실 그의 마음은 백지와 같았으므로 훌륭한 화가를 만났더라면 사회의 유익한 구성원이 되기에 알맞은 모양을 그의 마음에 그려 줄 수 있었을 것이다. 그러나 애덤스 씨는 끊임없이 사회 불안을 조성하려 애쓰면서 먹잇감으로 삼을 사람을 찾아다니던 중에 그를 포착해서 그의 마음에 결코 지워지지 않을 교훈을 심어주었다.

올리버와 허친슨 같은 토리당의 불만분자들은 모든 반란 사건을 오티스와 애덤스의 탓으로 돌림으로써 사회적 저항에 대한 보수파의 전형적인 거부감을 드러냈다. 사람들을 누군가가 선동하지 않고 그대로 놓아두면 그들 스스로는 봉기하지 못한다는 것이 그들의 견해였다. 조종자, 주동자, 조직가, 선동가, 말썽쟁이만 없다면 현재의 상태는 언제까지나 유지될 것이다. 모든 항의와 반란은 쉽게 처리할 수 있고, 각종 요구와 불만은 심각하게 고려할 필요가 없다.

토리당의 정적들이 왜 새뮤얼 애덤스를 주도적 인물로 찍었는지는 알기 쉽다. 애덤스는 모든 면에서 뛰어난 정치가였으며, 의회에서나 보스턴의 부두에서나 노련하게 처신했다. 글재주도 발군이었던 그는 지역 신문에 꾸준히 글을 기고해서 자신의 정치 논쟁 솜씨를 과시했다. 또한 그는 막후 공작에도 능했다. 보스턴 코커스(caucus 사회 문제를 토론하고 공직에 출마할 후보자를 선정하는 모임. 18세기에 보스턴에서 처음 생겨났는데, 지금은 정당 간부회의라는 일반명사로 사용된다)의 영향력 있는 회원으로서 그는 지역 관료의 선출이나 시 대표자 회의의 방침에 상당한 영향력을 행사했다. 매사추세츠 하원의 서기였던 그는 국왕이 임명한 총독의 지시를 거부하도록 하원의 방향을 이끌어갔다. 요컨대 그는 '민중파'의 강력한 대표였으며, 그 때문에 '왕당파' 적들의 미움을 샀다. 당시 보스턴 시민이었던 존 앤드루스의 말을 빌리면 "정부 고위층의 궁극적인 바람은 어떤 계획을 추진하고자 할 때 먼저 새뮤얼 애덤스를 제거하는 것이었다".

애덤스를 '제거'하기 위해서 그의 적들은 그를 반역자로 몰아붙였다. 1769년 1월 25일, 토리당의 정보 제공자인 리처드 실베스터는 선서를 통해 이렇게 증언했다. 7개월 전에 존 핸콕의 선박인 리버티 호가 나포되었을 때, 대규모 군중이 항의한 다음날 애덤스가 거리에서 일곱 명의 남자들에게 "당신들도 남자라면 남자답게 행동하시오. 당장 무기를 들고 국왕의 부하들을 체포하시오"라고 말하는 것을 들었다고 말이다. 또한 실베스터의 증언에 의하면 애덤스는 언젠가 그의 집을 찾아와서 이렇게 말했다고 한다. "우리는 해안에 감히 발을 딛으려는 모든 병사들을 죽일 걸세. 국왕은 이곳에 침략군을 보낼 권리가 없어. 나는 그들을 외국군으로 간주한다네."

실베스터의 날조된 주장은 런던에까지 전해졌지만 증거가 부실한 탓에 반역죄는 성립하지 않았다. 실베스터의 증언은 일단 기록으로 남았다.

혁명의 요람 보스턴
독립전쟁 이전부터 영국에 반대하는 투쟁은 보스턴을 중심으로 이미 전개되고 있었다. 따라서 애덤스와 핸콕 등 혁명을 주도한 인물들 중 상당수가 보스턴 출신이었던 것은 놀랄 일이 아니다. 그림은 1765년 영국이 신문과 공문서를 포함하여 모든 출판물에 중과세를 매기는 인지세법을 제정하자 그에 반대하여 일어난 시위 장면인데, 중앙에 치켜든 피켓에는 "영국의 잘못이 아메리카를 파멸로 몰아넣는다"는 구호가 적혀 있다.

세월이 흘러 19세기 중반에 뛰어난 역사가인 조지 밴크로프트는 그 선서의 내용을 사실로 인정하고 다음과 같이 자구 그대로 되풀이했다. "애덤스는 해안에 발을 내딛는 모든 병사들을 죽이는 것이 정당하다고 추론했다. 그는 이렇게 말했다. '국왕은 이곳에 침략군을 보낼 권리가 없다. 군대가 온다면 외국군으로 간주할 것이다.'" 그 뒤 역사가들은 밴크로프트의 말을 그대로 믿었고 그가 전하는 실베스터의 증언도 사실로 인정했다. 오늘날에도 그 의심스러운 증언은 애덤스가 혁명가였고, '군중'에게 '대부'와 같은 존재였으며, 늘 폭동을 선동하려 했던 인물이었음을 말해주는 기본적인 '문헌 증거'가 되어 있다.

샘 애덤스의 혁명

토리당의 적들이 한 말을 그대로 믿는다면 새뮤얼 애덤스는 초인적인 능력을 가진 듯하다. 정말 이 한 사람이 보스턴을 온통 소동으로 몰아넣은 걸까? 그러나 역사 기록은 다르다. 먼저 오랜 세월에 걸쳐 형성된 샘 애덤스의 다양한 이야기를 살펴보자.

인지세법 폭동 : '애덤스의 부두 갱단'

1765년에 보스턴 군중은 새 인지세법에 항의하기 위해 두 차례 궐기했다. 8월 14일에 거의 3천 명에 달하는 식민지인들은 징세관인 앤드루 올리버의 인형을 불태우고 그의 사무실을 파괴했다. 또 12일 뒤에 성난 군중은 토리당의 부유한 관리 토머스 허친슨의 집을 무너뜨렸다. 허친슨과 토리당 인물들의 주장에 따라 현대의 학자들은 그 군중 행동을 '애덤스의 부두 갱단'이라고 부른다. 윌리엄 핼러헌(William Hallahan)이 『미국 혁명이 시작된 날』에서 말하는 바에 의하면, 샘 애덤스는 "허친슨이 자기 아버지를 모욕했기 때문에 그에게 보복했다".

하지만 사실 애덤스는 그 사건과 하등 관련이 없었다. 그는 8월 14일의 시위를 사후 승인하기는 했어도 사전에 조직하지는 않았다. 시위의 주동자는 '로열 나인'(Loyal Nine)이라는 보스턴의 활동가 집단이었는데, 애덤스는 그 소속이 아니었다. 오히려 그는 8월 26일의 폭동이 지나치게 혼란스러운 데 대해 깜짝 놀랐다. 그래서 그는 신속히 "행정관을 도와 더 이상의 혼란을 방지하기 위해 최대한 노력했다".

보스턴 학살 : '애덤스의 선동을 받은 군중'

『렉싱턴의 붉은 새벽』의 저자인 루이스 번바움(Louis Birnbaum)은 보스턴 학살이 '애덤스의 선동을 받은 군중' 때문에 일어났다고 주장한다. 그러나 애덤스가 영국군 병사들에게 눈덩이를 던져 총격을 유발한 선원, 인부, 기술자들과 관련이 있다고 말해주는 역사 기록은 전혀 없다.

애덤스는 학살 사건 직후에 관여했다. 보스턴 시 대표자 회의는 국왕의 관리들에게 영국군 2개 연대를 시 외곽 보스턴 항구의 한 섬으로 철수시키라고 요구하고, 애덤스를 대변인으로 임명했다. 군대 지휘관이 한 연대만 철수하겠다고 제의하자 애덤스는 이렇게 말했다. "29연대를 철수시킬 수 있다면 14연대도 철수시킬 수 있소. 그렇게 하지 않을 경우 모든 책임은 당신의 몫이오." 당시 총독이었던 토머스 허친슨에 의하면 애덤스는 병력이 물러가지 않을 경우 "민중의 분노가 터져나올 것"이며, 그 대상은 병사들이 아니라 허친슨이라고 협박했다고 한다. 후대의 작가들과 역사가들은 허친슨의 견해를 취함으로써 병력을 철수시킨 새뮤얼 애덤스의 엄청난 능력을 과장했다. 사실 애덤스 본인이 말했듯이 허친슨이 마음을 돌린 것은 한 사람의 말 때문이 아니라 자신의 대답을 기다리는 '민중의 분노'를 두려워했기 때문이었다.

보스턴 차 사건 : '신호'

1773년 12월 16일 보스턴 항구에는 차를 실은 선박 세 척이 있었고, 수천 명의 분노한 애국자들이 올드사우스 공회당에 모여 대책을 숙의했다. 그때 갑자기 샘 애덤스가 벤치 위로 올라가더니 군중에게 소리쳤다. "이 회의는 조국을 구하기 위해 더 이상 할 수 있는 일이 없소." 모두들 그의

'자유의 요람'
1773년 12월 공회당에 모여 있던 군중은 인디언 복장을 하고 보스턴 항구로 가서 영국 동인도회사의 차 상자를 바다에 처넣었다. 이 보스턴 차 사건의 선동자는 새뮤얼 애덤스라고 알려졌으나 사실 그는 전쟁이 터지기 직전까지도 독립을 주장하지 않은 '비둘기파'였다. 그림은 훗날 '자유의 요람'이라고 불린 보스턴의 공회당이다.

말뜻을 알았다. 그것이 바로 '차 사건'이 시작되는 신호였다. 기록은 당시 분위기를 이렇게 전한다. "회의장은 환호성, 고함, 아우성으로 즉각 아수라장이 되었다. 군중은 올드사우스 공회당 바깥으로 뛰쳐나가 그리핀 부두로 향했다." 보스턴 차 사건을 다룬 거의 모든 책(내가 쓴 『미국 혁명의 민중사』도 포함된다)에 수록된 이 이야기는 92년 뒤에 샘 애덤스가 보스턴 군중을 확고히 통제하고 있었다는 강력한 이미지를 강조하기 위해 꾸며졌다. 가장 완전한 목격담에 따르면 당시 애덤스는 "더 이상 할 수 있는 일이 없다"고 말했지만 이것은 '신호'가 아니었다. 무엇보다 시간이 맞지 않는다. 그가 발언한 지 10~15분 뒤에야 인디언 함성이 들리면서 군중이 회의장에서 뛰쳐나갔는데, 사실 그 시간 동안 애덤스 일파는 그

흐름을 막으려 애썼고 군중을 진정시키고 회의를 계속하려 했다. 그런데 조지 밴크로프트는 1854년에 그 사실을 알고 시간을 줄여 인과적으로 모순이 없도록 했다. 즉 곧바로 함성이 들렸다고 말함으로써 애덤스가 신호를 했다고 암시한 것이다. 1865년에 애덤스의 첫 전기를 쓴 윌리엄 V. 웰스(William V. Wells)는 밴크로프트의 암시를 받아들여 그 뒤 확고부동하게 인정되는 이야기를 꾸며냈다. 그는 애덤스의 발언이 '보스턴 차 사건의 신호'였다고 단언했다. "애덤스의 말을 열심히 듣던 사람들은 곧바로 교회 문에서 함성을 질렀다. 성난 고함이 잇따랐고 인디언으로 위장한 40~50명이 뛰어갔다. ……" 이것이 샘 애덤스 이야기의 최종판이다. 아마 당시 보스턴 시민들은 일제히 비밀을 지켰고 암호에 의해 일사불란하게 지도자의 명령에 따랐던 모양이다.

렉싱턴 : "오! 얼마나 멋진 아침인가!"
1775년 4월 19일 렉싱턴에서 새뮤얼 애덤스와 존 핸콕은 영국군을 피해 도피하던 중에 첫 총성을 들었다. 싸움을 동경하는 소년처럼 샘은 존을 바라보며 탄식했다. "오! 얼마나 멋진 아침인가!" 영국의 지배로부터 식민지가 결국 해방되리라는 믿음을 담은 말이었다. 오늘날 그 말은 렉싱턴 시의 공식 표어인 "얼마나 멋진 미국의 아침인가"에도 이용되었다.

　이 이야기는 윌리엄 고든이 1788년에 펴낸 미국 독립에 관한 네 권짜리 역사서에 실려 있다. 고든은 그 시대 사람이었으므로 후대의 역사가들도 그의 주장을 신빙성 있게 받아들였다. 그러나 그 사적인 대화를 어떻게 고든이 알았겠는가? 그가 아니라 누구라도 알 수 없는 노릇이다. 핸콕은 그런 기록을 남긴 적이 없고 애덤스도 물론이다. 렉싱턴을 탈출하던 무렵 애덤스와 핸콕에 관한 폴 리비어의 진술에도 그런 말은 나오지 않는다. 고든 본인도 렉싱턴에서 전투가 발발한 과정을 상세히 설명할 때는 그 이야기를 넣지 않았다. 더구나 정보 제공자들의 기억이 생생한, 전투가 벌어진 지 불과 한 달 뒤에 직접 인터뷰를 바탕으로 쓴 글임에도 그런 이야기는 없다. 그런데 오히려 그로부터 13년이 지났을 때에 갑자기 그 이야기를 들고 나온 것이다.

아마 고든은 샘 애덤스의 그 말을 현지의 민담에서 찾아냈을 가능성이 크다. 처음 그 말을 꾸며낸 것은 토리당 사람들이었을 것이다. 그들은 그것이 애덤스의 명예를 떨어뜨린다고 여기고 복수심에서 그렇게 했을 것이다. 당시의 공포를 상상해보라. 총성이 울렸고, 어른 아이 할 것 없이 이리저리 내달렸으며, 민병대원 여덟 명이 총을 맞아 죽었다. 당시 친구와 친지들이 죽는 광경을 목격한 렉싱턴 사람들이 느꼈을 그 슬픔과 비애를 상상해보라. 그런 상황에서 새뮤얼 애덤스가 즐거워했다는 주장이다. 그 무렵 애덤스가 동포들의 학살을 찬양했다고 넌지시 암시하는 것은 수단과 방법을 가리지 않고 복수하려 했던 그의 적들만이 할 수 있는 일이다. 지금 우리가 칭찬하는 이야기는 정작 당시에는 오히려 불손한 내용이었고 애덤스의 명예를 실추시키는 것이었다. 죽은 사람들에 대한 애도가 끝난 뒤에야 기억과 실제 사건이 혼동되면서 그의 적들이 만들어낸 그 이야기가 애국적인 의미로 둔갑한 것이다.

독립의 설계자

1765년이라는 설도 있고 1768년이라는 설도 있지만, 널리 알려진 샘 애덤스 이야기에 따르면 그는 1776년 독립을 선언하기 몇 년 전에 어떤 애국자보다도 먼저 독립을 주장했다고 한다. 그런 꿈을 가졌고 그것을 굳게 믿었기에 그는 더욱 유능한 지도자가 될 수 있었고, 그렇기 때문에 우리는 그를 우리의 영웅으로 간주한다. 그는 새 나라의 탄생으로 귀결된 서사시에 동력과 방향을 부여한 것이다.

하지만 새뮤얼 애덤스가 직접 쓴 글에 의하면 그는 1775~1776년 겨울까지 독립을 주장하지 않았다. 역사가인 폴린 마이어(Pauline Maier)의 안내에 따라 독립을 주제로 삼고 애덤스의 기록을 추적해보자.

- 1765년에 애덤스는 식민지인들이 언제나 "모국의 모든 법과 권리를 준수하는 선한 백성들"이라고 주장했다. 자신들은 지리적으로 고립되어 있음에도 불구하고 독립을 주장하지 않는다고 그는 큰소리를 쳤다. 당시 애덤스를 비롯한 식민지인들은 세계에서 가장 자유롭다고 생각하는 나라를 저버릴 필요가 전혀 없다고 여겼다.
- 1768년에 영국군이 보스턴을 점령하기 시작했을 때 애덤스는 식민지인들이 "**자유로운 백성**의 권리, 특권, 면제권을 되찾아야 한다"는 강경한 입장을 밝혔다. 그는 보스턴의 문제가 영국 지배의 구조적인 결함에서 나온 게 아니라 "사악한 **아메리카인**들의 비열한 의도"에서 비롯된 것이라고 주장했다.
- 1771년에 애덤스는 다음과 같이 말했다. "국왕의 지배와 우리의 복종 방식을 규정한 국왕과의 약속에 의해 우리는 영국인과 같은 자유와 면제권을 가진다. …… 그러므로 그 권리를 침해하려는 시도에 맞서는 것은 우리의 의무다."
- 1773년에도 애덤스는 여전히 영국 정부와의 문제가 '탐욕과 욕심에 좌

우되는 우리들 중 소수 지식인들" 때문에 생겨난다고 믿었다. 이를테면 토머스 허친슨이나 피터 올리버 같은 사람들인데, "그들을 국왕 폐하가 신뢰하는 관료층에서 배제하면" 평화를 되찾을 수 있다고 생각했다.

- 1774년에 제1차 대륙회의에 몸담고 있던 애덤스는 보스턴에 있는 동료 조지프 워런에게 서신을 보내 "다른 형태의 정부를 수립하고자" 하는 그 지역의 급진파를 반대하라고 촉구했다. 이때까지도, 그는 절친한 친구에게 보낸 서신에서 자신이나 워런 같은 보스턴 애국자들이 '전면적인 독립'을 기도하고 있다는 주장은 '근거가 없다'고 부정했다.

애국자들과 영국군이 정면대결을 펼칠 때에야 비로소 새뮤얼 애덤스는 영국으로부터의 전면적인 독립을 공개적으로 주창했다. 애덤스 본인이 말했듯이 그 무렵 독립선언은 논란의 여지가 있었다. 우리로서는 그가 과연 개인적으로도 독립을 바랐는지 확인할 길이 없다. 하지만 설사 더 일찍 공개 선언을 했다 하더라도, 그가 점점 급진적 노선을 택하게 된 것은 처음부터 원대한 야망을 품었기 때문이 아니라 영국의 고집에 실망했기 때문일 것이다.

혁명을 일군 사람

샘 애덤스가 우리의 혁명에 상당한 추진력을 보탠 것은 사실이다. 패트릭 헨리와 톰 페인을 제외하면, 유명한 애국자들은 대개 신중하고 온건한 사람들이라는 인상을 준다. 또 대부분 큰 부자들이었다. 그런데 이 인물들은 건국자로서는 번듯했으나 혁명가로서는 초라했다. 그래서 우리는 샘 애덤스 같은 선동가에게 눈길을 돌리게 된다.

진짜 새뮤얼 애덤스는 불꽃같은 혁명가의 삶을 살지는 않았다. 40년 가량 정치 활동을 하면서 그는 질서가 잡힌 사회를 위협하는 폭력 행위를 늘 반대했다.

- 1765년 애덤스는 사유재산을 파손한 8월 26일 밤의 폭동(영국 의회의 인지세법 제정에 반대해 일어났다)을 격렬하게 비난했다. 그 뒤에 열린 시 대표자 회의에서 그는 그 사태가 '전반적으로 공포스럽고 혐오스러운 일'이었다고 밝혔다.
- 1768년 존 핸콕의 선박 리버티 호가 나포된 사건으로 군중 행동이 일어나자 애덤스는 『보스턴 가제트』에 "나는 '폭동, 소요, 불법 집회'에 반대한다"는 글을 게재했다. 그는 또한 대다수 식민지인들은 '질서를 지키고 평화를 사랑하는 주민들'이며, 영국인으로서의 권리를 누리는 것을 유일한 목표로 여긴다고 주장했다.
- 1772년 애덤스는 한 동료에게 "영국과 아메리카의 이 불행한 다툼이 결국 유혈극을 낳지나 않을까" 걱정한다면서, 동료들에게 어떻게 해서든 "그렇게 끔찍한 재앙을 막아야 한다"고 말했다.
- 1774년 애덤스는 친구 제임스 워런에게 "유혈극과 폭동을 피하고, 해결할 수 없는 난국으로 몰아가는 다혈질의 사람들"과 싸우라고 충고했다.
- 1776년에 애덤스는 "별다른 내적 혼란이나 파괴적인 격변이 없이 독립이 실현되었다"며 큰 만족감을 드러냈다.
- 1780년에 애덤스는 3인 위원회에 참여하여 매사추세츠 헌법을 초안했다. 그 법에 의하면 상당한 재산을 가지지 않은 사람은 투표권을 가질 수 없고, 상원의원이 되려면 재력가여야만 했다. 애덤스는 국민들 자체

가 과도한 '열정과 변덕'에 빠지는 경향이 있으므로 재산이 걸린 이해관계로 제어해야 한다고 말했다.
- 1786년과 1787년에 애덤스는 '셰이스의 반란'(높은 세금과 어려운 경제 여건에 대한 불만으로 매사추세츠 서부에서 일어났던 반란)이라고 알려진 민중봉기의 진압을 옹호했다. 주의 상원의장으로서 그는 인신보호영장의 효력을 정지시켰다. 그 뒤 동료 의원들이 관대한 처분을 호소하자 애덤스는 반도들을 교수형으로 다스리려 했다. 1794년에 또다시 애덤스는 위스키 반란(펜실베이니아 서부의 농민들이 주세酒稅에 반대해 일으킨 폭동)의 진압을 승인했다. 공화당 정부에서 그는 국민들에게 법을 위반하지 말고 합법적인 수단으로 법을 바꿔야 한다고 주장했다.
- 1790년대에 새뮤얼 애덤스는 매사추세츠 주지사를 세 차례 연임했다. 재임 중에 그는 별다른 풍파를 일으키지 않았다. 늘 그랬듯이 그 기간에도 그는 충성심과 선행이 공공 생활의 필수적인 요소라고 주장했다. 그런데도 각종 전기, 교과서, 대중 역사서들은 애덤스가 정치 생활의 후반기에 혁명가의 면모에 전혀 걸맞지 않은 행태를 보였다는 사실을 쉽게 무시해버린다.

새뮤얼 애덤스는 정부를 완전히 타도하고 사회질서를 근본적으로 재편하는 현대적 의미의 '혁명'을 주창한 적이 없다. 그는 단지 그의 시대에서 말하는 '혁명가'일 뿐이었다. 그는 1688년 영국의 명예혁명에 의해 촉진된 가치관, 즉 국가의 주권은 군주가 아니라 국민에게 있다는 가치관을 굳게 믿었다. 그러나 현대의 맥락을 과거에 적용한다면 우리는 역사를 거꾸로 읽게 된다.

애덤스에 대한 오해의 절정은 오늘날에도 대중 역사서에 큰 영향을 미치는 존 밀러(John Miller)의 전기 『샘 애덤스 : 선전의 선구자』이다(새 뮤얼의 이름을 '샘'이라고 처음 바꾼 사람도 바로 밀러였다). 1930년대에 이 책을 쓰면서 밀러는 당시 유행하던 '혁명'의 개념에 의거하여 애덤스를 바라보았다. 애덤스는 늘 혁명가로 간주되었듯이 "열정적이고 격정적이고 사나운 성격"이었다. 이 "악명 높은 폭동 선동가는 …… 끊임없이 선전을 퍼뜨렸다". 그는 자신의 의도를 관철시키기 위해 대표자 회의를 소집했다. 밀러는 실베스터의 고발을 사실로 받아들여 애덤스가 거리에서 적극적인 선동을 펼쳤고 사람들에게 "왕당파 정부를 과감하게 공격하라"고 설득했다고 썼다. 사람들에 대한 그의 통솔력은 절대적이었다. "보스턴은 훈련된 군중이 장악했고 …… 샘 애덤스는 그 관리자였다." 이 말을 믿는다면 마치 한 사람이 모든 소요 사태를 일으켰고 나머지 사람들은 "자신들의 의지에 반하여 혁명운동에 참여한 것"처럼 여겨진다.

모든 샘 애덤스 이야기들이 역사 기록을 왜곡하고 있다. 묘하게도 그런 현상은 애덤스의 정적들과 밀접한 관련을 보인다. "보스턴의 샘 애덤스가 아니었다면 미국혁명은 일어나지 않았을 것이다." 토리당은 이렇게 말했는데, 지금도 우리는 그 말을 되풀이하고 있다. 이것은 좋은 조짐이 아니다. 우리가 그 말을 진실로 받아들이는 이유는 무의식적으로 그들의 정치적인 관점을 채택하고 있기 때문이다. 토리당의 사고방식에 따르면 평범한 사람들은 '완전한 기계'일 뿐이며, 지도자가 나서서 그들에게 명령을 내려야 한다. 한 사람이 이끌고 나머지는 따라야 하는 것이다. 토머스 허친슨과 피터 올리버는 이런 위계적 관념에 익숙했다. 하지만 우리도 그래야 할까?

집단의 사안

보스턴 시민들은 영국의 정책에 반대할 만한 충분한 이유가 있었다. 따라서 그들은 새뮤얼 애덤스가 지도하지 않더라도 행동에 나섰을 것이다.

밀수업자인 존 로, 윌리엄 몰리눅스, 솔로몬 데이비스, 멜라티아 번, 에드워드 페인, 윌리엄 쿠퍼는 자유무역을 규제하는 영국의 통상정책에 반대해야 큰 이득을 얻을 수 있었다. 이들은 논리가 정연했고 정치적 힘을 지니고 있었으므로 오래 전부터 자신들의 이익을 옹호하는 활동을 전개해왔다. 1765년 새뮤얼 애덤스가 영향력 있는 지위에 오르기 5년 전에 이미 그들은 보스턴의 무역 및 통상 촉진협회를 결성하여 의회에 여러 가지 청원을 제출했다. 1768년의 수입 거부 운동이 전개될 때 상인과 업자들의 집단은 회원들의 집단적 이익을 도모하고자 했다. 쿠퍼는 "우리는 우리 자신만이 아니라 모국도 고려하지만 모국에서 먼저 관용을 보여야 한다"고 썼다. 1770년에는 또 다른 통상단체가 조직되어 통상과 관련된 사람들을 끌어들였으나 새뮤얼 애덤스는 그 단체에서 아무런 역할도 하지 않았다.

인지세법 폭동에서 보스턴의 하층민들은 토머스 허친슨의 집을 약탈할 만한 이유가 있었다. 그는 가난이 '근면과 검약'을 낳는다며 가난을 정당화했던 것이다. 윌리엄 고든에 의하면 "군대의 장교들도 시가 약탈되는 광경을 목격하고 사람들이 그렇게 격노한 것은 일찍이 본 적이 없다고 말했다"고 한다. 분노한 것은 애덤스가 아니라 군중이었다.

1768년에 인부들과 선원들은 영국의 정규군이 상주하는 것에 분개할 만한 개인적인 사연이 있었다. 병사들은 거리에 진을 치고서 걸핏하면 사나운 태도로 럼주를 요구하곤 했다. 비번인 병사들은 부두 일거리를 놓고 현지 노동자들과 경쟁했다. 그랬으니 사람들이 레드코트를 싫어하는 것도 당연했다.

항만 노동자들과 선원들은 영국의 무역 규제에 반대할 만한 사유가 있었다. 해운은 보스턴 경제의 중추였다. 배가 다니지 않는다면 선원은 일거리가 없었다. 그랬으니 일거리를 원하는 보통 사람들이 리버티 호가 나포된 사건이나 차 무역의 독점화에 민감하게 반응한 것은 당연했다.

이 사람들은 어떤 권위 있는 지도자의 명령을 받은 게 아니었다. 애국자들은 다양한 활동가 집단과 정치 조직을 만들어 서로 긴밀한 협조 하에 활동했다. 보스턴 코커스는 1720년대부터 모임을 가지면서 서민의 관심사 ─ 이를테면 경화(硬貨 달러와 교환 가능한 화폐)의 이용도를 늘리는 문제 ─ 에 공감하는 사람들을 규합했다. 1770년대에는 많은 시민들이 북부, 중부, 남부의 3개 코커스에 소속되어 활동했다. 1765년에 스피크먼의 양조장에서 결성된 기술자와 상점주인들의 단체 '로열 나인'은 '자유의 아들'로 확대되었다. 이들은 다른 지구의 비슷한 단체들과 함께 공동 저항을 위한 기반을 조성했다. 1760년대와 1770년대에 프리메이슨 세인트앤드루스 지부는 그린 드래건 주점에서 모여 정치 토론을 벌이고 행동 방침을 수립했다. '자유의 아들'과 마찬가지로 이들도 유대감을 높이고 혁명적 동요를 획책했다.

새뮤얼 애덤스는 '자유의 아들'이나 프리메이슨에는 가입하지 않았으나 롱룸 클럽(Long Room Club)에 속해 있었는데, 이것은 애국적 신문인 『보스턴 가제트』를 발행하는 존 길과 벤저민 에데스의 인쇄공장에서 애국자 17명이 모여 결성한 단체였다. 애덤스는 또한 매사추세츠와 기타 지역의 비슷한 단체들과 공동으로 1770년대에 저항의 기치를 치켜든 보스턴 연락위원회에도 가입했다. 최근 존경받는 학자인 게리 윌스(Garry Wills)는 그런 연락위원회를 "애덤스가 소유한 통신망"이라고 말했지만, 그 조직은 다른 것들과 마찬가지로 헌신적이고 재능 있는 애국자들을 공동의 대의로 결집시켰다. 이를테면 그 구상을 처음으로 제시한 제임스 워런, 화려한 웅변술을 자랑했던 하버드 출신의 의사 조지프 워런, 유능한 젊은 변호사 조시아 퀸시, 보스턴에 영국군이 주둔한 것을 자유에 대한 '노골적인 선전포고' 라고 비난했던 인쇄업자 조지프 그린리프, 여러 가지 조언을 해준 노련한 정객 토머스 영 등이 그들이었다.

그밖에 상인, 기술자, 노동자들도 보스턴의 주점에 모여 집단행동에 참여했다. 도살업자, 빵장수, 피혁 노동자들은 보스턴의 의회와 관청에 청원을 제출했다. 매일 오전 11시 점심시간이 되면 주점과 거리에 조선공들이 모여 시국에 관해 토론했다. 이들의 공동보조를 통해 정치적 행동이 시작된 것이다.

이들을 비롯한 수많은 사람들이 보스턴 시 대표자 회의와 지역 행정 기관에 참여하면서 '민중 진영' 의 동참을 불렀다. 혁명적 열정이 절정에 달했을 때는 여기에 초급 기술자, 여성 등 투표권을 가지지 못한 사람들도 다수 참여했다. 매년 대표자 회의에서는 매사추세츠 하원의원들을 선출했고, 이 의원들은 매년 대표자 회의에서 승인한 구체적인 지침을 받아서 핵심적인 쟁점에 대응했다.

전체 조직은 아래가 중심이었다. 대중은 정치적 감각이 상당히 발달해 있었는데, 이것이 문제이기도 했다. 영국 관리들과 현지 토리당은 혁명적인 보스턴에서 대중의 정치 참여를 인정하거나 이해하지 않으려 했던 것이다.

　새뮤얼 애덤스는 자신의 틀 내에서 활동했다. 그는 보스턴 코커스, 롱룸 클럽, 여러 연락위원회의 지도부에 속해 있었다. 이따금 그는 시 대표자 회의의 의장을 맡기도 했다. 하원 서기라는 직함으로 그는 주 차원에서 상당한 권력을 행사했다. 대중 지도자라기보다는 논객이었던 그는 많은 문서와 결의문을 썼고 구체적인 표현으로 많은 사람들의 공감을 얻었다. 그는 똑똑하고 헌신적이고 재치 있고 설득력을 갖춘 유능한 활동가이자 노련한 정치가였다.

　그러나 그는 국면의 주도권을 가지지는 못했다. 실은 누구도 주도권을 가지고 혁명적인 보스턴을 좌지우지할 수 없었다. 새뮤얼 애덤스는 말할 것도 없고 자존심을 지닌 애국자라면 누구도 그런 식으로 활동하려 하지 않았다. 권위주의적 정권은 해결책이 아니라 그 자체로 해결되어야 할 문제였다.

　관리들과 토리당은 혁명가들과 달리 '민중'과 단순한 군중의 차이를 구분하지 못했다. 그들은 다른 방식을 알지 못했으므로 보스턴의 정치를 오로지 상명하복식으로만 이해했다. 그 과정에서 그들은 새뮤얼 애덤스를 혐오스러운 악마로 탈바꿈시킨 것이다. 그리고 지금 우리는 그의 적들이 만들어낸 신화적 인물을 찬양하고 있다.

　머시 오티스 워런—제임스 오티스의 누이로, 새뮤얼 애덤스의 정치적 동료이자 개인적으로도 친구였던 제임스 워런의 아내—은 애덤스의 명성이 실은 그의 적들이 만들어낸 작품이라는 것을 잘 알았다. 게이지 장군이 애덤스와 핸콕에게 추방령을 내렸을 때 그녀는 그가 '시대의 추세, 민중의 기본적 성향, 두 사람의 성격'을 너무 모른다고 말했다.

현명하다기보다는 자의적인 그의 판단으로 인해 이 두 신사는 아주 독특한 관점을 가진 것으로 간주되었고, 대륙 전체가 그들의 이름에 특별한 관심을 가지게 되었다. 그들은 우수한 능력이나 노력 때문이 아니라 바로 이 한 가지 사건 때문에 다른 동료들과 구분된 것이다. 그 덕분에 그들은 즉시 대중의 사랑과 갈채를 받았다. 당시에는 영국군 총사령관의 비난을 받았다는 사실 자체가 행운이자 명예였다.

워런은 애덤스의 적들이 그를 영웅으로 만들어준 것을 재미있게 여긴 듯하다. 그러나 그녀는 게이지와 허친슨 같은 사람들 때문에 후대의 미국인들이 독립혁명기의 민주적 정치 활동을 제대로 이해하지 못하게 되리라는 것을 미처 알지 못했다. 민중 정부의 대의에 열렬히 공감했던 머시 오티스 워런, 새뮤얼 애덤스, 기타 보스턴의 애국자들은 미국의 '애국적' 역사에 토리당이 기여했다는 사실을 알면 아마 깜짝 놀랄 것이다.

2부
다윗과 골리앗

"영국의 정규군은…… 달아나는 민병대원들의
등에다 대고 총을 쏘았다."

「렉싱턴 전투」, 1775년에 랠프 얼의 스케치를 바탕으로 애머스 둘리가 제작한 판화를 1832년에 축소한 판화.

4_세상을 뒤흔든 총성 : 렉싱턴과 콩코드

매년 100만 명이 넘는 미국인들이 매사추세츠 콩코드 교외의 미니트맨 국립역사공원을 찾아 '세상을 뒤흔든 총성'을 기념한다. 그 역사적 사건의 기념일인 4월 19일이면 식민지 민병대의 복장을 한 사람들이 인근의 여러 도시에서 렉싱턴과 콩코드로 행진해서 영국의 레드코트 복장을 한 사람들과 머스킷으로 싸우는 흉내를 낸다. 매사추세츠는 물론 메인과 위스콘신에서도 이 '애국의 날'은 공식 휴일로 지정되어 있다.

그 이야기는 식민지의 오합지졸들이 세계 최강의 군대와 맞선, 말 그대로 다윗과 골리앗의 싸움이다. 1775년 4월 19일 새벽 렉싱턴에서는 수백 명의 영국군 정규 병력이 전투 대형을 갖추고 지역 민병대를 향해 총격을 개시했다. 포연이 걷히자, 한밤중에 졸린 눈을 부비며 끌려나온 농부 여덟 명이 초원 위에 죽어 있었다.

유혈극이 끝난 뒤 대중의 지지를 얻기 위해 애국자들은 레드코트가 먼저 발포했다고 대대적으로 주장했다. 매사추세츠 주의회는 참가자들의 증언과 목격담을 수집해서 『영국군의 원정과 파괴에 관한 기록』이라는 제목의 책으로 펴냈다. 이에 대해 영국 측도 자체적으로 미국인들이 먼저 발포했다는 공식적인 견해를 내놓았다. 당연한 일이지만 반란에 동참한 지역에서는 그런 주장을 인정하지 않았다.

목격담이 편견에 젖어 있어 어느 측이 먼저 발포했는지는 정확히 알 수 없다. 다만 확실한 것은 애국자들이 말싸움에서는 이겼다는 사실이다. 데이비드 해켓 피셔가 말했듯이 '정당방위의 신화'는 즉각 미국의 전형적인 사고방식으로 자리잡았다. 그래서 우리는 지금도 수와 힘에서 앞선 영국군이 렉싱턴 초원에서 애국적 민병대에게 먼저 발포함으로써 미국혁명이 시작되었다고 배운다. 그러나 그것은 터무니없는 주장이다. 무릇 혁명이란 늘 선수를 치는 게 본성이다. 사실 미국혁명은 렉싱턴 전투가 벌어지기 오래 전에 시작된 것이다.

1836년에 시인이자 수필가인 랠프 월도 에머슨은 그 사건을 가리켜 '세상을 뒤흔든 총성'이라고 표현한 바 있다. 에머슨의 시 「콩코드 찬가」는 콩코드 인근 노스브리지(North Bridge)에서 벌어진 전투와 미국인이 발포한 '총성'을 찬양한 작품이었다.

강물 위에 우뚝 솟은 아치의 다리 옆에
4월의 산들바람에 펄럭이는 깃발
여기 전쟁에 나선 농부들이 있었으니
세상을 뒤흔든 총성이었다.

그런데 이후 에머슨의 시는 이야깃감이 훨씬 더 풍부한 렉싱턴으로 무대가 바뀌었다. 렉싱턴에서는 농부들이 희생된 게 분명했으나 콩코드에서는 그렇지 않았다. 그 이야기는 다윗과 골리앗에 비유되어 못된 영국군 병사들이 양키 농부들을 괴롭히는 내용으로 고착되었다. 현행 교과서들도 콩코드가 아니라 렉싱턴의 '세상을 뒤흔든 총성'을 다루고 있으며, 대중 역사서들도 여전히 독립 시기 미국 애국자들이 한 이야기를 그대로 되풀이하고 있다. "영국의 정규군은 …… 달아나는 민병대원들의 등에다 대고 총을 쏘았다."

그러나 역할이 서로 바뀌었다면 어떻게 될까? 실제로는 미국의 혁명가들이 골리앗이었고 영국군이 다윗이었다면?

민중의 혁명

사실 미국혁명은 '세상을 뒤흔든 총성'으로 시작되지 않았다. 이미 그보다 반 년 전에 수만 명의 분노한 애국 민병대원들은 보스턴 밖 매사추세츠 전역에서 비무장의 관리들을 습격하고 영국 행정기관을 타도한 바 있었다. 그러나 미국인이 다윗이 아니라 골리앗으로 등장하는 그 역동적인 혁명 드라마는 표준적인 역사 서술에서 무시되었다. 미국의 애국자들을 무구한 희생자로 간주함으로써 우리는 그들의 혁명적인 힘을 은폐했다.

이 엄청난 봉기에 대한 이야기가 왜 더 이상 언급되지 않는지 이해하기 위해서는 보스턴 차 사건부터 살펴보아야 한다. 1773년 12월 16일 애국자들은 인디언 복장을 하고 차 상자 742개, 금액으로 1만 5천 파운드 어치를 보스턴 앞바다에 쏟아버렸다. 오늘날 우리는 자부심을 가지고 그 이야기를 되풀이하지만 정작 그 사건 이후 한동안 미국인들은 그것을 명예롭게 여기지도 않았고 '차 사건'이라고 부르지도 않았다. 일부 애국자들은 그 사건의 담대함에 매력을 느끼기도 했으나 그 파괴 행위를 선전에 이용하려 하진 않았다. 동인도회사는 적이 아니라 피해자였으며, 애국자들도 대부분 회사가 파괴된 재산에 대해 보상받아야 한다고 생각했다.

그러나 왕과 의회가 '강제법'이라는 네 가지 극단적인 법안으로 보복했을 때는 식민지인들도 박해를 실제로 받았다. 급진적 애국자들은 그 법을 '참을 수 없는 법'이라고 바꿔 부르면서 자신들의 대의에 대해 지지를 호소했다.

강제법과 그에 대한 대응 과정은 두 가지로 이야기할 수 있다. 표준화된 해석에 따르면 그 중 가장 중요한 법은 보스턴 항구를 들고나는 모든 통상을 금지하는 보스턴 항구법이다(다른 세 가지 법안은 열거되기만 할 뿐 논의되지는 않는다). 의회는 보스턴을 고립시키고 반란을 일으킨 주민들을 기아로 몰아넣어 순종케 하려 했지만 이 계획은 외부 식민지인들이 동포들을 적극 지원함으로써 무산되었다. 그들은 힘을 합쳐 고통을 당하는 보스턴 사람들을 도우면서 점차 혁명적인 세력으로 성장했다.

오늘날에도 이 미국판 '착한 사마리아인' 이야기는 혁명전쟁에 이르는 과정을 설명할 때 빼놓지 않고 등장한다. 그러나 혁명은 박애 행위에서 비롯되지 않으며, 미국혁명도 마찬가지다. 미국의 탄생은 민중이 스스로 자신의 이익을 보호하기 위해 일어났기 때문에 가능했다.

지난 150년 동안 거의 말해지지 않았지만 또 다른 이야기가 있다. 그에 의하면 대다수 매사추세츠 시민들을 혁명으로 내몬 것은 보스턴 항구법이 아니라 강제법들 가운데 '다른' 하나였다. 항구법보다 한 달 뒤에 통과된 매사추세츠 정부법은 국왕이 임명한 총독의 허가를 얻지 않은 시 대표자 회의를 금지하고 총독이 승인하지 않은 주제에 관해 토론하는 것도 금지했다. 또한 그 법은 앞으로 민중이 선출한 대표들이 시의회를 구성하거나, 내각 또는 행정기관의 기능을 하지 못하도록 규정했다. 게다가 대표들은 앞으로 재판관, 배심원, 치안판사 등 주민들을 투옥하거나 재산을 빼앗을 수 있는 권리를 지닌 공직자들을 임명 또는 해임하는 권한도 행사할 수 없었다.

매사추세츠 주민들은 한 세기 반 동안이나 자치를 누려오다가 갑자기 투표권을 빼앗겨버린 것이다. 매사추세츠 정부법은 보스턴에 거주하는 5퍼센트 인구만이 아니라 매사추세츠 주 전역의 시와 촌락에 거주하는 95퍼센트 인구에게도 영향을 미쳤다. 판사들은 더 이상 민중에게 책임을 지지 않으므로 부패의 위험이 있었으며, 농민이 조금만 빚을 져도 땅을 압류하려 들 터였다. 새 법은 매사추세츠 주민들의 주권을 부정할 뿐 아니라 경제적 형편까지도 악화시킬 수 있었다.

사람들은 당연히 그 법을 받아들이지 않았다. 눈 뜨고 자신의 권리를 빼앗길 바보는 없었다.

매사추세츠 정부법은 1774년 8월 1일부터 발효되었다. 새로운 조항에 따른 첫번째 법정이 주의 서쪽 가장자리에 위치한 버크셔 군에서 열리기로 되어 있었으나 실제로는 열리지 못했다. 국왕이 임명한 관리들이 8월 16일에 그곳으로 갔지만 그레이트 배링턴 법정은 이미 애국자 1,500명에 의해 점거된 상태였다.

2주일 뒤 스프링필드에서도 3~4천 명의 애국자들이 '곤봉을 가지고 음악에 맞춰' 행진해서 법정을 폐쇄했다. 어느 목격자는 이렇게 말했다. "무더운 사막의 햇볕 아래 군중에 둘러싸인 판사들은 새로운 제도 하에서 주어진 어떤 명령도 단호히 거부할 수밖에 없었다."

케임브리지에서는 9월 2일에 애국자 4천 명이 매사추세츠 부총독에게 압력을 가해 사임시켰다. 영국군이 발포해서 애국자 여섯 명이 죽었다는 소문이 퍼지자 그 일대의 향촌 주민 2~6만 명이 레드코트와 싸우기 위해 보스턴으로 왔다. 어떤 시에서는 싸울 수 있는 연령에 달한 남자 거의 전부가 이른바 '화약 경보'에 가담했다.

    북아메리카 영국군 총사령관을 겸한 토머스 게이지 총독은 원래 그다음 주에 법정이 열리기로 예정된 우스터에서 주민들과 맞설 생각이었다. 그러나 화약 경보가 발생하자 게이지는 마음을 바꿔 판사들 스스로 방어하도록 놔두었다. 9월 6일에 37개 촌락에서 온 4,622명의 민병대원이 우스터(당시 우스터의 인구는 300명밖에 되지 않았다)에 모여 국왕이 임명한 관리들을 직위에서 쫓아냈다. 도심의 거리 양측에 군중이 도열한 가운데 관리들은 모자를 벗어들고 줄을 맞춰 걸으면서 모든 사람에게 들릴 만큼 큰 소리로 자기반성의 말을 서른 번씩 암송하는 수모를 겪었다.

    그레이트 배링턴, 스프링필드, 우스터에 이어 애국자들은 세일럼, 콩코드, 반스터블, 톤턴, 플리머스 등 보스턴 외곽의 군들에서도 정부기관을 폐쇄했다. 매사추세츠 정부법이 발효되는 시점부터 모든 군의 법정—당시 법정은 지역 행정기관의 기능을 겸했다—에서 업무가 전혀 진행되지 않은 것이다. 존 앤드루스라는 상인의 말에 의하면 플리머스의 반란 주민들은 승리감에 도취한 나머지 다음과 같이 행동했다고 한다.

    그들은 항구의 바다 5피트 깊이에 박혀 있던 바위(조상들이 이곳에 첫발을 내디딘 장소였다)를 뽑아서 도심의 법정 근처로 가져가려 했다. 하지만 막상 파내서 무게를 달아보니 최소한 10톤에 달하는 데다 길이 오르막이라서 불가능하다는 판단이 내려졌다.

또한 분노한 주민들은 국왕이 임명한 모든 의원들을 사임시켰다. 물러나기를 거부하는 일부 의원들은 집에서 쫓겨나고 보스턴에서 추방되어 영국군에게 보호를 구해야 했다.

사람들은 새 법의 금지에도 아랑곳하지 않고 시 대표자 회의를 존속시켰다. 법을 위반한 혐의로 게이지 총독이 주도인 세일럼에서 일곱 명을 체포하자 농부 3천 명이 즉각 감옥으로 가서 그들을 석방시켰다. 영국군 병력 2개 중대가 퇴각했고 매사추세츠 전역에서 회의가 소집되었다. 당시의 어떤 사람은 그 사건을 이렇게 전한다.

대표자 회의 때문에 총독이 세일럼에서 무력시위를 했음에도 불구하고 사람들은 그의 코밑인 댄버스에서 대표자 회의를 열었다. 총독이 중단하려 들지 않을까 싶어 회의는 평소보다 2~3시간이 더 길어졌다. 총독은 그런 사태에 이미 익숙해졌으나 그래도 화를 참을 길이 없었다. '빌어먹을! 폐하께서 병력을 더 보내주시지 않는다면 아무 일도 못하겠군.'

렉싱턴에서 '세상을 뒤흔든 총성'이 울리기 반 년도 더 전에 1774년 10월 초에 매사추세츠 애국자들은 보스턴 외곽의 모든 정치·군사 조직을 장악했다.

사실 10여 년 전부터 애국자들은 청원을 제출하고, 불매운동을 펼치고, 인형을 불태우는 등 활발한 활동을 전개해왔지만 이번의 양상은 전과 달랐다. 1774년 늦여름과 초가을에 애국자들은 단순히 정부에 항의한 게 아니라 정부를 타도했다. 영국 행정기관을 폐쇄한 뒤 그들은 자체적으로 시 대표자 회의, 군민회, 지역 의회를 통해 자치를 실시했다. 사우샘프턴

보스턴 차 사건과 '참을 수 없는 법'
1774년에 영국 의회가 식민지에 적용하려 제정한 4개의 법은 식민지인들 입장에서 '참을 수 없는 법'이었다. 보스턴 항구를 폐쇄한다는 내용의 '보스턴 항구법', 총독의 허가를 얻지 않은 대표자 회의를 불허하는 '매사추세츠 정부법', 죄를 범한 영국 관리들을 보호하려는 '재판운영법', 영국 군대를 식민지인들의 가택에 민박시킬 수 있도록 한 '숙영법' 등이 참을 수 없는 법이었다. 이 법들은 인디언으로 위장한 아메리카인들이 영국 동인도회사 소유의 값비싼 차를 바다에 쏟아버리고 배를 파괴한 '보스턴 차 사건'에 대한 보복 조치로 만들어졌다.

출신의 불만에 찬 어느 토리당원은 그런 사태를 자신의 일기장에 이렇게 요약했다. "이제 정부기구가 민중의 손에 넘겨졌고 민중은 그것을 움직이고 있다."

보스턴 항구법이 발효되었을 때 식민지인들은 도움을 호소하고, 기도와 단식을 하고, 사태를 논의하기 위해 회의를 소집하라고 요구하는 등 떠들썩한 반응을 보였다. 이는 영국령 북아메리카에서는 흔히 보는 정치 행동이었다. 그러나 매사추세츠 정부법이 발효되었을 때 매사추세츠 사람들은 정부기구를 폐쇄하고 전쟁을 준비했다. 이것은 혁명의 양상이었다. 그들은 낡은 체제를 타도하고 자신들의 힘으로 새 체제를 출범시키고자 한 것이다.

'미국혁명이 렉싱턴에서 시작되었다'는 전통적인 주장은 역사적으로 중대한 정치적 힘의 분출을 은폐하고 있다. 만약 '세상을 뒤흔든 총성'이 미국혁명의 시작이라면 그에 앞선 혁명에 관해서는 설명할 방도가 없어진다. 전통적인 이야기는 스스로의 정치적 생존을 위한 민중의 활기찬 행동을 숨긴다. 콩코드 전투에 참전했던 레비 프레스턴(Levi Preston)은 훗날 자신이 혁명가가 된 이유를 설명했다.

"인지세법 때문에 억압을 당하셨나요?"
"인지 같은 건 보지도 못했소. 난 항상 버나드 총독이 인지를 모조리 윌리엄 성에 처박아두었다고 생각했죠. 인지세 따위는 낸 적도 없다오."
"그럼 차세는 어떻습니까?"
"차세라고! 난 차 같은 건 한 모금도 안 마셨소. 아이들이 차를 몽땅 배 아래로 던져버렸죠."
"그렇다면 해링턴이나 시드니나 로크의 책을 읽고서 영원한 자유의 원칙을 배웠겠군요."
"그런 건 읽지 않았소. 우린 성서, 교리문답집, 워츠의 찬송가, 연감만 읽는다오."
"글쎄요. 그러면 어떻게 된 겁니까? 왜 싸우기로 결심하신 거죠?"
"이보시오, 젊은이. 우리가 그 레드코트들과 싸우기로 결심한 이유는 단 한 가지요. 우린 언제나 자치를 해왔는데, 그들은 자치를 허락하지 않으려 했거든."

방어 준비

낡은 질서를 타도한 메사추세츠 주민들은 영국군의 역공으로부터 혁명을 방어해야 한다는 것을 깨달았다. 비록 물질적 수단은 넉넉지 않으나 그들은 패기와 용기로써 전쟁을 준비했다. '정당방위의 신화'──영국의 정규군이 전투 장비도 보잘것없는 평범한 농부들을 공격했다는 생각──에만 집착하면 우리는 그 해 내내 향촌에서 방대한 규모의 전쟁 준비가 전개되었다는 사실을 놓치고 만다.

렉싱턴 전투가 벌어지기 아홉 달 전인 1774년 7월 4일, 애국 단체인 미국정치협회는 "우리 사회의 모든 성원들은 화약 2파운드와 부싯돌 열두 개를 지참하고 집결하여 지도를 따르라"고 선언했다.

렉싱턴 전투 여덟 달 전인 1774년 8월에는 우스터에서 연락위원회 대회가 열렸다. 여기서 애국자들은 각자 이웃에게 화약을 제공할 것이며, 위원회는 "침략을 당했을 때 사람들을 무장시킬 총포가 얼마나 부족한지 확인하라"는 결정이 내려졌다.

렉싱턴 전투 일곱 달 전인 1774년 9월에는 남자들만이 아니라 여자들도 전쟁 준비에 동참했다. 여자들은 영국군과 싸우기 위해 보스턴으로 행진하는 수만 명의 민병대원들을 위해 화약포를 말아주는 일을 했다. 그리고 9월에 열린 연락위원회 대회에서는 우스터 군의 민병대를 7개 연대로 재편하고, 각 연대마다 새로 선출된 장교들을 배치하기로 결정했다. 대회에서는 또한 "연대마다 즉시 사용할 수 있는 야포를 한 문 이상 갖추고" 각 읍마다 "경고가 전해지면 즉시(at a minute's warning) …… 16세부터 60세의 남자 1/3이 소집될 수 있도록 하라"는 지시가 하달되었다. 바로 여기에서 '민병'(Minuteman)이라는 유명한 말이 생겨났는데, 렉싱턴 전투가 벌어지기 6개월 전의 일이었다. 그러므로 민병대의 이야기는 흔히 생각하듯이 렉싱턴에서 처음 나타난 게 아니다. 그것은 1774년 혁명의 한 부분이었다.

렉싱턴 전투 다섯 달 전인 10월에는 매사추세츠 전역에서 온 애국자들이 각자 대표체인 주의회를 구성했으며, 이것이 기본적인 정부 기능을 담당했다. 그 의무 중에 가장 중요한 것은 전쟁 준비를 위한 세금을 징수하는 일이었다. 그래서 10월 26일에 대표단이 영국군의 침략을 방어하는 데 필요한 물품들을 조사했다.

3파운드포를 탑재한 야포 16문, 그리고 포 받침대와 꽂을대, 운반용 바퀴 등, 단가 30파운드	480파운드
6파운드포를 탑재한 야포 4문과 부속물들, 단가 38파운드	152파운드
공성포 12문에 필요한 운반대, 꽂을대 등, 단가 30파운드	360파운드
박격포 4문과 기타 장비, 단가 20파운드	80파운드
포도탄과 구형(球形) 포탄 20톤, 단가 15파운드	300파운드
포탄 10톤, 단가 20파운드	200파운드
납탄 5톤, 단가 33파운드	165파운드
화약 1천 통, 단가 8파운드	8,000파운드
총검 5천 자루, 단가 2파운드	10,000파운드
부싯돌 7만 5천 개	100파운드
예비비	1,000파운드
합계	20,837파운드

이후 7개월 동안의 모든 정치·군사적 책동은 앞에 열거한 장비들을 입수하고, 애국자들이 영국군의 수중에서 탈취한 것들을 유지하는 데 집중되었다.

렉싱턴 전투 넉 달 전인 12월에 뉴햄프셔 일대의 애국자들은 최초의 공세를 펼쳤다. 지역 민병대 400명이 포츠머스의 윌리엄&메리 요새를 습격하여 영국의 기치를 내리고 화약을 100통이나 탈취했다(그 중 일부는 나중에 벙커힐 전투에서 사용되었다). 그 이튿날에는 애국자 1천 명이 다시 그 요새로 진격하여 머스킷 전부와 대포 16문을 빼앗았다. 영국군 요새에 대한 무장 공격은 전쟁의 서곡이 아니라 전쟁 그 자체였다.

윌리엄&메리 요새에 대한 공격은 군사적 정면 공세의 시작이었지만, 그 이전에도 애국자들은 영국군의 무기와 탄약을 탈취한 적이 있었다. 비밀리에, 혹은 책략을 써서, 혹은 내부 정보를 통해 애국자들은 보스턴, 프로비던스, 뉴포트, 뉴런던 등지에서 영국군의 무기와 탄약을 빼앗았다.

렉싱턴 전투 두 달 전인 1775년 2월에 영국군 첩보부는 '제대로 무장을 갖춘' 민병대 병력이 1만 5천 명이라고 보고했다. 이 보고에 의하면 애국자들은 우스터에 야포 38문, 콩코드에 상당량의 화약을 비축하고 있었다. 영국군이 이 무기를 탈취하려 한다면 분노한 애국자들의 대대적인 반격을 받을 게 뻔했다.

게이지 장군은 감히 우스터나 콩코드를 공격하려 하지는 않았지만 적의 거점들 가운데 취약하다고 여겨지는 곳들을 장악하고자 했다. 2월 26일 일요일에 그는 병사 240명에게 애국자들이 세일럼에 숨겨놓은 야포 8문과 화약을 찾아서 가져오라고 명령했다. 마침 교회에 모여 있던 현지 주민들은 그 소식을 듣고 곧바로 무기와 화약을 더 안전한 장소로 옮겼다. 영국군의 진격을 가로막기 위해 그들은 행군 도상에 있는 도개교를 치워버렸다. (7주일 뒤 영국군은 렉싱턴을 공략할 때 세일럼에서의 실수를 되풀이하지 않았다. 그들은 휴일을 피해 한밤중에 행군했고 도개교가 없는 행군로를 택했다.)

렉싱턴 전투 17일 전인 4월 2일에 애국자들은 영국의 증원군이 매사추세츠의 반란을 진압하기 위해 오고 있다는 소식을 접했다. 전쟁이 임박하자 주의회는 정규군을 창설하기로 가결했다. 보스턴 주민들은 전쟁이 벌어지리라고 예견하고 도시를 떠나기 시작했다.

1775년 4월 19일, 애국자들은 적의 공격에 맞설 준비를 갖추었다. 그들은 닥쳐오는 전쟁을 마다할 생각이 전혀 없었으며, 전쟁의 결과도 기꺼이 받아들일 각오였다.

영국 행정기관을 먼저 타도하고 전쟁 준비를 한 것은 건국의 이야기를 더욱 강력하게 만든다. 4월 19일 지역 민병대가 렉싱턴 초원에 모습을 드러냈을 때, 같은 날 콩코드에서 인근 민병대가 영국군과 싸웠을 때, 그리고 한 주 만에 2만 명의 사람들이 소집에 응했을 때, 그들은 의식적으로 정치적인 행동을 한 것이었다. 그저 반사적으로 행동에 나선 사람들이 아니었던 것이다.

그 운명의 날 아침에 영국군은 미국인들을 무지한 시골 농부로 하찮게 묘사한 '양키 두들'을 신나게 부르며 렉싱턴과 콩코드를 향해 진격했다. 그들은 그 농부들이 이미 여러 달 전에 혁명의 전사로 탈바꿈했다는 것을 전혀 모르고 있었다. 우리도 당시 미국의 애국자들을 순진한 희생자로만 여긴다면 바로 그 영국군이 저지른 실수를 다시 범하게 될 뿐이다.

잃어버린 역사

1774년의 매사추세츠 혁명은 미국 역사상 가장 성공적인 민중봉기였으며, 행정기관을 전복한 유일한 사건이었다. 그런데 그 막강한 위력에도 불구하고──사실은 그 위력 **때문에**──이 중대한 사건은 거의 잃어버린 역사가 되고 말았다. 오늘날 그 사건은 지나가는 말로도 별로 언급되지 않으며, 건국 이야기에서 핵심적인 사항으로 취급되지 않고 있다.

그래도 우리의 가장 성공한 반란이 항상 그런 푸대접을 받았던 것은 아니다. 1774년 혁명 직후에 작성된 영국의 『연감』에는 매사추세츠 일대에서 관리들을 내쫓고, 법정을 폐쇄하고, 전쟁 준비를 진행한 사태가 상당히 비중 있게 서술되었다. 초기 미국 역사가들도 보스턴 항구법에 대한 대응을 다루었지만──윌리엄 고든(1788), 데이비드 램지(1789), 머시 오티스 워런(1805)──그들은 매사추세츠 정부법이 미국혁명의 주요한 기폭제였다고 강조했다. 램지는 그 법에 관해 다음과 같이 서술했다.

> 정부법은 항구법보다 더 큰 논란을 불렀다. 정부법은 보스턴 시 자체에만 영향을 주었지만 항구법은 주 전체에 영향을 미쳤기 때문이다. …… 만약 의회가 보스턴 항구법을 중단시켰다면 공동의 대의 아래 통일하기는 쉽지 않았을 테고 다른 주까지 그 분위기가 파급되지도 않았을 것이다. 하지만 그 중요한 특권이 의회에 의해 자의적으로 폐지된 탓에 …… 온건파들도 매사추세츠의 문제가 모든 주의 문제라고 믿게 되었다.

고든은 그 민중봉기에 관해 생생하고 자세하게 설명했다. 매사추세츠 정부법이 가져온 '불쾌한 변화'에 대응하여 "대다수 민중이 칼로써 자신들의 권리를 지키고자 나섰으며," 온건한 사람들도 '결의와 분노'를 나타냈다고 말이다. 워런은 한 걸음 더 나아가 1774년 반란을 '인류 역사상 보기 드문 획기적인 사건'이라고 불렀다. "권력의 비정한 손길에 의해 깨어난 기운은 일체의 서열을 없애고 일체의 종속을 타파하는 놀라운 실험을 이루어냈다."

이것은 보수적인 역사가들과 차세대 교과서 필자들에게는 감당하기 어려운 혁명이었다. 그들은 '미국혁명'이 사실은 혁명이 아니었고 애국자들을 '반란자'로 보아서는 안 된다고 주장했다. 1819년에 폴 앨런은 보스턴을 지원하자는 주장에는 열일곱 쪽을 할애하면서도 매사추세츠 정부법이 야기한 저항에 관해서는 불과 한 문단밖에 쓰지 않았다. 샐머 헤일(Salma Hale)의 1822년 교과서는 공감과 연대를 강조했지만 영국 행정기관을 타도한 일에 관해서는 한마디도 언급하지 않았다. 그 이듬해에 찰스 굿리치(Charles Goodrich)는 유명한 저서 『미국의 역사』에서 버지니아가 보스턴에 "공감을 표시했다"고 썼으나 매사추세츠 민중봉기에 관해서는 완전히 무시했다.

착한 사마리아인식의 접근은 확실히 아이들에게는 효과가 있었다. 이웃끼리 서로 돕는 이야기는 교육 목표에 부합하지만 성난 군중의 이야기는 그렇지 않기 때문이다. 성서의 양식으로 씌어진 리처드 스노든의 역사 교과서는 1774년의 사건을 예수 탄생 때 선물을 들고 온 동방박사 이야기처럼 만들어놓았다. "인근 지역의 사람들은 그 마을에 사는 동포들이 곤경에 처했다는 소식을 듣고 그들에게 위로의 말을 보내고 세속의 선물을 주었다."

19세기 중반에 애국적 역사가인 조지 밴크로프트는 1774년 봉기를 민중의 혁명이라고 보는 발상에 별로 거부감이 없었다. 밴크로프트는 보스턴에 '공감' 한다고 말하면서도 자기 책의 3개 장을 할애하여 매사추세츠 정부법에 대한 감동적인 저항을 서술했다. 하지만 그는 그 저항의 민주주의적 성격까지는 다루지 못했다. 그래서 그는 새뮤얼 애덤스가 없을 경우의 행동 방침을 지시받은 보스턴의 조지프 워런이 저항을 이끌었다고 주장했다. 이 가상적인 명령 체계를 바탕으로 밴크로프트는 미국의 인기 있는 혁명가들이 처음으로 영국을 타도했다는 이론을 전개했다.

1865년에 윌리엄 웰스는 밴크로프트를 좇아 당시 필라델피아에 있었던 애덤스를 보스턴 사태의 최전선에 가져다놓았다. 그러나 애덤스와 향촌에서 일어난 혁명을 연결할 믿을 만한 증거가 없자 웰스는 그 사건을 그냥 무시해버렸다. 웰스를 포함하여 후대의 학자들에게 새뮤얼 애덤스는 모든 군중 행동의 주동자여야만 했다. 애덤스가 현장에 없었다는 사실은 말하지 않으면 그뿐이었다. 지난 150년 동안 역사가들은 당시 영국 관리들이 말했듯이 "결집된 행동 방침도 없고 사태를 지휘하는 지도자도 없는 폭도들"이 영국 행정기관을 타도했다는 것을 믿으려 하지 않았다.

그런데 20세기 초의 진보적인 역사가들 — 이를테면 존 프랭클린 제임슨, 찰스 비어드, 칼 베커 등 — 은 왜 그 민중봉기에 매력을 느끼지 않았을까? 그 사건은 언뜻 보기에 전형적인 '계급투쟁'으로 여겨지지 않아서 그들의 관심을 끌기 어려웠다. 급진적인 역사가들은 이 까맣게 잊혀진 혁명에 시선을 집중하지 못한 데 반해 온건파 학자들은 괜히 긁어부스럼을 만들 필요가 없다고 생각했다. 1958년에 1차 문헌들을 모아 1,300쪽의 방대한 분량의 책으로 펴낸 헨리 스틸 코미저와 리처드 B. 모리스는 이 중요한 사건에 관한 문헌을 수록하지 못했다. 그 대신 그들은 '포위된 보스턴에 대한 단합된 지원'이라는 제목에 한 부분을 할애했고, 제1차 대륙회의에서의 토론을 실었으며, 30여 쪽에 걸쳐 렉싱턴과 콩코드를 다루었다.

그것이 현재까지의 실정이다. '포위된 보스턴에 대한 지원'과 '세상을 뒤흔든 총성'은 건국 이야기의 핵심 내용으로 자리를 굳혔지만, 매사추세츠의 영국 행정기관을 전복시킨 사건은 철저히 무시되거나, 기껏해야 '군중 행동' 또는 '농촌의 불안'을 다룬 한두 문단에 포함될 따름이다. 현행 초등학교와 중학교 교과서 여섯 종에는 1774년에 영국 지배를 종식시킨 일에 관해 한마디도 언급되지 않는다. 고등학교와 초급 대학 수준의 교과서도 열 종 가운데 여덟 종이 미국인에게 정치권력이 넘어간 사건을 무시하고 있다. 나머지 두 종 가운데 하나는 "많은 주들에서 …… 법적으로 허가되지 않은 혁명적 위원회와 대회가 합법적인 지배기구를 대체하고 있었다"고 서술하면서도 공식 기구를 폐지한 매사추세츠의 반란은 말하지 않는다. 나머지 한 종은 매사추세츠의 '전면적인 반란'이라고 언급하지만 민중의 극적인 행동을 말하는 대신 주의회를 구성하고 존 핸콕을 '지도자'로 선출한 것만을 부각시키고 있다.

명망 있는 역사가들도 1774년 혁명을 무시하거나 그 본질을 오해하고 있다. 『애국자들 : 미국혁명을 시작한 사람들』에서 A. J. 랭거스는 그 사건을 말하지 않지만 다른 식민지인들이 보스턴 사람들을 지원한 과정에 관해서는 하나의 장 전체를 할애한다. 『자유!』에서 토머스 플레밍은 새뮤얼 애덤스가 모든 중요한 사건을 조종했다고 단정한다. 즉 애덤스는 수백 킬로미터 바깥에서도 주의회를 '소집'했다는 이야기다. 벤슨 보브

공식 역사와 비공식 역사
'세상을 뒤흔든 총성'으로 혁명이 갑자기 시작된 것은 아니었다. 하지만 공식 역사에서는 '출발점' 이전의 사건들은 중요시하지 않을 뿐더러 제대로 전하지도 않는다. 그림은 아메리카 민병대와 영국군이 최초로 맞닥뜨린 1775년 4월 19일의 전투 장면이다. 여기서 영국 레드코트의 발포로 아메리카의 농민 여덟 명이 죽었다.

릭(Benson Bobrick)은 『회오리 속의 천사』에서 「서퍽 결의서」라는 단 한 장의 문서만 가지고 1774년 혁명을 다루면서 조지프 워런의 지도력을 초점으로 삼고 있다. 결국 미국혁명을 다룬 현행의 대중 서적들 가운데 매사추세츠 농촌에서 영국 행정기관을 타도한 것을 각성한 민중이 민주적 전통과 원칙에 의거하여 행동한 결과라고 보는 책은 하나도 없는 셈이다.

매사추세츠의 그 극적인 혁명의 이야기는 왜 버림받았을까? 우리는 왜 보스턴을 지원한 사건이 정부를 타도한 사건보다 중요하며, 혁명가들은 무고한 희생자에 불과하다고 생각하는 걸까? 우리의 강력한 혁명적 유산을 그럴듯 부정하는 이유는 뭘까?

여기에는 몇 가지 중첩되는 이유가 있는데, 근본적으로는 우리의 민족적 자화상과 이야기 구조의 본성 때문이다.

1774년 혁명의 힘은 익명성에서 비롯된다. 이 혁명은 민주적인 목적에서 진행되었다. 즉 민중은 민중의 주권을 설파하고 실천했다. 정부를 타도한 일은 전례가 없을 만큼 폭넓은 지지를 얻었으나 이야기의 주인공이자 영웅이 될 만한 카리스마적이고 선동적인 지도자는 없었다. 바로 그런 점 때문에 강력한 혁명이 될 수 있었지만 동시에 그것은 후대에 그 혁명이 잘 알려지지 않은 이유이기도 했다.

이 혁명은 저항이 불가능했기 때문에 유혈극을 낳지 않았다. 민중의 힘이 워낙 압도적이었으므로 폭력이 필요하지 않았던 것이다. 국왕이 임명한 소수의 우스터 관리들은 4,622명의 성난 민병대원들을 보자 항복할 수밖에 없었다. 반대가 거셌더라면 폭력과 유혈극이 뒤따랐을 테고, 그 경우 혁명의 힘은 더 약해졌을 것이다.

1774년 매사추세츠 혁명은 여러 곳에서 동시다발적으로 분출했다. 그래서 게이지 장군은 언제 어디서 대응해야 할지 알 수가 없었다. 그러나 자연발생적인 봉기는 기록으로 남기가 어렵다. 시작부터 끝까지 말끔하게 이야기가 정리될 수 없는 것이다. 이 혁명은 시골 전역에 걸쳐 일어났으나 당시의 매체는 보스턴에만 국한되었다. 결국 넓은 지역적 기반을 가졌다는 점은 혁명을 더욱 강력하게 만들었으나 흥미로운 이야깃감이 되지는 못했다.

마지막으로, 여느 혁명이 그렇듯이 1774년 매사추세츠 혁명에도 약자를 괴롭히는 과정이 있었다. 수많은 군중이 소수의 비무장 관리들을 위협하여 무릎을 꿇게 한 것이다. '포위된 보스턴에 대한 지원'은 그보다 훨씬 점잖고 '세상을 뒤흔든 총성'에서는 미국인이 아니라 영국군이 악당으로 등장한다. 미국이 초강대국으로 군림하는 오늘날 우리의 건국 이야기에서 애국자가 깡패처럼 보여서는 안 될 일이다.

19세기 초의 보수파처럼 우리는 우리 자신의 혁명을 두려워하고 있다. 미국 초기 역사의 모든 이야기들은 1786년에 일어난 셰이스의 반란에서 보는 것과 같은 봉기의 속성을 포함한다. 1774년 혁명에서 법정을 폐쇄하고 기존의 정부를 해체했던 매사추세츠의 농민들은 그로부터 꼭 12년 뒤에 그 승리를 다시 한 번 되풀이했다. 그레이트 배링턴, 스프링필드, 우스터에서 불만을 품은 매사추세츠의 농민들은 또다시 기존의 정부 기구를 타도하기 위해 모였다. 하지만 1774년의 사건과 1786년의 사건은 중대한 차이가 있었다. 후자는 수천 명이 아니라 수백 명에 불과할 정도로 규모가 훨씬 작았고 결국 실패했다. 미국 역사에서 우리는 더 크고 성공한 반란을 놔두고 더 작고 실패한 반란을 선택했다. 우리는 영국으로부터의 독립을 기념하고 싶지만, 민중의 거칠고 사나운 힘을 찬미하기는 여전히 망설이는 것이다.

그 소심함 때문에 우리는 우리의 민주적 유산을 보지 못한다. 역사를 공부하는 학생들은 미국이 민주주의보다 공화주의를 바탕으로 건국되었다는 점을 좋아한다. 그것은 소수의 사람들에게 권력이 집중되는 것을 두려워한 헌법 제정자들의 견해와 정확히 일치한다. 그러나 우리의 시선을 헌법 제정자들에게서 실제 건국자들에게로, 즉 말쑥한 옷차림에 가발을 쓴 신사들에게서 작업복에 진흙 묻은 장화를 신은 농민들에게로 돌린다면 우리는 전혀 다른 측면을 볼 수 있다. 이 사람들은 민주주의는 무조건 좋다고 믿었다. 모든 결정, 심지어 거리에서의 집단행동에 관한 결정도 '민중 진영'의 승인을 얻어야 했다. 반항하는 관리들을 상대하기 위해 그들이 선출한 대표자들도 단 하루만 재임했을 뿐이었다. 이 반란자들은 혁명을 마치 이동식 시 대표자 회의처럼 운영했으며, 모든 참가자들을 똑같이 대우했다. 역사상 이때보다 더 열렬히 민중이 민주적 절차에 호응한 경우는 없을 것이다.

적어도 매사추세츠의 경우, 미국 민주주의의 뿌리는 우리들 대부분이 상상한 것보다 더 깊었다. 미국은 모든 권력이 민중에게 있다는 그 전제 덕분에 탄생했지만, 우리의 표준화된 역사는 그 근본적인 원칙을 반영하지 않고 있다. 독립혁명 이전에 일어난 그 혁명의 이야기는 우리에게 우리 모두가 누구인지 상기시켜준다.

"눈과 추위 속에서, 질병과 궁핍 속에서
자유의 제단이 세워졌다."

「포지 계곡: 1777년 3월」, 19세기 중반 펠릭스 옥타비우스 카 달리가 그린 드로잉.

5_포지 계곡의 겨울

포지 계곡 이야기가 지속적인 생명력을 가지는 이유를 이해하려면 열 살 짜리 아이의 눈을 통해서 바라볼 필요가 있다. 미국인들이 학교에서 처음 그 사건을 배우는 나이가 바로 열 살이기 때문이다. 주로 장난감 같은 병사들과 가발 쓴 남자들이 등장하는 다른 혁명 이야기들은, 흥미롭기는 하지만 현실과 동떨어진 느낌이다. 그러나 포지 계곡에서 고통을 겪은 병사들은 그렇지 않았다. 이것은 원초적인 생명력에 관한 이야기다.

이 이야기를 가장 잘 전해주고 있는 책은 20세기 중반 와이크 메이슨(F. Van Wyck Mason)이 청소년들을 위해 쓴『포지 계곡의 겨울』이다. "포지 계곡에서는 엄청난 기적이 일어났다! 고통과 시련, 고뇌와 좌절 속에서 보낸 그 겨울의 숙영은 바로 혁명의 전환점이었다." 메이슨의 걸작은 조국을 위해 눈 속에서 추위를 견디며 헌신적으로 싸운 병사들을 감동적으로 묘사함으로써 청소년들만이 아니라 모든 세대의 심금을 울린다. 메이슨에 의하면 1777~1778년 겨울은 "우리나라 역사상 가장 잔인한 겨울 중 하나"였다. "눈보라가 몰아치고 얼음이 꽁꽁 얼어도" 반란군은 "새로운 용기, 결의, 신념으로 무장했다". 이런 식의 서술은 미국혁명의 전통적인 이야기 구조와 부합한다. 즉 고통을 겪는 병사들은 굳은 신념으로써 대영제국의 분노만이 아니라 신의 분노까지도 견뎌냈다.

이 이야기에는 중요한 요소가 두 가지 있다. 첫째는 '고통의 감내'라는 관념이다. 애국자들은 조국을 매우 사랑했으므로 극도로 어려운 역경을 기꺼이 감수했다. 그들은 소박한 사람들이었으며, 영국인들처럼 부유하거나 오만하지 않았다. 여기서 우리는 또다시 다윗과 골리앗의 싸움을 연상한다. 반란군은 수와 장비에서 모두 열세였으나 자유를 위해서라면 무엇이든 마다하지 않겠다는 불굴의 의지를 가지고 있었다.

둘째는 잔인한 자연이라는 관념이다. 눈보라와 혹한이 아니었다면 대륙군의 겨울 숙영은 그다지 찬양을 받지 못했을 것이다. 군사적인 견지에서 볼 때 포지 계곡에서의 숙영은 대단한 경험이 아니었으며, 희생자의 수로 볼 때도 이 기간은 혁명전쟁 전체에 비추어 가장 조용한 시기였다.

하지만 그 두 가지 보조 줄거리는 사실이 아니다. 병사들은 조용히 고통을 감내하지 않았다. 그들은 자주 불만을 터뜨렸고 약탈도 감행했다. 탈영과 폭동도 몇 차례 발생했다. 험한 날씨를 탓할 일은 아니었다. 포지 계곡에서 보낸 겨울은 오히려 평상시보다 덜 추웠다. 그 2년 전에 대륙군 병사들은 미국 동해안 일대에 찾아온 400년 만의 강추위를 거뜬히 견뎌냈으나 이상하게도 이 이야기는 별로 언급되지 않는다.

명예롭지 않은 이야기

사실 포지 계곡의 이야기는 온갖 역경을 이겨내고 목숨을 바쳐 미국의 독립을 일궈낸 병사들에게는 명예롭지 못하다. 이 애국자들에게 본래의 경의를 표하기 위해서는 그들이 실제로 한 행동에 대한 이상화된 공상을 버려야 한다.

포지 계곡에서만이 아니라 혁명 시기 전반에 걸쳐 대륙의 병사들은 식량과 의복의 부족에 시달렸고 약속된 급료도 받지 못했다. 그런 사항들을 스스로 해결하지 못했다면 그들은 들판에서 적과 맞서 싸울 수도 없었을 것이다. 그런 측면을 올바로 평가하려면 그들이 진정 누구였고 어떻게 대륙군에 복무하게 되었는지를 알아야 한다.

믿고 싶지 않은 사실이지만 미국은 용병들의 도움으로 자유를 얻었다. 전쟁 초기인 1775년에는 각양각색의 사람들이 싸우겠다고 나섰다. 농부와 기술자, 부자와 빈민, 청년과 노인 등 애국자들은 대단한 열정으로 모여들었다. 하지만 그런 현상은 오래 가지 않았다. 1775년이 끝날 무렵 농부들은 농토로 돌아갔고 기술자들도 공장으로 돌아갔다. 대다수 사람들은 생업을 가지고 있었기 때문에 대륙회의는 조국을 위해 싸울 병력을 확보하는 데 애로를 겪었다. 조지 워싱턴은 1776년 9월 대륙회의에 이렇게 말하기도 했다. "사심 없이 행동하는 사람들은 비유적으로 말해서 대양의 물방울에 지나지 않을 만큼 적습니다."

대륙회의는 마지못해 군대에 입대하는 사람들에게 보상금을 주는 제도를 채택했다. 이것은 도움이 되었지만 충분치는 않았다. 1777년에 대륙회의는 각 주에서 대륙군에 파견하는 병력의 수를 정했다. 주들과 도시들은 할당된 몫을 채우기 위해 자체적으로 용병을 늘렸지만 그래도 아직 병력이 충분하지 않았다. 지원병이 부족한 탓에 각 지역은 징병제를 도입했다. 하지만 당시의 징병제는 오늘날과 달랐다. 징병 대상자는 어떻게 해서든 한 사람의 인력을 충원하기만 하면 되었다. 따라서 형편이 되는

워싱턴의 데뷔전
1775년 6월 23일 매사추세츠의 케임브리지에서 조지 워싱턴은 대륙군 총사령관의 자격으로 처음 영국군과 맞섰다. 그림에서처럼 서로 예우를 갖추고 전투를 시작했는지는 모르겠지만, 소심하고 카리스마도 없었던 워싱턴은 전쟁을 승리로 이끌어 나중에 미국의 초대 대통령이 된 것은 물론 건국의 아버지로 미국의 역사에 영원한 승자로 남았다.

사람은 다른 사람을 사서 자기 대신 군대에 집어넣었다. 이리하여 대륙군에는 모험을 갈망하는 소년들과 재산이나 직업이 없는 사람들이 다수 포함되었다. 이들이 바로 1777년 12월 19일 포지 계곡에서 고통을 겪은 병사들이었다.

　민간인들은 대륙군과 그 병사들을 별로 좋아하지 않았다. 그들은 대체로 상비군을 두려워했고(이 점은 영국에 대한 주요 불만 가운데 하나이기도 했다) 상비군에 속한 병사들을 경멸했다. 역사가 존 샤이(John Shy)가 말했듯이, "가장 무거운 군대의 부담을 짊어진 사람들은 평균 이하의 식민지인이었다. 전체적으로 그들은 가난하고 사회에서 기반을 잡지 못한 주변부 인물들이었다." 군대는 당시 아메리카인을 대표하는 집단이 아니라 하층민에 불과했다. 군대에는 가난한 사람들, 소년들, 노동자와 초급 기술자들, 심지어 인디언과 노예였던 사람들도 있었다.

이것은 원래의 의도와는 달리 진정한 의미에서의 시민군이 아니었으며, 미국식(당시로 보나, 지금으로 보나)이라기보다는 유럽식에 훨씬 가까웠다. 당시의 민간인들은 대부분 직업군인이 되는 사람을 지원하기보다 무시하려 했다. 포지 계곡 부근에 살던 퀘이커교도 농부들은 교리상으로 장로교회나 회중교회와 사이가 좋지 않았으며, 전장에서 함께 싸워야 할 병사들이 '빌어먹을 퀘이커교도들' 이 '우리 이념의 동지' 가 아니라면서 불만을 토로했다. 병사들에게는 퀘이커교도나 "호박파이와 구운 칠면조 고기를 먹는 사람들"에게서 충분히 지원을 받지 못하는 것도 불만이었다. 이리하여 대륙군의 용병들은 점점 분열의 양상을 보였다.

전하는 바에 따르면 포지 계곡에서는 폰 슈토이벤 남작이라는 사람이 초라한 대륙군에 규율과 기강을 주입했다고 한다. 이 말도 어느 정도는 사실이지만, 농민들은 지휘관의 명령에 따라 행진해서 병사가 된 게 아니라 다른 미국인들과 구분되는 자신만의 고유한 정체성을 계발함으로써 직업군인이 된 것이었다. 따라서 그들은 거기에 따르는 모든 조건을 감수했다.

상비군을 유지할 만한 준비가 부족한 대륙회의였으니 보급부가 제 역할을 하지 못하는 것도 당연했다. 가장 절실하게 필요한 식량과 피복은 오지 않았다. 병사들을 괴롭힌 것은 냉혹한 자연의 힘이 아니라 제때에 필수품을 보급해주지 않는 대륙회의였다.

독자적으로 생존을 모색할 수밖에 없게 된 병사들은 포지 계곡에서

나와 인근의 민간인들을 약탈했다. 40킬로미터 떨어진 곳에서 살았던 존 레셔는 이렇게 불평했다. "도대체 내 소유물이 아무 것도 없었다. 병사들은 총검을 앞세우고 토리당의 법을 마음대로 갖다붙였다." 농부들은 좌절한 나머지 파종조차 하지 않겠다고 으름장을 놓았다. 몇 년 뒤 조지프 플럼 마틴이라는 병사는 "'어떻게든 해나간다'가 혁명 병사의 변함없는 좌우명이었다"고 털어놓았다.

전쟁 중에 조지 워싱턴 총사령관은 약탈 금지령을 발동한 바 있었으나 포지 계곡에서는 약탈을 허가하지 않을 수 없었다. 비록 '약탈'이라는 말 대신 '식량 징발'이라는 온건한 용어를 썼지만 총사령관은 병사들에게 인근 시골에서 식량을 빼앗으라는 명령을 내렸다. 그에 따라 병사들은 시장으로 가는 농부들을 털고, 집을 습격하고, 창고의 식량을 몰수했다. 곡식, 우유, 육류 등 농축산물을 팔아야 한다며 저항하는 농부들에게는 아무 소용도 없는 전표만 끊어주었다. 포지 계곡에서 마틴 병사는 병참장군에게서 다음과 같은 지시를 받았다고 회상했다. "시골로 징발 원정을 가라. 총검을 앞세워 …… 군대에서 사용할 물자를 주민들에게서 필요한 만큼만 징발하라."

병사들이 문제를 해결하는 방식은 다른 것도 있었다. 어떤 병사들은 그냥 달아나버렸다. 전해지는 이야기에 따르면 모두가 직무에 충실했다지만, 실은 매일 8~10명이 포지 계곡에서 탈영했다. 물자가 극도로 부족했던 1778년 2월 12일에 워싱턴은 이렇게 썼다. "대륙군 병사들(특히 원주민이 아닌 사람들)이 초소에서 탈영할 가능성이 매우 높다."

하지만 표준판 이야기에는 탈영만이 아니라 폭동도 나오지 않는다. 1777년 12월 23일 워싱턴은 이틀 전에 일어난 '위험한 폭동'이 '가까스로' 진압되었다고 기록했다. 또 2월에 워싱턴은 '강력한 불만의 징후'가 보인다면서 이에 적극적으로 대처하지 않는다면 '전반적인 폭동과 소요'가 일어날지 모른다는 우려를 표명했다. 4월에도 그는 버지니아 전선에서 장교 90명이 사임하고 다른 장교들도 술렁거리고 있다며 '군대의 존망을 위협하는 사태'라고 걱정했다. 워싱턴은 아마 자기 말의 효과를 노리고 과장한 것이겠지만, 고통을 겪는 병사들이 더 이상 고분고분하게 자신들의 처지를 감내하려 하지 않는다는 것만은 분명했다. 미국이 군대를 원한다면 병사들에 대한 대우를 개선해야 했다. 일반 병사들은 폭동이나 탈영의 위협으로 위기감을 더욱 고조시켰으며, 장교들 역시 사임하겠다고 위협했고 많은 수가 실제로 사임했다. 이런 현상이 잇따르자 워싱턴이 먼저 촉각을 곤두세우지 않을 수 없었고, 그를 통해 대륙회의와 고위 관리들도 관심을 보였다. 결국 병사들의 불만은 다소의 성과를 얻어냈다. 그들이 불만의 목소리를 내지 않고 직접 행동에 나섰더라면 군대는 필경 해체되고 말았을 것이다.

전쟁이 길어지면서 폭동의 위험도 한층 커졌다. 유명한 폭동들 — 예컨대 코네티컷, 펜실베이니아, 뉴저지 전선에서 일어난 폭동, 1783년 6월 21일의 행진, 좌절된 '뉴버그 음모' — 은 빙산의 일각에 불과했다. 병사와 장교들의 일차 진술에 의하면 수용보다 저항이 더 일반적이었다. 대륙군의 병사들은 기본적인 욕구가 충족되지 않을 경우 걸핏하면 자신들이 주도권을 장악하겠다고 협박했다.

군대 내부의 저항 행위를 보면 고통의 감내라는 환상은 금세 깨진다. 대륙군의 병사들은 대량으로 탈영했고, 미국 역사상 외국군을 상대로 한 어느 전쟁보다도 폭동이 자주 터졌다. 그렇기 때문에 전통적으로 알려진 포지 계곡의 이야기를 믿으려면 사태의 진상을 고집스럽게 외면하는 자세가 필요하다. 미국혁명을 주제로 한 PBS 방송사의 여섯 시간짜리 다큐멘터리의 모태가 된 책 『자유!』는 포지 계곡에서 "탈영이 비교적 적었다"고 단언하고 있다. 유명한 저자들은 폭동이라는 주제에서 벗어나기 위해 흔히 조지 워싱턴의 이야기와 '뉴버그 음모'를 언급한다. 1783년 3월 15일 뉴욕 뉴버그의 본부에서 존경받는 총사령관은 간단한 즉석연설을 통해 이탈하려는 장교들을 감동시켰다고 한다. "여러분, 제가 안경을 쓰는 것을 허락해주시기 바랍니다. 저는 시력이 안 좋아졌을 뿐 아니라 조국을 위한 일에 거의 눈이 멀었기 때문입니다." 전하는 바에 따르면 그는 이 말로써 많은 폭동과 반역 행위를 쉽게 진압했다. "장교들은 그 말을 듣고 감동을 받아 눈물을 흘렸다. 또한 자신들을 여기까지 이끌어온 사령관에 대한 무한한 애정을 느꼈다."

이것은 사실 병사들의 불만을 진지하게 받아들이려 하지 않는 모욕적이고 비애국적인 태도다. 병사들을 존중하려는 의도는 있으나 그들의 현실을 낭만적으로 묘사함으로써 오히려 그들에게 수치를 안겨주고 있다. 병사들이 없다면 신생국 미국의 정부는 붕괴했을 것이다. 진정으로 애국적인 대응하려면 폭동과 탈영을 부정하거나 무시하지 않고, 병사들의 생활과 행동을 최대한 상세하게 조사해야 했다.

이를 위해 조지프 플럼 마틴은 훌륭한 정보 제공자가 되어준다. 마틴은 병사들이 약탈에 의해 포지 계곡의 겨울을 났다고 말했지만 그들의 고초는 이듬해 봄에도 끝나지 않았다. 2년 뒤인 1780년 5월에도 마틴은 이렇게 썼다. "굶주림이라는 괴물은 여전히 우리 곁에 있었다. 우리가 아무리 애를 써도 놈은 끄떡도 하지 않았다. 또다시 우리에게 익숙한 굶주림의 이야기가 전개되고 있었다." 대륙군의 병사들은 일찍이 어떤 아메리카인도 겪지 못한 심각한 딜레마를 직면하지 않을 수 없었다.

사람들은 더 이상 참지 못할 정도로 크게 분노했다. 아무런 대안도 없고 오로지 굶어죽거나, 아니면 군대를 해체하고 모두들 집으로 돌아가는 길밖에는 없었던 것이다. 결정하기 쉽지 않은 문제였다. 병사들은 진정으로 애국심에 가득 차 있었고 조국을 사랑했다. 게다가 이미 죽음의 문턱에 이를 만큼 고통을 겪었다. 모든 것을 포기하는 것은 또 다른 극한의 고통이었지만, 굶어죽는 것도 역시 그에 못지 않은 고통이었다. 어떻게 해야 할까? 여기에는 굶주리고 헐벗은 군대가 있었고, 저기에는 죽어가는 병사들이 도와주기만을 기다리는 조국이 있었다.

바로 이것이 포지 계곡의 진상이었다. 이런 상태는 8년간이나 지속되었다. 대부분 부자들을 대신해서 전쟁에 뛰어든 빈민들과 소년병들이었다. 적절한 식량, 최소한의 의복, 약정된 급료를 받지 못한다면 병사들은 선택의 기로에 설 수밖에 없었다. 자기들끼리만 불평을 하면서 군말없이 역경을 견딜 것인가, 아니면 소동을 일으킬 것인가? 모든 것이 실패했을 경우 폭동을 일으킬 것인가, 아니면 그냥 탈영해버릴 것인가? 모든 대안이 가능했으나 마음에 드는 것은 하나도 없었다. 굶주림의 고통, 적과 싸우는 위험과 더불어 병사들은 매일 해결 불가능한 문제와도 씨름해야 했다.

이 특수한 상황에서 조지프 마틴과 그의 동료들은 강력하게 대처하기로 결정했다. "우리는 인간의 본성이 견딜 수 있을 만큼 최대한 버텼다.

포지 계곡의 워싱턴과 병사들
포지 계곡에서만이 아니라 독립전쟁 시기 전반에 걸쳐 대륙군 병사들은 식량과 의복 부족에 시달렸다. 포지 계곡의 병사들을 괴롭힌 건 냉혹한 자연이 아니라 제때 필수품을 보급해주지 않는 대륙회의였던 것이다. 결국 병사들의 약탈 금지를 명한 바 있는 워싱턴 총사령관도 포지 계곡에서만은 '식량징발'이란 이름의 약탈을 그의 병사들에게 허가하지 않을 수 없었다.

더 버티는 것은 어리석은 짓이었다." 그래서 어느 날 열병식을 하던 중에 병사들은 "성난 개들처럼 으르렁대면서 …… 장교들을 노려보고 명령에 거역했다." 이것은 '코네티컷 전선의 폭동'이라고 불려지는 사태로 이어졌다. 원칙적으로 병사들은 장교들의 권위에 도전했으므로 그들의 행동은 폭동이었다. 게다가 그들은 장교들의 가슴에 총검을 겨눈 적도 있었다. 그러나 병사들은 권력을 탈취하려 하지는 않았다. 다만 존중과 제대로 된 대우를 받으려 했을 따름이었다. 그들은 마땅히 해야 할 일을 했고 성과를 거두었다. 마틴은 이렇게 말한다. "우리의 행동은 결국 우리에게 이득을 가져왔다. 그 뒤 곧바로 식량을 받았던 것이다."

두 겨울의 이야기

1777~1778년의 겨울은 "미국 역사상 가장 잔인한 겨울 중 하나"가 아니었다. 포지 계곡의 기온에 관한 기록은 없지만 거기서 불과 30킬로미터 떨어진 필라델피아의 당시 기온은 예년 평균 기온을 약간 웃돌았다(표 참조). 절반 이상의 날이 아침에도 결빙되지 않았던 것이다. 견디기 어려울 만큼 추웠던 때는 12월 29일부터 12월 31일까지 한 차례뿐이었다. 눈은 약간 내렸으나 눈보라라고 할 만한 폭설은 없었다. 기상역사학자인 데이비드 러들럼(David M. Ludlum)에 의하면 강설량은 보통이었다. "통계로 보면 1777~1778년 겨울은 별로 혹심한 추위가 아니었다."

결빙 온도로 내려간 날—필라델피아

	1777~1778년	예년 평균
12월	17일	21일
1월	15일	25일
2월	13일	22일
3월	5일	14일

공교롭게도 대륙군의 병사들이 특히 잔인한 겨울을 겪어야 했던 곳은 포지 계곡의 숙영지에서가 아니었다. 뉴저지의 모리스타운에서 야영하던 1779~1780년에 병사들은 러들럼에 의하면 '미국 역사를 통틀어 가장 엄혹한 계절'을 만났다. 당시 필라델피아에서는 1월 한 달 동안 낮 기온이 영상이었던 날이 단 하루밖에 없었다. 1월 20일에 티모시 매틀랙

은 필라델피아에서 조지프 리드에게 이런 편지를 보냈다. "지금 오후 4시, 내가 있는 거실에서는 장작불이 타고 있는데도 잉크가 얼어붙을 정도라네." 뉴욕에 있는 영국군 본부의 온도계도 섭씨 영하 27도로 곤두박질쳤다. 그 뒤에 측정된 공식 최저 기온은 영하 26도였다. 하트퍼드에서도 1780년 1월에 측정된 기온이 사상 최저를 기록했고, 기온이 영하 12도 이하로 내려간 날이 21일이나 되었다. 1월 19일에서 1월 31일 사이에는 낮에도 9일 동안 기온이 영하였고 최저 기온은 영하 30도였다.

이렇게 추운 날씨가 오랜 기간 지속되자 강과 만의 물이 꽁꽁 얼어붙었다. 뉴욕의 허드슨 강과 이스트 강은 물론이고 뉴욕 항과 롱아일랜드 해협 등 바다의 일부까지도 얼었다. 남쪽으로는 델라웨어 강과 체서피크 만의 대부분이 얼었다. 버지니아에서는 요크 강과 제임스 강이 얼었고, 남쪽 멀리 노스캐롤라이나의 앨버말 해협도 빙판이 되었다. 데이비드 러들럼에 의하면 유럽인들이 아메리카에 온 이후로 그런 추위는 처음이었으며, 그 뒤로 지금까지도 없었다.

미국 기상학 역사상 북동부의 노스캐롤라이나에서 대서양 연안을 따라 형성된 만과 항구, 해협의 바닷물이 한 달 이상 완전히 얼어붙어 항해가 불가능했던 시기는 단 한 차례밖에 없다. 그때가 바로 '1780년의 엄혹한 겨울'이었다. 이 혁명전쟁의 중대한 시기에 저지 구릉지대 북부 모리스타운에 주둔한 워싱턴 장군 휘하의 미국 병사들은 숙영지도, 의복도, 영양도 부실한 상태에서 약 30킬로미터 거리의 뉴욕 시에 훨씬 안락하게 주둔한 영국군을 예의주시하고 있었다.

그 한 차례의 겨울 동안 얼어붙은 만과 강은 새로운 도로가 되었다. 반란군의 탈영자들은 도보로 허드슨 강을 건너 뉴저지에서 영국령 뉴욕으로 갔다. 반면에 영국군에서 탈영한 헤세 병사(혁명전쟁 때 고용된 독일인 용병)들은 롱아일랜드 만을 건너 반란군 세력권인 코네티컷으로 왔다. 영국군은 뉴저지에서 맨해튼까지 썰매를 이용하여 허드슨 강으로 장작을 운반했다. 또한 맨해튼에서 스태튼아일랜드까지 식량을 운반하는 데도 썰매를 이용했으며, 대포마저도 빙판 위로 굴려서 이동시켰다. 한편 영국군의 한 기병대는 다른 방향으로 뉴욕 항을 건넜다. 썰매는 볼티모어에서 체서피크를 가로질러 아나폴리스로 이동했다. 만약 워싱턴이 실제보다 3년 뒤인 그 '엄혹한 겨울'에 델라웨어 강을 횡단하기로 했다면 배도 필요 없었을 것이다. 얼어붙은 강 위로 병사들이 그냥 행군하면 되었을 테니까.

추위와 빙판만이 아니라 눈도 많이 왔다. 1779년 12월 18일 모리스타운에 처음 폭설이 내린 이후 석 달 동안 눈이 땅을 덮고 있었다. 12월 말과 1월 초에는 북동부 전역에 격렬한 폭풍이 불었다. 12월 28~29일에 뉴욕 시의 가옥 몇 채가 바람에 무너졌다. 모리스타운에서는 1월 첫 주에 눈이 1미터 깊이로 쌓였다. 조지프 플럼 마틴은 폭풍이 병사들에게 미친 영향을 다음과 같이 회상했다.

1779년과 1780년 겨울은 무척 힘들었다. 특히 군대로서는 여러 가지 면에서 모진 겨울이었다. 혁명의 시기는 흔히 '인간의 정신을 시험하는 때'라고 말한다. 내가 보기에는 인간의 정신만이 아니라 신체도 시험하는 것 같았다. 나도 역시 호된 시험을 당했다. ……
한 번은 나흘 연속 눈이 내려 사방에 두텁게 눈이 깔렸는데, 이 시기가 가장 굶주림이 심한 때였다. 우리는 말 그대로 기아선상에서 허덕이고 있었다. 단언하건대 나는 나흘 동안 음식을 아무 것도 먹지 못했고 자작나무 장작에서 검은 껍질을 조금 떼어내 씹은 게 고작이었다. 몇 사람이 낡은 구두를 구워 먹는 것을 보았고, 나중에 장교들의 당번병에게서는 장교들이 기르던 개를 잡아먹었다는 이야기를 들었다. 이게 '고통'이 아니라면 무엇을 고통이라 부를지 묻고 싶은 심정이었다. 이런 고통이 인간의 정신을 시험하는 게 아니라면 대체 어떤 것이 인간의 정신을 시험하는 것인지 묻고 싶었다.

병사들이 생존을 위해 애쓰는 동안 장교들은 군대에 미치는 충격을 우려했다. 1780년 1월 5일 너새니얼 그린(Nathaniel Greene) 장군은 모리스타운에서 이렇게 기록했다. "지금 우리는 눈으로 된 둑에 갇혀 있다. 이동하기에는 나쁠 게 없다. 2~3일치의 식량도 없기 때문에 병사들은 그저 짐만 꾸려 떠나면 된다." 그 이튿날에 그린이 가장 우려하던 사태가 터졌다. 그는 "군대가 식량 부족으로 해체될 위기에 처해 있다"고 썼다. 1월 8일에 에베네저 헌팅턴은 이렇게 보고했다. "눈이 두텁게 덮였고 지난 3주일 동안은 내가 경험한 어느 때보다도 날씨가 추웠다. 병사들은 거의 벌거벗었고 더구나 굶주린 상태다." 그러나 그 무렵 헌팅턴은 아직 최악의 추위가 오지 않았다는 사실을 알지 못했다.

같은 날인 1780년 1월 8일 워싱턴도 "식량에 관해 군대의 현재 상황은 전쟁이 시작된 이래 최악"이라는 암담한 평가를 내렸는데, 여기에는 포지 계곡에서 보낸 겨울도 포함되었다. 워싱턴의 휘하에서 장교로 복무한 조언 디캘브(Johanne de Kalb)는 다음과 같이 말했다. "지난 두 차례의 겨울 동안 포지 계곡과 미들브룩에만 있었던 사람들은 진짜 끔찍한 고통이 무엇인지 맛보지 못한 사람들이다." 두 차례의 겨울을 겪은 사람들은 누구나 모리스타운이 훨씬 최악이었다고 단언했다.

고난은 끝나지 않았다. 빙원 때문에 보급품의 수송이 어려워지자 병사들은 겨울의 추위와 굶주림을 고스란히 감내해야 했다. 얼마나 견딜 수 있을까? 2월 10일 그린 장군은 또다시 "군대가 식량 부족으로 해체될 위기에 처해 있다"고 보고했다. 이윽고 3월 중순이 되자 날씨가 따뜻해지고 눈이 녹았다. 보급품이 도착하면서 최악의 사태는 끝났다. 3월 18일에 워싱턴은 라파예트 장군에게 보내는 편지에서 그 경험을 이렇게 밝혔다. "지금 이 나라에서 아무리 나이가 많은 사람이라도 우리가 지금 막 벗어난 그 모진 겨울을 겪어보지는 못했을 것이오. 한마디로 일찍이 경험해본 어떤 날씨보다 훨씬 춥고 엄혹한 날씨였소."

병사들에게도 모리스타운만큼 힘든 경험은 없었다. 하지만 대륙군은 해체되지 않았다. 후대에 그 이야기를 전한 사람들이 아니라 당시 현장에 있었던 병사들의 말에 의하면 모리스타운은 진정으로 전쟁의 참상을 보여주었고 그에 비하면 '포지 계곡'은 전쟁의 일상사 정도였다.

그렇다면 왜 우리는 모리스타운의 '엄혹한 겨울'을 거의 잊은 반면 '포지 계곡의 겨울'에 관해서는 그토록 호들갑을 떠는 걸까? 복장이 허술하고 식량이 빈약한 조건에서 혁명군 병사들은 적어도 400년 만에 처음 닥친 험한 날씨와 싸워야 했다. 그런데 왜 이것이 표준판 역사에 포함되지 않을까?

간단히 말하면 포지 계곡은 말하고 싶은 이야기에 딱 들어맞지만 모리스타운은 이야기하기가 난감하기 때문이다. 포지 계곡의 병사들은 침착하고 끈기 있게 견뎠고 지휘자의 통솔에 따랐다. 그러나 모리스타운에서는 폭동을 일으켰는데, 이는 '고통의 감내'라는 이미지에 맞지 않았다.

모리스타운은 몇 가지 이유에서 이야기로서 적합하지 않았다. 무엇보다도 대륙군 병사들이 그곳에서 네 차례의 겨울을 났다는 것부터 문제였다. 그 중 '엄혹한 겨울'은 두번째였다. 그 이듬해 겨울인 1781년 1월 1일에 펜실베이니아 전선에서는 혁명전쟁 중 가장 대규모의 성공적인 폭동이 일어났다. 비록 이것은 1779~1780년 겨울에 일어난 사건은 아니지만, 모리스타운을 말하기 위해서는 흔히 자의적으로 누락되는 이 폭동을 어느 정도 언급할 필요가 있다. 뉴저지 여단은 세번째 겨울에 모리스타운에 주둔했는데, 이들도 역시 폭동을 일으켰다. 이 봉기는 실패했고 주동자 몇 명이 처형을 당했다. 이런 이야기들을 모두 수록한다면 '고통의 감내'라는 이미지가 상당히 훼손될 수밖에 없다. 애국자들은 곤경을 묵묵히 견뎌야 했던 것이다.

나아가, 모리스타운 이야기를 다 밝히면 병사들의 고난이 전쟁 기간 내내 지속되었다는 사실이 명백히 드러나게 된다. 대륙군의 병사들은 필요한 도움이나 정당한 존중을 전혀 받지 못했다. 그런 사실을 인정하면 민간인들은 당혹스러워 할 것이다. 왜 다른 애국자들은 그 병사들을 지원하지 않았을까?

그 반면에 포지 계곡의 이야기는 우리가 듣고자 하는 것을 말해준다. 폰 슈토이벤 남작이 기강을 확립하려 했을 때 병사들은 스스로 알아서 행동했다고 한다. 대규모 반란도 없었다. 병사들은 순종적으로 처신했다. 워싱턴이 음모에 휘말렸을 때도 사령관의 명령에 충실히 복종했다. 모든 면에서 보기 좋은 이야기다.

또한 포지 계곡과 새러토가 전투(1777년 9월과 10월 현재 뉴욕 주 올버니 북쪽에서 벌어진 전투. 이 전투에서의 승리로 대륙군은 사기가 올라 전세가 역전되었고, 전세를 관망하던 프랑스가 미국의 독립을 승인하며 공공연한 군사적 원조를 제공하게 되었다. 결국 이 전투의 승리는 식민지인들의 궁극적 승리를 가능케 해주었다)의 승리는 마침 밀접한 연속성을 가진다. 특히 이야기 구조로 볼 때 잘 통한다. 혁명전쟁 전체에서 포지 계곡은 '최저점'이었고 새러토가는 '전환점'이었다. (묘하게도 최저점이 전환점 바로 뒤에 왔는데, 이 특별한 문제점은 흔히 간과되었다.) 포지 계곡 이후로 암울한 시기는 끝났다. 봄이 되자 시련을 견뎌낸 병사들의 어려움도 물러갔다. 이 신화적 이야기는 사실 역사적 증거가 있는 게 아니라 계절이 바뀐 데 따르는 일반적인 현상이다. 비록 전쟁이 끝날 때까지 역경은 사라지지 않았고 폭동도 빈번했지만 포지 계곡 이야기는 이후의 모든 어려움을 묵살시키는 역할을 한다. 즉 나중에 일어난 더 심각한 봉기들을 언급하지 않은 채 정확히 필요한 시간에 '고통의 감내'라는 이미지를 보여줄 수 있는 것이다. 이미 대륙군 전체가 저항 정신으로 굳게 무장한 뒤에 작가들이 굳이 그곳에서 병사들이 큰 곤경을 겪은 이야기를 할 필요가 없었다.

마지막으로, 포지 계곡은 많은 병사들이 죽었기 때문에 강력한 이야기가 된다. 실은 추위와 굶주림으로 죽은 병사는 거의 없었고 대부분 진영에서 발생한 질병으로 사망한 것이었지만 그 사실은 별로 언급되지 않는다. 질병은 극적인 느낌도 없고 애국심과도 연관이 없기 때문이다. (실제로 혁명전쟁 중에 전사한 사람보다는 병으로 목숨을 잃은 병사의 수가 더 많았다.) 그래도 희생자가 많으면 이야기의 구성에는 도움이 된다. 포지 계곡의 겨울은 매우 엄혹했고 많은 사람들이 소란도 피우지 않고 죽어갔다. 그들이 바로 진정한 애국자였다!

성지: 신화화된 이야기

혁명의 와중에는 아무도 포지 계곡을 찬양하지 않았다. 당시에는 겨울 숙영지에서 병사들이 겪은 고초가 군사 비밀로 취급되었다. 영국 측에는 공격할 기회를 주지 않기 위해 비밀로 숨겼고, 프랑스 측에는 대륙군의 초라한 처지가 지나치게 부각되면 지원을 포기할까 싶어 내용을 축소했다. 1777년 크리스마스 직전 포지 계곡에 진을 친 뒤 워싱턴은 대륙회의에 이렇게 말했다. "안전을 기하는 방침에 따라 나는 군대의 진정한 현황을 여론에 감출 수밖에 없습니다." 그러나 의원들은 '총체적인 보급의 실패'라는 군대의 문제점을 숙지해야 한다고 그는 말했다. 계속해서 그는 "맨발이거나 거의 벌거벗은 상태라서 군대의 의무를 수행할 수 없는 병사들이 진지에 2,898명이나 있다"고 보고했다.

　워싱턴이 대륙회의 측에 불만을 호소한 1777년 12월 22일자와 23일자 편지는 포지 계곡 이야기의 기본적인 자료다. 워싱턴은 분명히 현실적인 의도에서 그 암울한 보고서를 제출했다. 즉 대표들에게 충격을 주어 행동에 나서게 하고 싶었던 것이다. 보급부는 많은 필수품들을 마련하지 못해 붕괴할 즈음에 있었다. 워싱턴은 "노력을 배가하지 않는다면 군대가 해체될 것"이라고 경고했다. 후대의 학자들은 워싱턴의 그 탄원을 포지 계곡에서 고통을 겪는 병사들에 관한 확실한 전거로 인용했지만, 불만의 수위가 폭동에 이를 만큼 높다는 거듭된 그의 경고는 무시했다. 최대의 효과를 노린 워싱턴의 탄원서가 아니었다면 포지 계곡의 전설도 없었을 것이다. 2년 전 모리스타운에서도 워싱턴은 그와 똑같이 효과를 노리고 암담한 처지를 호소했으나 그때는 누구도 귀담아듣지 않았다.

전쟁 중에도 그랬듯이 종전 후에도 민간인들은 포지 계곡이나 모리스타운에서 여실히 보여준 대륙군의 암울한 상태에 신경을 쓰지 않았다. 사실 많은 미국인들은 공화국의 원칙에 따라 상비군에 반대했으므로 군대가 생존한 것 자체를 난감해했다. 그런데다 군대라고 해야 하층민과 소년병들이 우글거렸으니 시민들 마음에 들 리 없었다. 따라서 누가 포지 계곡의 이야기를 꺼낸다면 곧 비애국적인 행위로 간주되는 분위기였다.

전후 역사가들은 포지 계곡의 겨울을 낭만적으로 묘사하지 않았다. 데이비드 램지(1789)는 700여 쪽에 달하는 책에서 포지 계곡을 단 한두 문장으로 서술했다. 윌리엄 고든(1788)과 존 마셜(1804)은 군대의 숙영을 묘사하고 워싱턴의 편지들을 인용했으나 그 사건을 혁명의 역사에서 중대한 시점으로 규정하지 않았고, 병사들이 언제나 말없이 감내했다고 주장하지도 않았다. 오히려 마셜은 병사들이 현지 농부들에게서 식량을 빼앗았다는 점을 강조했으며, 초기 역사가들은 모두들 병사들의 폭동과 불만에 관해 상세하게 설명했다.

1800년대 초반에 일부 미국인들은 '인내'의 관념을 중시하기 시작하고 여기에 특정한 시간과 장소를 붙였는데, 그것이 곧 1777~1778년 포지 계곡의 숙영지였다. 실제 사건이 일어난 지 30년 가까이 지난 1805년에 머시 오티스 워런은 당시 병사들의 사정을 생생하게 전달했다.

이 작은 군대는 온갖 어려움에 휩싸인 가운데서도 결의와 인내를 잃지 않았다. 그들은 궁핍, 굶주림, 추위 속에서 필요한 물자를 오랫동안 기다렸다. …… 차갑고 축축한 맨바닥에서 잠을 자야 했으므로 그들은 질병에 시달렸고, 때로는 자기들끼리 심한 다툼을 벌이기도 했다.

그 경험이 혁명의 한 특징이라고 최초로 규정한 사람도 아마 워런일 것이다.

전쟁 중에 있었던 사건들을 통해 우리는 미국의 병사들이 굶주림과 추위, 물자 부족, 피로, 위험을 겪으면서 불굴의 용기와 끈기를 보여주었다는 것을 알았다. 자신들이 벌이고 있는 전쟁의 중대한 의미를 인식하고, 전쟁에서 패배하면 자신들과 후손들이 파멸과 수치를 겪으리라는 것을 알았기에 그들은 엄청난 인내심을 발휘한 것이었다.

계속해서 그녀는 "설사 불만의 목소리가 있다 해도 지휘관에 대한 애정, 대륙회의에 대한 신뢰, 독립, 균등, 평등의 소박한 이념에 의해 곧바로 가라앉았다"고 말한다.

실제로 포지 계곡에 진을 친 병사들에게 '대륙회의에 대한 신뢰'는 고약한 농담이었을 것이다. 대륙회의는 그들에게 약정한 급료, 식량과 의복을 주지 않았고 이에 병사들은 무척 격앙되어 있었기 때문이다. 하지만 워런은 군대와 대륙회의가 공동의 대의명분을 위해 결속된 따스한 그림을 그리고자 했다. 그런데 '고통의 감내' 이야기는 군대와 민간의 단결을 보여주었지만, 공교롭게도 병사들의 고통은 민간의 지원이 부족한 게 직접적인 원인이었으므로 현실에서는 악감정을 억누를 수 없었다.

'고통의 감내'라는 관념이 유행을 타자 곧바로 포지 계곡 이야기에 접목되었다. 데이비드 램지는 1807년 『조지 워싱턴의 생애』를 펴내면서 예전의 역사서들보다 더 상세하게 포지 계곡을 다루었다. 또한 그 이듬해에 큰 인기를 모은 『워싱턴의 생애』의 6판에서 메이슨 웜스는 새로운 이

기도하는 워싱턴
19세기 초의 교과서 저자인 메이슨 웜스는 워싱턴이 포지 계곡에서 혼자 무릎을 꿇고 기도를 올렸다고 말했다. 이 그림이 그 장면인데, 실은 웜스가 창작한 이야기였다. 이렇게 작위적으로 미화된 덕분에 포지 계곡의 숙영은 2년 뒤 모리스타운의 병사들이 맞았던 진짜 엄혹한 겨울 대신 고난의 혁명전쟁을 대표하는 사례로 각인되었다.

야기를 전했다. 워싱턴 총사령관은 포지 계곡의 숲에서 혼자 무릎을 꿇고 기도를 올렸다는 것이다. 이후 한 세기가 넘도록 그 경건한 이미지는 인간과 군대와 나라의 믿음에 대한 증거로서 수도 없이 되풀이되었다.

30년 뒤 민간인들은 대륙군의 병사들을 더 이상 위협으로 인식하지 않게 되었다. 오히려 정반대로 1812년 전쟁(나폴레옹 전쟁 도중 영국이 내린 가혹한 해상조처에 대한 미국의 불만이 주 원인이 되어 벌어진 미국과 영국 사이의 전쟁)의 대규모 군사 작전을 보면서 애국적인 작가들과 연사들은 혁명전쟁에서 활약한 사람들의 미덕을 칭찬하는 편이 유리하다고 판단했다. 1812년 7월 4일 의회 연설에서 리처드 러시는 혁명군 병사들의 '고귀한 업적'을 찬양한 뒤 미국인들은 현재의 군대 소집에 불응함으로써 그들의 기억을 '훼손' 해서는 안 된다고 주장했다.

예전에는 멸시를 받았던 노병들도 갑자기 존경받는 인물이 되었다. 용감한 활약을 보인 전적지가 신성시됨에 따라 포지 계곡도 부각되었다. 1812년 5월 버지니아의 『월간 문학 잡지』는 포지 계곡에서 병사들이 겪은 '노고'와 '고통'을 기려 그곳을 "최고의 성지로 조성하여 후대에 물려주어야 한다"고 주장했다. 하지만 폭동으로 인해 이미지가 퇴색한 모리스타운은 그런 대우를 받지 못했다. 그런 곳은 '고통의 감내'를 보여주는 표상이 되지 않았던 것이다.

혁명전쟁의 노병들은 당연히 그런 변화를 환영했다. 그들이 고통을 감내한 것은 사실이었고, 이제 마침내 보상을 받게 된 것이다. 이런 시점에 폭동의 기억을 끄집어내는 것은 누구에게도 이득이 아니었다. 노병들이 연금을 받기 위해 애쓴 결과, 1818년 포지 계곡의 사건이 지난 지 40년 만에 의회는 마침내 당시 복무했다는 사실을 증명할 수 있는 혁명군 병사들에게 포상금을 주었다.

그때부터 포지 계곡의 병사들이 치른 고통의 감내는 미국 역사에서 후렴구처럼 반복되었다. 샐머 헤일은 1822년에 성인들과 어린이들을 위해 쓴 역사서에서 포지 계곡의 경험을 낭만적으로 묘사했다. "그들은 오두막에서 겨울을 나면서 의복과 식량이 부족한 탓에 대단히 심한 고통을 겪었으나, 오로지 자유에 대한 열망 하나만으로 불평 한마디 없이 시련을 이겨냈다." 찰스 굿리치는 1823년에 포지 계곡의 대륙군과 필라델피아의 영국군을 대조했다. "조국을 수호하려는 병사들은 고통 속에서 죽어가고 있는 데 비해 왕의 군대는 풍요한 도시가 제공하는 안락한 생활을 누리고 있었다." 이렇게 헌신적인 미국 병사들과 타락한 영국 병사들을 비교하는 것은 애국적 독자들에게 잘 먹혔다.

19세기 중반에는 '1780년에 모진 겨울'이 있었다는 사실을 아는 사람이 거의 없었다. 따라서 혁명적 신화 속에서 그 해 겨울의 눈보라와 맹추위는 편리하게도 군대가 포지 계곡에 숙영하던 2년 전으로 소급되어 '1777년과 1778년의 엄혹한 겨울'로 바뀌었다. 1848년에 어느 신문은 사뭇 권위 있는 어조로 이런 기사를 실었다. "그것은 이 나라 역사상 가장 혹독한 겨울 중 하나였다. …… 맹추위가 기승을 부린 데다 몹시 지친 탓에 병사들은 포지 계곡으로 행군을 시작했을 때 온몸이 마비되어 쓰러져 죽기도 했다." 그리고 1851년에 벤슨 로싱은 역사적 전적지들 중에서 포지 계곡을 최고로 꼽으면서 다음과 같은 여행담을 남겼다.

포지 계곡! 자유를 진정으로 숭상하는 사람에게 포지 계곡이라는 이름은 얼마나 거룩한가! 그곳의 눈과 추위 속에서, 질병과 궁핍 속에서 자유의 제단이 세워졌다. 이제껏 세계 역사를 통틀어 그 워싱턴의 진영에서 병사들이 보여준 것보다 더 순수한 헌신, 신성한 성의, 경건한 희생은 없었다. 전장에서 발휘된 용기, 그 눈부시게 밝지만 덧없는 섬광은 은근하면서도 격렬한 끈기의 불길 앞에 빛이 바랜다. 포지 계곡에서는 숭고한 용기의 총체가 모습을 드러냈다. 우리의 드넓은 땅에서 애국심이 가장 높이 쌓여 웅장한 기념물이 된 곳이 있다면, 그곳은 바로 슈일킬 강둑의 그 작은 계곡이다.

이상이 지금 우리가 아는 포지 계곡 이야기의 전모다.

독립 100주년을 맞은 1876년에 포지 계곡은 민족의식 속에 깊이 자리잡았다. 시대의 조류에 맞춰 지역 공동체는 1777~1778년 대륙군의 겨울 숙영 100주년을 기념할 준비를 했다. 그러나 포지 계곡의 그 비참한 시기, 혁명전쟁사의 최저점을 어떻게 기념하는 것이 올바를까?

　물론 하지를 맞아 열리는 파티도 있었다. 1878년 6월 19일에 지역 주민 수천 명은 전국적 유명인사들과 함께 '피난일', 즉 진지를 해체한 날을 기념하는 파티를 즐겼다. 또한 그것을 계기로 설립된 포지 계곡 100주년 기념협회는 기금을 모아 워싱턴의 본부를 매입했다. 이곳은 관광객들이 경배를 올리는 장소가 되었다. 그 뒤 다른 유적들도 속속 보존되고 복원되었으며, 1893년에 포지 계곡은 국립공원으로 지정되었다. 1917년 '피난일'에 연방정부는 기념 아치를 세웠으며, 독립 200주년 기념일을 맞은 1976년 7월 4일에는 국립공원이 '포지 계곡 국립역사공원'으로 바뀌었다. 오늘날 이곳은 매년 100여 만 명의 애국 여행객들이 찾는 명소로 자리잡았다.

　지난 150년 동안 포지 계곡 이야기는 거의 달라지지 않았다. 비록 워싱턴이 숲에서 기도를 올렸다는 메이슨 웜스의 이야기는 지금 하지 않으며, 그 맨발의 병사들 중에는 흑인들과 인디언들도 포함되는 등 약간의 변화가 있었지만 대강의 줄거리는 변함이 없다. 어린이에게 이야기해줄 때는 자연의 냉혹함이 강조되며, 어른들에게 말할 때는 자연과 더불어 대륙회의에 대한 비난이 섞인다. 그러나 어느 경우이든 병사들은 고통을 감내하는 애국심을 보여주는 존재로 등장하고, 수동적 복종과 맹목적 헌신이 가치관으로서 칭찬을 받는다. 미국 민족주의 초기 단계에서는 그런 가치관이 매우 중시되었으며, 지금에도 일부 현대 국가들에서는 그것을 미

포지 계곡 국립역사공원
조국을 위한 '고통의 감내'라는 신화를 탄생시킨 포지 계곡은 지금 국립역사공원으로 꾸며져 있다. 위 그림처럼 독립전쟁 당시 병사들이 숙영했던 모습을 재현해놓기도 하고, 커다란 기념 아치와 기념비도 세워져 있는 이 공원을 오가면서 아마 미국의 시민들은 조국을 위해 자기 희생을 감수하는 수동적 복종과 맹목적 헌신을 칭송하며 내면화하게 될 것이다.

덕으로 간주하고 있다. 하지만 왜 하필이면 지금 우리가 그래야 할까? 현대 민주주의에서 그런 수동성은 아무래도 어울리지 않는다.

처음부터 혁명군 병사들은 자유를 위해 싸운다는 자세를 표방했다. 물론 장교들도 마찬가지였다. 심지어 퀘벡 원정군의 지도자였던 리처드 몽고메리 장군은 병사들이 "자유의 정신을 전장에까지 가져가서 자기 마음대로 하려 한다"고 불평했을 정도였다. 몽고메리는 작전을 수립할 때마다 왜 병사들이 '일종의 대표자 회의'를 소집하는지 이해할 수 없었다. "병사들은 모두 장군들이다." 그는 이렇게 보고했지만 군사적 관점에서 볼 때는 자유의 정신이 상당히 필요했다. 그것은 사라지지도 않았고 사라져서도 안 되었다. 미국인들은 솔선수범과 독립심을 소중히 여긴다. 전통적인 포지 계곡의 이야기는 그런 가치관을 하찮게 만들지만, 진짜 대륙군 병사들의 이야기는 오히려 그것을 끌어안는다. 혁명전쟁 전반에 걸쳐 미국 병사들은 자신이 처한 상황을 숙고한 뒤 여러 가지 대안을 비교해보고 가장 적절하다고 여기는 행동 방침을 선택했다. 그들은 자신의 욕구를 밝혔고 자신의 권리를 옹호했으며, 선량하고 애국적인 미국인으로서 행동했다. 그들은 말없이 고통을 감내하지 않았고, 사태를 개선할 수단을 강구했다. 그들은 생존하기 위해 필요한 모든 일을 하고자 했다. 그것은 우리가 생각하는 것처럼 수치스러운 일이 결코 아니다.

3부
현인들

"제퍼슨의 독립선언은
그가 쓴 순간부터 위대한 것이었다."

「독립선언문을 쓰는 토머스 제퍼슨」, 하워드 파일의 회화, 1898년

6_제퍼슨의 독립선언문

「독립선언문」은 분명히 위대한 문서이기 때문에 우리는 당연히 위대한 지성을 지닌 사람이 그것을 썼으리라고 생각한다. 그 사람은 바로 혁명이 낳은 천재 토머스 제퍼슨이다. 제퍼슨은 자기 노예였던 샐리 헤밍스와의 사이에 자식들을 두었다는 이유로 최근에 이미지가 퇴색했지만, 그의 설득력 있는 사고에 관해서는 거의 누구나 의문을 품지 않는다. 그래서 사람들은 제퍼슨처럼 지적 능력이 뛰어난 사람만이 독립을 가져다준 그 중대한 선언문을 작성할 수 있었으리라고 철석같이 믿고 있다.

『자유!』에서 토머스 플레밍은 제퍼슨이 「독립선언문」을 쓴 일에 관해 자랑하지 않았다고 말한다. 선언문에 '새로운 원칙이나 주장'이 없다는 사실은 제퍼슨도 시인했다. 선언문의 의도는 '미국적 정신을 표현하는 것'이었다. 플레밍은 너무 '겸손하다'고 불평한다. 당시에는 '미국적 정신'이라는 것이 없었다. 제퍼슨이 부인했음에도 불구하고 「독립선언문」은 그가 심혈을 기울여 쓴 것이었다. "제퍼슨은 버지니아에서 귀족적 특권에 반대한 경험을 선언문에 반영했다"고 플레밍은 주장한다. 그럴 수 있었던 사람은 오직 제퍼슨뿐이었다. 플레밍의 교과서에 게재된 시각자료는 그의 주장을 뒷받침해준다. 그것은 촛불이 밝혀진 방에서 생각에 잠긴 제퍼슨의 초상화인데, 그 뒤에는 제퍼슨이 많은 부분을 첨삭한 선언문 초안의 사본이 수록되어 있다.

조지프 엘리스(Joseph Ellis)는 같은 주장을 더욱 정교하게 제시한다. 1997년 논픽션 부문 전미 도서상을 받은 『아메리칸 스핑크스』에서 엘리스는 제퍼슨이 많은 사람의 글을 참고할 수 있는 위치에 있었다고 말한다. 그 중에는 얼마 전에 조지 메이슨이 쓴 아주 비슷한 글, 즉 「버지니아 권리선언문」도 포함되었다. 엘리스는 그밖에 제퍼슨이 받았음직한 영향을 열거한다. 이를테면 존 로크의 사회계약론, 스코틀랜드 계몽주의의 도덕철학, 수사학과 웅변술에 관한 당시의 서적들이 그것이다.

이런 맥락에서 엘리스는 다음과 같은 타당한 주장을 내놓는다.

그런데 이런 식의 설명은 제퍼슨의 사유를 오로지 책의 영향으로만 바라보게 된다는 문제점이 있다. …… 우리는 오랜 학문적 전통 —— 학문의 영역에서 생겨난 일종의 시적 특권이라고 할 수도 있겠다 —— 에서 나온 암묵적 전제에 따라 한 사람의 사유는 대체로, 혹은 전적으로 그가 읽은 책의 산물이라고 보는 경향이 있다.

이 지적은 물론 적절하다. 한 사람의 사유는 단지 그가 읽은 책의 총합에 불과한 게 아니다. 하지만 책이 아니라면 제퍼슨의 사유는 어디서 비롯되었을까? 엘리스는 '그 자신의 깊숙한 곳에서'라고 추측한다. 즉 「독립선언문」은 "한 청년이 더 나은 세상을 바라는 자신의 개인적 열망을 투영한 결과물"이라는 것이다.

창작의 과정에 관한 엘리스의 견해는 개인적 상상력을 무엇보다 중시하는 것이다. 창작자('현인')의 내적 상상은 외적 영향에 의해 훼손되지 않는다. 하지만 이런 낭만적인 관념은 제퍼슨이 살았던 정치적 환경을 무시하고 있다. 당시에는 이미 10년 전부터 혁명이 암암리에 진행되고 있었다. 사람들은 끊임없이 서로 대화하고 편지를 썼으며, 진심으로 토론을 즐겼다. 사람들은 각종 청원서와 선언문을 작성하고 유통시켰다. 그 중대한 시기에 영국령 식민지 전역의 애국자들은 혁명이 요구하는 수위만큼 열정을 고조시켰다. 혁명적 주장이 쉴새없이 되풀이된 탓에 사람들은 일상언어에도 그것을 사용할 정도였다. 그것이 바로 '미국적 정신'이었다.

대다수의 보통 미국인들은 존 로크의 「정부에 관한 두번째 논문」을 읽지 않았지만, 전국의 술집에서 평범한 농부들이 '사회계약'의 원리를 암송하다시피 했으며, 정부의 뿌리가 국민에게 있다는 것을 잊는 지배자는 결국 쓰러지고 만다는 것을 잘 알고 있었다. 직접적인 경험과 끊임없는 반복을 통해 사람들은 국민주권에 관해 알아야 할 것을 다 알았다. 「독립선언문」에 참고할 만한 전례를 찾기 위해 제퍼슨은 애국자들이 모이는 가까운 술집이나 공회당을 찾을 수밖에 없었다. 결국 국민주권의 강력한 주장을 낳은 가장 중요한 '원천'은 바로 국민들이었다. 그것이 바로 제퍼슨 스스로가 말한 '미국적 정신'이었던 것이다.

'다른' 「독립선언문」들

토머스 제퍼슨이 준비한 문서를 대륙회의가 승인하기 21개월 전인 1774년 10월 4일에 매사추세츠의 우스터 사람들은 독립의 준비를 갖추었다고 선언했다. 그 4주일 전에 그들은 영국 행정기관을 무너뜨렸다(이 책 4장 참조). 이제 그들은 낡은 정부를 새 정부로 교체하고자 했다. 의회나 국왕의 지시나 승인도 없이 매사추세츠의 대표들은 국왕의 총독이 불법으로 금지하는 것에 개의치 않고 주의회를 소집하려 했다. 우스터의 대표자 회의는 대표인 티모시 비걸로에게 지시를 하달했다. 자신들의 권리가 침해된 것이 바로 다음날로 시정되지 않을 경우—사실 이것은 불가능했다—비걸로는 다음 단계를 취하라는 것이었다.

이 주에 사는 주민들이 〔1691년 매사추세츠 헌장에 규정된〕 의무를 면제받고 어떻게 해서든 원래의 상태로 돌아가야 한다는 점을 명심하십시오. 불사조의 잿더미 속에서 새 생명이 탄생하듯이 옛 체제의 해체를 딛고 일어나기 위한 방법과 수단을 강구해야 합니다. 새 체제는 모든 관리들이 주민들의 투표로 결정되는 제도를 취할 것입니다. 우리의 적들이 그런 제도에 대해 아무리 험담을 늘어놓는다 해도 상관없습니다. 현재 우리가 처한 위급함을 고려할 때 자칫하면 우리는 무정부 상태나 노예 상태로 빠지게 될 것입니다.

매사추세츠의 오지에서 온 평범한 농부들과 기술자들이 나중에 제퍼슨이 「독립선언문」에서 주창하게 되는 사회계약론을 이미 몸으로 깨닫고 있었던 것이다. 이들은 기존의 헌장이 침해되었으니 계약 자체가 무효화되었다고 판단했다. 이제 다시 시작하기에는 너무 늦었다. 우스터의 애국자들은 자신들의 극적인 행동을 '독립'이라는 한마디로 표현했다. 영국과 토리당에게 '독립'이라는 말은 곧 반역이었으며, 애국적인 지도자들도 그 말을 꺼렸다. 대륙회의의 새뮤얼 애덤스는 고향의 동지들에게 "다른 형태의 정부를 수립하지는 말라"는 경고를 전했다. 역시 대륙회의의 구성원이었던 존 애덤스도 "절대적 독립은 …… 여기 사람들을 놀라게 한다"고 썼다. 그가 전하는 바에 의하면 대륙회의의 대표자들은 "우리 자신의 새로운 정부를 수립하자는 제안"에 소스라쳐 놀랐다고 한다. 요컨대 정부 수립에 관해서는 민중이 이끌고 '지도자들'이 뒤따른 격이었다.

선두주자는 확실히 매사추세츠였다. 그러나 다른 지역의 애국자들도 제2차 대륙회의가 토머스 제퍼슨에게 정식으로 선언문을 의뢰하기 몇 달 전에 이미 영국과 결별하겠다는 의지를 천명했다. 1776년 봄, 제퍼슨의 버지니아에서는 독립의 문제가 다른 어느 것보다도 중요한 초점이었다. 명문가 출신의 유명 정치가들만이 아니라 보통 사람들도 정치·경제·이념을 이유로 독립을 옹호했다. 반드시 고상한 원칙을 내세우지 않고 노예와 인디언에 대한 두려움만으로도 독립의 욕구를 부추기기에 충분했다(이 책 8장 참조). 4월의 선거에서는 투표 참여자들이 워낙 많아 신중한 정치인들을 크게 놀라게 했다. 독립이나 공화 정부를 반대하는 대표들은 상당수가 낙선했다.

일부 지역의 유권자들은 새로 뽑은 대표들을 버지니아 대회에 보내기 전에 그들에게 독립선언에 동참하라는 지시를 문서로 전달했다. 찰스 리는 패트릭 헨리에게 "민중의 정신은 …… 이 선언을 부르짖는다"는 편지를 보냈다. 제퍼슨도 당시 버지니아에 있었는데, 선언문을 작성하기 불과 몇 주 전인 1776년 5월 16일자 편지에서 "민중의 정서를 파악하기에 어려움이 많다"고 썼다. "적어도 십중팔구는 독립을 지지한다고 생각된다." 무대는 다 갖춰졌다. 1776년 5월 15일 버지니아 대회는 대륙회의에 참가하는 소속 대표들에게 독립선언을 먼저 제기하라는 지시를 내렸다.

그리하여 버지니아는 대륙회의보다 먼저 자체적으로 독립을 선언했다. 조지 메이슨이 작성한 버지니아 '권리선언'은 1776년 6월에 널리 유통되었다. 이 선언문은 제퍼슨이 전국적 선언문을 작성하기 위한 5인 위원회에 임명된 바로 다음날인 6월 12일자 『펜실베이니아 가제트』에 실렸다. 필라델피아에서 제퍼슨을 비롯한 위원들은 틀림없이 그 선언문을 면밀히 검토했을 것이다. 2주일 뒤 제퍼슨은 메이슨의 생각을 자기 나름대로 가다듬어 제출했다.

「버지니아 권리선언문」 초안(조지 메이슨)	「독립선언문」 초안(토머스 제퍼슨)
1. 모든 사람은 자유롭고 독립적인 존재로 태어났으며, 타고난 자연권을 지닌다. …… 그 중에는 생명과 자유를 유지할 권리, 재산을 취득하고 소유할 권리, 행복과 안전을 추구할 권리 등이 포함된다.	우리는 다음의 진리들이 자명하다고 생각한다. 모든 인간은 평등하게 태어났으며, 창조주에게서 양도할 수 없는 권리를 부여받았다. 그 중에는 생명과 자유를 유지하고 행복을 추구할 권리가 포함된다.
2. 모든 권력은 국민에게 귀속되며, 따라서 국민에게서 파생된다. …… 정부는 국민, 국가, 공동체의 공동의 이익과 안전을 도모해야 한다.	이 권리들을 확보하기 위해 사람들 사이에 정부가 만들어졌으며, 정부의 권력은 피치자들의 동의에서 파생된다.
3. 여러 가지 양식과 형태의 정부들 가운데 최고는 최대의 행복과 안전을 제공하는 정부이다. …… 어떤 정부가 그 목적에 부적절하거나 모순될 경우 공동체는 그 정부를 공공복리에 기여하도록 개혁하거나 변형하거나 폐지할 수 있는 확실하고 명백하고 절대적인 권리를 가진다.	어떤 형태의 정부이든 이러한 목적을 손상할 경우 인민은 그 정부를 변형시키거나 폐지하고, 인민의 안전과 행복을 최우선으로 추구하는 원칙에 기반을 두고 그에 맞는 형태로 권력을 조직하는 새로운 정부를 구성할 수 있는 권리를 가진다.

비록 제퍼슨의 문장이 메이슨의 문장보다 더 매끄럽게 이어지는 것은 사실이지만, 제퍼슨은 새로운 관념을 도입한 게 전혀 없다. 게다가 핵심적인 문구들은 그대로 따다 썼다. 제퍼슨이 「버지니아 권리선언문」을 '모방'했다고 할 수는 없겠지만 적어도 그것에서 영향을 받은 것은 분명하다. 사실 그것은 놀라운 일이 아니다. 당시는 사회 전체가 열광적인 흥분에 휩싸여 있었고 혁명의 참가자들은 늘 서로의 말과 글을 참고했다. 메이슨 역시 제퍼슨이 2년 전에 쓴 『영국령 아메리카의 권리에 관한 소고』를 열심히 읽었다. 또한 두 사람은 혁명 사상을 주창한 영국과 스코틀랜드의 권위 있는 저작들을 많이 읽었을 것이며, 동료들과 비밀스런 토론도 많이 경험했을 것이다. 마침 두 사람은 부유한 가문 출신이기도 했다.

버지니아 권리선언은 많은 선언 중의 하나에 불과했다. 역사가 폴린 마이어에 의하면 독립선언이 나오기 이전 몇 달 동안 각 지역 공동체들은 90여 종의 '선언문'을 발표했다고 한다(하지만 그녀는 그보다 앞선 우스터의 지침서는 포함하지 않았다). 그 선언들은 당시 독립을 지지하는 정치적 사고의 기반이 얼마나 넓었는지를 여실히 보여준다. 제퍼슨과 메이슨은 선언문을 쓸 때 비록 모든 문헌을 검토하지는 않았지만 다른 많은 사람들도 자신과 같은 작업을 하고 있다는 것을 잘 알고 있었다.

이 선언들은 대부분 읍이나 군의 지침서, 혹은 각지의 단체들이 자기 지역의 대표자들에게 내리는 지시문의 형태였으며, 대륙회의에서 독립을 지지하라는 내용이었다. 그것은 각급 대표들이 유권자들의 명령에 따르는 명확한 명령 체계였다. 대표에게 지침을 하달하는 관습은 미국혁명에 기원을 둔 게 아니었다. 그 전까지는 지역에서 그렇게 중대한 지침을 내린 적이 없었다. 그 어느 때와도 달리 애국자들은 정부의 업무가 자신들

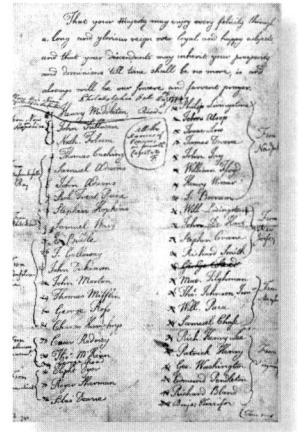

선언 이전의 선언들
1776년 7월 4일에 독립선언이 정식으로 채택되기 전에도 식민지인들은 각종 청원을 제출하고 선언을 발표했다. 그림은 조지 3세에게 제출하기 위해 대륙회의에서 작성한 청원서의 초안(왼쪽)과 「버지니아 권리선언문」(오른쪽)이다. 이런 투쟁들이 있었기에 독립선언이 가능했다고 보면, 「독립선언문」은 고독한 천재 토머스 제퍼슨이 고뇌 끝에 만들어낸 '창작물'이 아니었다.

의 직접적인 관할 하에 있어야 한다고 주장했다. 예를 들어 '프레더릭 군(메릴랜드) 남부 지구 위원회'에서 나온 증언은 다음과 같다.

> **만장일치의 결의.** 대표의 행동에 관해 아는 것은 유권자의 유일한 원칙이자 항구적인 안전이다. 우리는 비밀리에 전개되는 군사 작전을 제외한 모든 정보를 알 권리가 있다. 대표는 자신이 지닌 권한의 원천이 되는 조직에 언제나 복종해야 한다.

각 지역의 지침들은 대륙회의에 새로운 권력을 부여하는 한편 각 주는 자체의 내부 문제를 통제하는 '유일하고도 배타적인 권리'를 가진다고 주장했다. 주민들은 영국인은 물론이고 다른 미국인에게도 정치적 '독립'을 결코 양보하지 않는 것을 원칙으로 삼았다.

지역 선언문들은 사회계약론의 내용을 간결하게 제시하고 있다. 다음은 메릴랜드 프레더릭 군의 선언문이다.

만장일치의 결의. 모든 정당하고 합법적인 정부는 주민의 안락과 편의를 목적으로 한다. 주민은 자신의 문제를 최우선으로 삼지 않는 정부를 개혁하거나 폐지할 수 있는 명백한 권리를 가진다.

버지니아 버킹햄 군의 애국자들도 비슷한 선언을 발표했는데, 여기에는 몽상가 제퍼슨이 기뻐할 낙관적인 전망이 있다. "아메리카에 수립되는 정부는 인간의 지혜가 생각할 수 있는 가장 자유롭고 행복하고 영원한 것, 인간의 완성이라 할 수 있는 것이어야 한다."

뒤에 나온 「독립선언문」처럼 그 선언들도 구체적인 불만 사항들을 제기했는데, 그 형식은 제퍼슨보다 더 간결하고 명료했다. 20여 차례의 대회와 대표자 회의에서 대표들은 자신들의 '생명과 재산'을 걸고서 독립을 지지하겠다고 서약했다. 이는 "우리의 생명과 재산과 명예를 서약한다"고 했던 독립선언의 유명한 결론을 예감하게 한다. 이 일반적인 맹세에도 몇 가지 변화가 있었다. 이를테면 보스턴 대표단은 '자신의 생명과 잔여 재산'을 서약한 반면에, 몰던과 매사추세츠의 애국자들은 이런 결정을 내렸다. "유권자들은 최후의 피 한 방울, 최후의 동전 한 닢까지 바쳐 그 조치를 지지하고 옹호할 것이다." 토머스 제퍼슨은 미국 독립운동의 단독 연주자가 아니라 많은 집필자들 중의 한 사람이었다. 이 점을 무시하면 '민중' 자신의 기여를 망각하게 된다.

늦은 출발

대륙회의가 하는 일은 비밀이었으므로 당시의 미국인들은 위원회에서 누가 「독립선언문」을 준비하는지, 초안은 누가 잡고 최종 문안은 누가 손보는지 알지 못했다. 설사 알 수 있었다 해도 크게 주목을 받지는 못했을 것이다. 사람들은 선언문의 필자에는 관심이 없었기 때문이다. 중요한 것은 미국의 독립을 선언한다는 내용이었다.

전쟁 중에는, 심지어 7월 4일 기념일에도 「독립선언문」이 거의 인용되지 않았다. 윌리엄 고든은 1777년 독립선언 1주년 기념일을 맞아 보스턴에서 연설할 때 구약성서의 문구를 인용했다. 또 데이비드 램지는 2주년 기념일에 찰스타운에서 연설할 때 「독립선언문」에 나오는 '생명, 자유, 행복의 추구' 대신 그 시대에 더 익숙한 '생명, 자유, 재산'이라는 문구를 사용했다. 종전 후인 1783년 에즈라 스타일스는 제퍼슨의 이름을 언급했지만 그의 대단한 재능을 칭찬하지는 않았다. 그는 제퍼슨이 "대륙의 정신을 독립의 기념비적 행위에 쏟아부었다"고만 말했다.

사실 혁명전쟁 시기에는 조지 메이슨이 작성한 버지니아 권리선언이 독립선언보다 더 자주 모방되고 인용되었다. 다른 7개 주 가운데 대륙회의의 독립선언에서 문구를 빌려 자체의 권리선언을 만든 주는 없었으며, 그 중 4개 주(펜실베이니아, 매사추세츠, 뉴햄프셔, 버몬트)는 "모든 사람은 자유롭고 독립적인 존재로 태어났다"는 메이슨의 문구를 그대로 따 썼다.

놀랍게도 「독립선언문」은 1787년에 미국 헌법의 초안을 작성하고 비준을 위한 토론을 할 때도 별로 인용되지 않았다. 헌법 제정회의의 기록은 「독립선언문」에서 겨우 두 대목만 인용했으며, 「연방주의 문건」은 단 한 곳만 인용했다. 패트릭 헨리는 비준 토론이 벌어지던 중에 버지니아 대회에서 연설할 때 "민주주의의 특질은 무엇입니까?"라는 질문을 던진 다음에 그 대답으로 독립선언이 아니라 버지니아 권리선언을 읽었다.

데이비드 램지와 윌리엄 고든은 18세기에 쓴 자신의 역사서에서 헌법 전문에 포함된 철학이 아니라 독립선언의 정치적 영향을 중점적으로 다루었다. 램지는 제퍼슨을 선언의 집필자로 언급하지 않았으며, 고든은 제퍼슨이 선언의 초안을 작성한 5인 위원회의 한 사람이라고만 말했다.

1790년대에는 파벌 정치에 의해 제퍼슨에 대한 평판이 크게 엇갈렸다. 연방주의자들은 제퍼슨을 비방하고 그가 「독립선언문」을 쓴 것을 무시했으며, 독립선언 자체를 수상쩍게 바라보았다. 예를 들어 다분히 프랑스 혁명을 연상시키는 '자유', '평등', '인간의 권리' 같은 문구들은 그들의 보수적인 철학이나 친영국적인 대외정책과 어울리지 않았다. 그 반면 반연방주의자들은 제퍼슨을 자신들 정당의 지도자로 떠받들면서 그가 「독립선언문」을 쓴 것을 찬양했다. 1790년대 후반에 반연방주의자들이 별도로 7월 4일 축제를 열게 되면서부터 비로소 제퍼슨의 이름이 공적 담화에서 독립선언과 결부되었다.

그 뒤 두 세기가 지나도록 역사가들은 그런 대치를 되풀이했다. 완강한 연방주의자인 존 마셜(John Marshall)은 제퍼슨을 각주에서만 살짝 거론했다. 그는 선언문을 준비하기 위해 5인 위원회가 임명되었다면서 "위원회의 보고에 의하면 그 초안은 대체로 제퍼슨이 쓴 것으로 보인다"고 썼다. 마셜은 제퍼슨을 무시하고 다른 몇 가지 「독립선언문」들을 언급했으며, 그 중 두 가지 선언문에서 많은 부분을 인용했다. 반대편 정파에 속한 머시 오티스 워런은 당연히 화를 냈다.

영국으로부터 아메리카 식민지의 최종 분리를 선언한 그 문서는 제퍼슨의 세련되고 힘찬 펜에 의해, 그의 성격을 특징짓는 올바른 판단력, 꼼꼼함, 품위를 통해 작성되었다. 당시 대륙회의와 미합중국 국민들의 명예를 드높여주고 그것을 집필한 신사의 재능과 정신을 널리 알려준「독립선언문」은 …… 지금 미국의 자라나는 젊은이들에게 자주 읽혀야 한다. 그리하여 자유롭고 독립적인 존재로 살아가고자 하는 젊은이들의 시야를 밝혀주어야 한다.

워런을 비롯한 제퍼슨의 지지자들은 19세기 초 혁명의 기억이 되살아나고 민족주의가 고조될 무렵에 선언의 작성자를 찬양하는 운동에 앞장섰다. 제퍼슨이 속한 정당인 민주-공화당이 여섯 임기 동안 대통령을 배출하며 여당으로 군림하던 기간에「독립선언문」과 그 주요 작성자는 점점 명성이 높아졌고 대중의 마음에 확실하게 각인되었다.

1817년에 의회는 존 트럼벌에게 1776년 7월 4일 독립선언의 승인을 기념하는 대형 그림을 의뢰했다. 트럼벌의 걸작은 보스턴, 뉴욕, 필라델피아, 볼티모어, 워싱턴의 많은 사람들이 감상했다. 이런 분위기에서 1818년과 1819년에는「독립선언문」이 판화로 제작되어 대중의 관심을 사로잡았다. 1823년에 의회는 선언문의 공식 사본을 제작해서 널리 보급했다. 역사가들도 이 전망이 밝은 분야에 앞다투어 뛰어들었다. 1820년대에 존 샌더슨(John Sanderson)은『독립선언 서명자들의 전기』를 아홉 권짜리로 펴냈으며, 1827년에 인기 저자인 찰스 굿리치는『독립선언 서명자들의 생애』를 한 권으로 써서 베스트셀러로 만들었다. 그리하여 독립선언은 대중문화의 일부로 자리를 잡았다.

제퍼슨 자신도 이 열풍에 가세했다. 이미 1786년에 그는 존 트럼벌과 독립선언을 예술적으로 기념하는 문제를 논의하고 대략의 스케치까지 준비한 적이 있었다. 그는 선언에서 주장하는 원칙이 폭넓은 지지를 얻었으면 좋겠다는 바람에서 선언문의 사본을 보급하는 데 동의했다. 심지어 그는 자신이 초안을 작성할 때 사용했던 물건들을 전시하는 데도 열의를 보였다. "비록 하찮은 물건들이지만 성인의 유물처럼 이 신성한 연방에 대한 사람들의 애정을 배양하고 연방이 오래 갈 수 있도록 따뜻한 배려를 베풀어주는 계기가 되었으면 합니다." 사업주에게 보내는 편지에서 그는 이렇게 말하고 그 '유물들'을 어디서 찾을 수 있는지 가르쳐주었다.

독립선언이 부활할 무렵 제퍼슨과 더불어 5인 위원회의 유일한 생존자였던 존 애덤스는 부아가 치밀었다. 애덤스에 의하면 찬양의 대상이 되어야 할 것은 어렵게 이룩한 독립이었지 단지 선언문을 쓴 행위가 아니었다. "독립선언은 극적인 쇼에 불과하다. 그런데 제퍼슨은 무대 효과와 더불어 그 모든 영광까지 독차지했다."

독립선언이 발표된 지 35년이 지난 1811년에 이 두 원로 정치가는 무엇을 찬양할 것인지를 놓고 언쟁을 벌였다. 애덤스는 자신이 대륙회의를 통해 독립을 제안했다고 주장했다. 또한 그는 제퍼슨의 초안이 5인 위원회의 논의, 수정, 승인을 받았고 그 뒤에는 대륙회의의 논의, 수정, 승인을 거쳤다는 사실을 강조했다. 이에 대해 제퍼슨은 "애덤스 씨의 기억에는 명백한 오류가 있다"고 맞섰다. 특히 제퍼슨은 두 사람으로 구성된 '소위원회'가 선언문 작성을 담당했다는 애덤스의 주장을 반박했다.

직접적인 문헌 증거가 없고 기억이 서로 다르기는 하지만, 어쨌든 5인 위원회가 초안을 작성하기 위해 임명되었다는 것은 분명한 사실이다.

또한 그 위원회가 선언문에 관해 토론하고 방향을 정한 뒤 제퍼슨이 펜을 들었다고 추측해도 거의 무리가 없을 듯싶다. 그 뒤 초안이 대륙회의에 제출되었을 때 무수한 의견이 쏟아졌다. 제퍼슨 연구가인 줄리언 보이드(Julian Boyd)는 이렇게 말한다. "선언문은 제퍼슨, 애덤스와 프랭클린, 5인 위원회, 대륙회의를 거치면서 모두 합쳐 여든여섯 차례의 수정이 가해졌다."

「독립선언문」이 한 개인의 영광에 불과하다는 애덤스의 주장은 기본적으로 옳다. 하지만 그렇다 해도 논쟁의 승자는 제퍼슨이다. 역사 자체가 아니라 역사 서술이 그의 편이기 때문이다. 제퍼슨은 사망하기 전에 자신의 묘비에 '미국 독립선언의 작성자'라는 문구를 새겨달라고 부탁했다. 그러나 제퍼슨은 선언문의 필자로 명성을 얻었지만 독립의 이념을 그가 구상한 것은 아니다. 그 스스로도 바라지 않았던 명예가 그에게 주어진 것은 한참 훗날의 일이었다.

링컨이 부활시킨 제퍼슨

1858년에 에이브러햄 링컨과 스티븐 더글러스는 서로 논쟁을 벌이면서 독립선언의 권위를 자신의 논거로 삼았다. 링컨은 독립선언에 "모든 사람은 동등하게 창조되었다는 점이 분명하고도 확실한 표현으로 밝혀져 있다"고 주장했다. 이에 대해 더글러스는 그 말이 "흑인이나 야만적 인디언, 피지나 말레이 사람, 기타 저급하고 저열한 인종까지 뜻하지는 않는다"고 주장했다. 또한 그는 독립선언 이전에 나온 여러 지역의 선언들을 보면 각 주가 내부 문제를 처리할 권한을 보유한다고 되어 있다는 점을 강조했다. 첫째 주장도 더글러스가 옳다고 볼 수 있었고 둘째 주장은 확실히 그가 옳았으나 링컨은 둘 다 인정하지 않았다. 둘째 주장에 대한 링컨의 논거는 아주 쉬웠다. 즉 자신은 노예제의 확장을 쟁점으로 삼았을 뿐인데, 이것은 주의 권리를 침해하지 않는다는 것이었다.

하지만 노예 소유주였던 건국 시조들은 어떻게 봐야 할까? 링컨은 어떻게 그들이 자신의 노예들을 포함하여 모든 사람의 평등을 믿었다고 주장할 수 있을까?

링컨은 제퍼슨이 포함시킨 "모든 사람은 동등하게 창조되었다"는 문구는 직접적이고 현실적인 목적을 지닌 게 아니라 미래를 위한 '약속'의 의미라고 주장했다. "독립선언에 구현된 정서는 장차 모든 사람이 어깨에 진 짐을 덜고 모두가 동등한 기회를 가지게 되리라는 희망을 온 세상에 주려는 것이었다." 당시에는 노예제가 굳게 자리잡고 있어 반대하기가 현실적으로 불가능했으므로 제퍼슨은 미래 세대가 사용할 수 있도록 평등—링컨은 그것이 '모든 도덕적 원칙의 핵심'이라고 말했다—에 관해 포괄적인 선언을 할 수밖에 없었다는 것이다.

링컨의 추론 방식은 과거에도 그랬지만 지금도 호소력이 크다. 독립선언은 미래를 위한 '약속'이었기 때문에 선언의 서명자들은 도덕적 책임이나 위선의 비난을 면할 수 있다.

그러나 역사적으로 볼 때 이것은 옳다고 보기 어려운 주장이다. 북부의 노예제 폐지론자들은 1776년의 주나 연방 대회에 보내는 대표단을 구성할 때 '평등'을 말하지 않았다. '평등'이라는 용어를 쓴 것은 남부뿐이었다. 노예 소유주들이 평등을 말했다면 그것은 분명히 노예의 자유를 염두에 둔 것은 아니라고 봐야 할 것이다.

대통령에 당선된 링컨
에이브러햄 링컨은 「독립선언문」이 '모든 시대의 모든 사람에게 적용될 수 있는 추상적 진리'를 제시했다고 믿었다. 사진은 취임을 위해 워싱턴 D.C.로 가는 도중에 들른 필라델피아의 독립 기념관에서 링컨이 연설하는 장면이다. 그는 이곳에서의 즉석연설에서 「독립선언문」의 주장은 미래의 모든 사람들에게 자유를 주려는 것이었다고 말했다.

노예가 가장 많은 주는 버지니아와 사우스캐롤라이나였다. 버지니아는 주요 혁명가들 ─ 토머스 제퍼슨, 조지 메이슨, 제임스 윌슨 ─ 이 평등의 개념을 주창한 곳이었지만, 그들조차도 개인적으로는 여느 사람 못지않게 많은 노예를 소유하고 있었다. 그렇게 노예제에 찬성한 사람들이 흑인들에게 평등의 '약속'을 제시했다는 것은 믿기 어려운 사실이다. 게다가 사우스캐롤라이나에서는 그런 평등을 수용하지 않았다. 1776년 5월 20일 체로스 지구의 대배심은 독립의 지지를 선언하면서 새 체제를 칭찬했는데, 그 이유는 "가난한 자와 부자를 가리지 않고 전체의 권리와 행복을 동등하게 추구한다는 엄격한 정의와 인도주의의 원칙에 바탕을 두었다"는 데 있었다. 하지만 혁명 시기에 사우스캐롤라이나의 노예들은 인구의 절반 가까이나 되면서도 그 '전체'에 포함되지 못했다. 사우스캐롤라이나 조지타운의 대배심도 새 체제가 "인간의 상상력이 생각해낼 수 있는 가장 공정하고 바람직한 것"이라며 찬사를 아끼지 않았다.

대륙회의가 구성한 정부의 현재 체제는 주민들에게 사회가 줄 수 있는 모든 행복한 결과를 약속한다. 평등하고 공정한 원칙, 현명하고 고결한 목적으로 미루어 우리는 장차 우리 자신과 후손들에게 자유, 안전, 행복이 보장될 것이라고 희망한다.

하지만 1776년 당시 사우스캐롤라이나 조지타운의 백인 시민들이 노예들까지 그 '약속'의 대상으로 포함시켰으리라고는 링컨조차 믿지 않았다. 링컨은 '평등'의 관념이 건국 시조들의 '정서'였다고 주장하면서 자신이 소중히 여기는 선언의 작성자로서 토머스 제퍼슨에 대한 존경심을 표했다.

제퍼슨은 민족독립을 위한 투쟁의 명시적인 압력 하에서도 냉철한 선견지명으로 혁명적인 문서에 이상적 진실을 포함시켜 불후의 선언문을 만들었다. 그 선언문은 오늘날에는 물론 앞날에도 독재와 억압이 다시 출현하는 전조가 보이면 그것을 견제하고 제어하는 데 도움을 줄 것이다.

인종이 섞이는 것에 격렬히 반대했고 평생토록 이익을 위해 노예를 소유했던 제퍼슨을 미국의 인종적 평등의 설계자로 탈바꿈시키려 한 사람은 링컨만이 아니었다. 그에 앞서 1853년 캔자스-네브래스카 법에 관한 상원의 토론 중에 오하이오 출신의 상원의원인 벤저민 웨이드도 독립선언을 인용하면서 노예제에 반대한 바 있었다. 그러나 대통령이라는 지위와 노예제를 폐지한 인물이라는 점에서 볼 때 링컨의 해석은 그보다 훨씬 강력하고 지속적인 영향을 남겼다.

링컨이 제퍼슨을 평등주의 원칙의 예지자로 둔갑시킨 것은 탁월한 정치적 감각이었다. 그는 약삭빠르게도 반대 정당의 창립자이자 혁명 시기 버지니아 최대의 노예 소유주들 중 한 사람을 내세워 노예제 폐지를 주창했다. 링컨은 중대한 사안을 두고 대담한 도박을 감행한 것이었다. 이 경우 목적이 수단을 정당화한다고 볼 수 있겠다.

하지만 역사 기록의 잘못된 해석에는 대가가 따르게 마련이다. 링컨이 평등의 관념을 독립선언에 도입한 제퍼슨의 창조적 재능을 찬양한 것까지는 좋았지만 그 과정에서 자연히 미국을 독립의 길로 인도한 다른 애국자들은 폄하될 수밖에 없었다. 만약 제퍼슨이 그가 대표하는 민중의 의지를 무시하거나 심지어 충돌을 빚으면서까지 독립선언에 자신의 독창적인 의미를 산입했다면, 그는 독립의 근본인 민중의 주권을 침해한 것이다. 링컨의 해석에 따른다면 혁명은 "국민의, 국민에 의한, 국민을 위한" 나라를 건국한 게 아니다. 즉 국민의, 국민을 위한 나라이긴 해도 국민에 의한 나라는 아니다. 그것은 토머스 제퍼슨이 만들고 독립선언의 서명자들이 승인한 나라다.

제퍼슨을 부활시키려 했던 링컨의 의도는 지금 우리 시대에도 살아 있다. 현행 교과서들은 아무런 생각 없이 링컨의 해석에 따라 건국자들이 했다는 '약속'을 되풀이한다. 한 교과서에는 "1776년 미국에서 모든 사람이 평등한 대우를 받지는 못했으나 독립선언은 미래의 평등한 대우를 향한 고결한 목표를 설정했다"고 되어 있다. 조이 해킴은 널리 읽힌 책 『미국의 역사』에서 1776년 7월 4일 "온 세상을 변화시킨 일이 일어났다"고 쓴다. 그 '일'이란 독립을 선언한 사건이 아니다. "색다른 것은 선언에서 그들이 사용한 말이었다. …… 제퍼슨의 독립선언은 그가 쓴 순간부터 위대한 것이었지만 세월이 흐르면서 더욱 위대해졌다." 이렇듯 문구를 영리하게 비틀어 해킴은 제퍼슨의 천재성과 선견지명을 찬양하고 그가 「독립선언문」을 썼다는 사실을 부각시켰다. 이리하여 제퍼슨과 그의 독립선언은 세월이 흐르면서 더욱 위대해지고 있다.

공동의 정신

폴린 마이어가 다른 독립선언들에 대한 주의를 환기한 지 몇 년이 지났어도 그 문서들은 현행 학교 교과서나 대중 역사서에서 아직 제대로 언급되지 않고 있다. 그런 책들도 어느 정도 나아진 것은 사실이지만—예컨대 제퍼슨이 위원회에 속해 있었다는 것은 이제 상식으로 자리잡았다—당시 보편적이었던 혁명의 물결이 혁명을 낳았다는 것은 여전히 무시된다. 혁명적 정서가 널리 퍼져 있었다고 서술하는 대목에서도 대개 그 원인은 자치를 부르짖은 토머스 페인(Thomas Paine) 같은 인물의 덕분으로 돌린다. 그는 변덕스러운 대중의 마음을 혁명적 정서로 이끄는 데 결정적인 역할을 했다고 전해진다. 일부 교과서들은 페인을 칭찬하려는 마음이 지나치게 앞선 나머지 당시 그의 책 『상식』이 50만 부나 팔렸다고 말하는데, 이는 문맹자까지 합쳐 독립 시기 13개 주의 모든 가정에 한 권씩 비치

되어야 하는 엄청난 양이다.

고전적인 이야기 구조에서는 흔히 현인이 대중을 설득한다. 그러나 이런 식의 개인주의적/영웅적 모델에서는 역사가 움직인 과정을 정확하게 묘사하지 못한다. 그보다 더 나은 것은 공동의 노력을 인정하는 모델이다. 이를테면 각종 선언문들을 쓰면서 많은 대화를 나누었던 제퍼슨과 메이슨의 협력을 강조하는 식이다. 당시에는 전체 인구가 그 건전한 대화에 참여했으며, 미디어는 곧 메시지였다. 그 대화의 실천적인 결론만이 아니라 대화 자체도 찬양할 만한 가치가 충분하다. 그것을 무시한다면 민중의 자치 정부에 관한 역사의 훌륭한 교훈 한 가지를 무시하는 것이다.

세계를 뒤흔든 것은 독립이라는 사실이었지 독립을 언급한 말이 아니었다. 이 문제에 관해 제퍼슨이 사망하던 해에 한 이야기를 들어보자. 누구도 제퍼슨 자신보다 더 설득력 있게 주장할 수는 없을 것이다.

우리의 권리와 이 권리를 무시하는 영국 정부의 행위를 놓고 볼 때 이쪽 편에서는 한 가지 견해밖에 없었다. 즉 미국의 휘그당원들은 그 점에 관해 모두 생각이 같았다. 문제점을 바로잡기 위해 무력에 호소할 수밖에 없을 경우 우리의 정당성을 위해서는 먼저 국제재판소에 제소하는 것이 적절하다고 여겨졌다. 이것이 독립선언의 목적이었다. 전에 생각한 적이 없는 새로운 원칙이나 주장을 찾아내려는 것도 아니었고, 전에 말한 적이 없었던 내용을 말하려 한 것도 아니었다. 다만 세계 인류에게 명명백백한 상식을 제시함으로써 동의를 구하는 한편, 우리가 독립의 자세를 취할 수밖에 없다는 점을 정당화하려는 의도였다. 독창적인 원칙이나 취지를 겨냥한 것도 아니었고, 과거의 특정한 글에서 모사한 것도 아니었다. 단지 미국적 정신을 표현하고 그 표현을 경우에 맞게 적절한 어조와 분위기로 제시하고자 했을 뿐이었다. 선언문은 대화와 서신, 각종 글, 그리고 아리스토텔레스, 키케로, 로크, 시드니 등의 공권(公權)에 관한 기초적 문헌 등에서 당시의 정서에 부합하는 내용을 전거로 삼았다.

그 해 후반에 제퍼슨은 선언문을 작성할 때 사용한 유물들의 홍보를 지원하면서 다시 한 번 자신의 말은 '우리 정신의 진정한 분출'이었음을 강조했다. 그러나 불행하게도 그의 열렬한 찬미자들은 고독한 몽상가의 이미지만을 고집스럽게 추구한 나머지 독립선언의 '전거'가 '미국인들의 정서에 부합하는' 데 있다는 제퍼슨의 정직하고 솔직한 주장을 진지하게 받아들이지 못했다.

"신생국의 대표적인 정치 지도자 여덟 명은 아메리카 최초의, 또 여러 가지 면에서 유일한 순수 귀족이었다."

「독립선언, 1776년 7월 4일」, 존 트럼벌의 회화, 1787~1820년.

7_건국 시조들 : 가장 위대한 세대

우리는 누구나 그들의 이름을 안다. 조지 워싱턴, 토머스 제퍼슨, 벤저민 프랭클린, 알렉산더 해밀턴, 존 애덤스, 새뮤얼 애덤스, 패트릭 헨리, 제임스 매디슨. 초등학교 때 그 이야기를 배우고 그 뒤에 따로 공부하지 않은 사람들, 다시 말해 평범한 미국인들은 아마 헌법 제정에 큰 역할을 한 매디슨 대신 여러 곳에 서명을 남긴 존 행콕과 혁명의 전령 폴 리비어를 기억할 것이다. 이들은 미국의 현인들이며, 미국을 탄생시킨 위인들이다. 어떤 인물을 택하든 상관없이 미국이 건국된 이야기에서 중요한 인물들은 그 지위가 향상되었다. 그들은 건국자이므로 현인으로서 존경받아 마땅했다. 이것은 건국 이야기의 구조적 요건이다. 여기서 북아메리카 동해안에 실제로 살았던 사람들의 개성을 반드시 반영해야 할 필요는 없다.

멋쟁이 건국자

대표적 인물들은 시대에 따라 달라졌다. 처음 스타가 된 사람들은 군대 지휘관들이었다. 혁명전쟁이 끝난 직후에는 자연히 승리를 가져온 사람들이 영웅으로 간주되었다. (단, 민중의 우상이었던 벤 프랭클린은 예외다.) 그때나 지금이나 조지 워싱턴이 단연 선두였지만, 그를 둘러싼 조역들은 오늘날 거의 잊혀졌다. 이스라엘 퍼트넘, 호레이셔 게이츠, 너새니얼 그린, 헨리 녹스 등이 그들이다. 토머스 제퍼슨, 알렉산더 해밀턴, 존 애덤스 같은 정치가들은 격렬한 파벌 정치에 휩쓸렸으므로 집단적 정체성을 추구하는 새 나라의 우상으로서는 적절하지 못했다.

1810년대에 미국인들은 독립선언에 서명한 사람들을 존경하기 시작했다. '서명자'라고 불리는 이들을 대상으로 한 많은 전기들이 출간되었다. 화가인 존 트럼벌은 의회의 의뢰를 받아 서명자들을 그림으로 표현했는데, 드라마의 한 장면 같은 이 그림은 위대한 역사적 의미를 지니고 있었다.

하지만 오늘날에는, 혁명전쟁의 군사 영웅들도 그렇지만 그 '서명자'들도 대부분 낯이 설다. 무엇보다 수가 너무 많다. 56명의 주인공이 등장하는 이야기는 직접 와 닿지 않으며, 창조 신화에 필요한 흡인력이 없다. 따라서 그들 각각의 이야기를 알고 외우려면 그 수를 10명 안팎으로 줄여야만 한다.

19세기 후반에 미국인들은 오늘날 우리가 우리의 '건국 시조'로서 존경하는 소집단을 정착시켰다. 원칙적으로 건국 시조라고 하면 헌법을 초안한 사람들을 가리키지만, 더 일반적인 의미로는 독립의 이념을 고취하고, 혁명을 성공으로 이끌고, 솔론이나 모세처럼 우리의 법을 제정한 덕망 있는 사람들을 뜻한다.

건국자들에게 보내는 찬사는 시대에 따라 달라졌다. 오늘날에는 동상을 세워 기리지 않는다. 또한 의젓한 자세의 공식 초상화도 낡은 방식이 되었다. 비공식성을 강조하는 20세기 후반의 풍조에 따라 지금은 말을 탄 기수의 석상에서 일부를 차용하고, 초연한 자세의 귀족적 인물들을 번 듯한 화랑의 벽에 일렬로 세우는 형식의 조형물을 만든다.

그러나 비공식성은 자칫 경건한 분위기를 해칠 수 있고, 편안한 자세는 건국자들을 존경했던 그 옛날을 꿈꾸는 미국인들에게 불안감을 줄 수 있다. 역사가 고든 우드(Gordon Wood)는 이렇게 말한다. "얼마 전만 해도 혁명을 수행하고 헌법을 제정한 세대는 미국 역사상 가장 위대한 세대로 여겨졌다. …… 최근까지도 그 혁명가들과 헌법 제정자들을 생각하면 누구나 그들의 명철한 지혜와 창조적 정치, 그들이 이룩한 업적에 위압을 느끼곤 했다. 그들은 실제보다 위대해 보였으며, 우리로서는 도저히 범접할 수 없는 지성과 정치적 역량을 소유한 거인처럼 느껴졌다." 정말 그랬다. 하지만 우드는 "이제는 그렇지 않다"고 개탄한다. "그 미국의 혁명가들과 농부들은 과거와 같은 방식으로 존경을 받지 못한다."

요컨대 건국 시조들은 지금도 존경을 받고 있지만 그 방식이 과거와 달라졌다는 이야기다. 우드, 조지프 엘리스, 데이비드 매컬러(David McCullough), 존 펄링(John Ferling) 같은 유명한 역사가들은 미국의 가장 존경받는 정치가들에게 더 현대적인 옷을 입혀 부활시켰다. 현대의 명사들처럼 건국자들은 인격과 개성을 갖추었고, 대중에게 친숙한 존재가 되었다. 지금은 수백만 명이 그들의 삶을 상세히 다룬 책을 읽으며, 존 애덤스, 조지 워싱턴, 벤저민 프랭클린 같은 사람들을 다시금 존경하고 있다. 그들은 '멋쟁이 건국자'가 되었다. 인간적인 단점에도 불구하고, 아니 오히려 그것 때문에 미국의 '가장 위대한 세대'로 인정받고 있다.

건국 시조들은 "인간적으로 불완전했고 각자 결함과 단점을 가지고 있었다." 데이비드 매컬러는 2002년 7월 4일 『뉴욕 타임스』의 특집기사에서 이렇게 썼다. 과거에는 우리의 존경받는 위인들에게 결함과 단점이 인정되지 않았으나 지금은 그 불완전한 점이 그들을 더욱 돋보이게 하고 있다. 매컬러는 그들이 '신이 아니었기 때문에' 우리는 그들을 더욱 존경한다고 말한다. 만약 그들이 신이었다면 "존경과 영광을 덜 받았을 것이다. 신은 무엇이든 마음대로 할 수 있으니까".

조지프 엘리스는 베스트셀러가 된 자기 저서의 제목을 건국 시조가 아닌 『건국의 형제들』이라고 정함으로써 현재의 분위기를 전한다. 그들은 서로 다투고 잘못된 처신도 많이 했지만, "엉뚱하고 독특한 측면만이 아니라 불완전성과 결함 때문에" 서로의 잘못을 상쇄할 수 있었다. 동지들은 결국 단결하여 미국의 구체적인 청사진을 만들었다.

엘리스는 "신생국의 대표적인 정치 지도자 여덟 명은 아메리카 최초의, 또 여러 가지 면에서 유일한 순수 귀족이었다"고 말한다.

그들은 그 어떤 정확하고 공정한 기준으로도 미국 역사에서 탁월한 정치적 역량을 지닌 가장 위대한 세대였다. 그들은 공화국 미국을 만들었고, 초기의 불안정하고 취약한 시기에 나라의 제도와 관습이 뿌리를 내릴 때까지 기틀을 다졌다.

여기서 핵심적인 말—'가장 위대한 세대'—은 최근 애국적 정서가 부활하면서 자주 반복되고 있다. 이 문구는 단결의 구호로 작용하여 우리에게 그들의 위대함을 본받게 하고 그들이 만든 나라에 대한 충성심을 버리지 말라고 훈계한다. 그러나 엘리스의 솔직한 주장에는 문제가 될 만한 문구——"그 어떤 정확하고 공정한 기준으로도"——도 있다. 그런 기준이 대체 뭘까? 신들이 인간으로 바뀐 지금 누가 '위대하다'고 말할 수 있는 근거는 뭘까? '가장 위대한 세대'를 어떻게 규정할 수 있을까?

『랜덤하우스 대학사전』의 항목을 보면 '위대하다'(great)는 말의 용법으로 수십 가지가 나온다. 같은 뜻을 가진 단어도 많이 있는데, 이를테면 noteworthy, remarkable, exceptionally outstanding, important, eminent, prominent, celebrated, illustrious, renowned, main, grand, leading, highly significant or consequential, momentous, vital, critical, distinguished, famous, admirable, having unusual merit, of extraordinary powers, of high rank or standing, of notable or lofty character, elevated, exalted, dignified 등이다. 우리가 특정한 역사적 인물 혹은 특정한 세대를 '위대하다'고 말한다면 그것은 앞의 많은 의미들 가운데 어느 것을 염두에 둔 걸까? 아마 모호하게 혼합된 의미일 것이다. 우리는 특수한 의미를 의도하지 않는다. 단지 우리가 선택한 위인들에게 존경의 마음을 보내고 싶을 따름이다. '위대하다'는 용어는 거창하지만 대체로 긍정의 의미를 지닌다. 그 말을 쓸 때마다 우리는 중대한 선언을 하는 셈이다. 그러나 기준이 명확하지 않으면 우리는 그 선언에 정당성을 부여할 수 없고 '위인'에 관해 제대로 토론할 수도 없다.

위인의 기준을 확립하려면 '성인'의 반열에 오를 수 있는 사람을 꼼꼼하게 규정한 가톨릭교회를 본보기로 삼아야 할지도 모른다. 성인의 후보자는 먼저 특별히 구성된 위원회의 조사를 받는다. 계속해서 회중이 성인의 요건을 심의하고, 신학자 아홉 명의 위원회, 추기경과 주교로 구성

'위대한' 건국 시조들
사람들은 아무런 의심없이 건국 시조들 앞에 '위대한'이란 수식어를 붙인다. 그러나 이런 표현은 건국의 시조라고 흔히 일컬어지는 몇몇 인물만을 미국혁명의 주인공으로 부각시키고, 나머지 아메리카인들은 미국혁명의 주변인으로 전락시킬 위험이 있다. (그림 속 인물은 맨위 왼쪽부터 시계방향으로 벤저민 프랭클린, 조지 워싱턴, 토머스 제퍼슨, 알렉산더 해밀턴이다.)

된 위원회를 거쳐 마지막으로 교황이 재가를 내린다. 이 과정을 거치며 신학적 덕목(신앙, 희망, 박애)과 기본 덕목(신중함, 정의, 절제, 인내)을 두루 갖추었다는 인정을 얻는 후보는 일단 '신의 하인'으로 불리게 된다. 신의 하인이 그 심의 기구들로부터 기적을 행했다는 인정을 얻으면 '축복받은 자'라는 이름을 얻게 된다. 마지막으로, 축복받은 자가 사후에 기적을 행하면 '성인'이 되는 것이다. 이렇게 모든 과정이 정해져 있다.

공정하고도 엄밀하게 판단하려면 역사적 위인의 후보자들에 대해서도 그런 조사를 실시해야 한다. 물론 우리는 그렇게 하지 않고, 기준·정의·절차 같은 것도 없이 우리가 좋아하는 역사적 인물들에게 되는 대로 '위인'이라는 말을 붙인다. 누가 누구를 '위인'이라 부른다 해도 아무도 시비를 거는 사람은 없다. 오히려 '위인'이라는 말을 깊이 따지려 들면 따분한 말만 나올 뿐이다.

역사를 하찮게 만드는 데 그보다 빠른 지름길은 없다. 아메리카 헤리티지에서 최근 발행한 『역사의 위대한 지성들 : 로저 머드의 인터뷰』에서는 세 가지 각도에서 '위대함'의 의미를 다루고 있다. 즉 위대한 뉴스 진행자가 위대한 인물들에 관해 위대한 역사가들을 인터뷰하는 것이다. '고든 우드와 함께 하는 식민지 시대와 독립혁명'이라는 제목의 장에서 로저 머드는 우드 교수에게 미국 건국에 관해 여러 가지 중요한 질문을 한다.

"벤 프랭클린으로 돌아가보죠. 그는 차림이나 말투가 신사 같았나요?"
"벤저민 프랭클린에 관해 더 말씀해주실 게 없습니까?"
"알렉산더 해밀턴은 어떻습니까?"
"제임스 매디슨은 어떻게 말씀하시겠습니까?"

"존 애덤스는요?"

"토머스 제퍼슨에 관해서는 어떻게 생각하시나요?"

이런 질문에 대해 고든 우드는 이렇게 대답한다.

"애덤스는 자기 생각을 거리낌 없이 말했기 때문에 건국 시조들 가운데 가장 매력적인 사람이었습니다."
"해밀턴은…… 총명한 천재였죠."
"매디슨은…… 아주 똑똑한 사람이었어요."
"제퍼슨은…… 매우 중요한 사람이었습니다."

그런 식의 질문은 얼마든지 가능하다. 건국 시조들 중 가장 옷을 잘 입은 사람은 누구였습니까? 가장 성공할 전망이 큰 사람은 누구였나요? 문제는 짧은 답변이 아니라 그 답변을 유도한 질문 방식이다. 그런 질문에 대한 대답은 그럴듯한 평가에 불과할 뿐 정작 토론 주제로 설정된 '식민지 시대와 혁명' 의 주요 사건들과는 별로 관계가 없다. 진짜 역사—이 경우 애국적 식민지인들을 독립으로 이끈 역동적인 과정—는 '부자와 명사의 생활양식' 에 가려 보이지 않는다. 위인의 이야기에만 초점을 두면 기껏해야 경박한 역사적 분석밖에 나올 게 없다.

비록 '위대하다' 는 말이 특정한 대상을 가리키지는 않는다 해도, 진지한 역사적 과정을 논하는 데 걸림돌이 된다 해도 그 말을 사용하는 데는 나름대로 목적이 있다. 멋쟁이 건국자들을 '위대하다' 고 말하면 경의와 존경의 태도를 유발할 수 있는데, 이는 '가장 위대한 세대' 라는 문구의 근거가 된다. 미국인들은 건국자들의 개인적 특질에도 불구하고 여전히 그들을 존경한다. 하지만 경의와 존경은 미국혁명의 추진력이었던 거칠고 힘찬 독립 정신과는 어딘지 모르게 어울리지 않는 듯하다. 그런 자세는 정부 지도자들이 민중의 의지에 복종해야 한다는 근본적인 건국 원리와도 상충한다. 시민들의 적극적이고 민주적인 참여에 가치를 두는 사회에서 그런 순종적인 태도가 애국적이라고 간주되는 것은 묘한 일이다.

중심인물들

'위대하다'는 말이 찬사로 사용되지 않는 경우도 있다. 역사적 인물이 중요한 지위에 있는 권력자였다면 존경심을 연상시키는 도덕적 자질과는 무관하게 위대하다고 부를 수 있다. 이를테면 알렉산더 대왕, 나폴레옹, 히틀러 같은 사람들은 우리가 싫어하든 좋아하든 어떤 의미에서 '위대하다'고 볼 수 있는 것이다.

미국의 '가장 위대한 세대'를 위대하지만 잔인한 역사의 정복자들과 비교하기는 무척 싫지만, 조지프 엘리스는 순전히 권력과 중요도를 고려하여 우리의 건국자들을 이야기의 중심에 놓아야 한다고 주장한다.

혁명 시대와 공화국 초기의 중심적인 사건과 중심적인 업적들은 정치적인 것이었다. 이 사건과 업적들이 역사적인 의미를 지니는 이유는 그것들이 우리의 시대를 포함하여 이후 미국의 역사를 형성했기 때문이다. 드라마의 중심인물들은 평이하게 살아간 주변적인 인물이 아니라 권력을 휘두른 국가의 정치 지도자가 대부분이다.

여기서 중요한 개념(여러 문장에서 세 차례 반복되는 개념)은 '중심'이라는 말이다. 이 말은 전적으로 한 사람의 영역만을 가리킨다. 즉 한 이야기 중에 등장하는 인물은 다른 이야기에서는 주변 인물이 된다. 엘리스는 자신이 다루는 여덟 주인공의 중요성을 부각시키면서 다른 300만 명의 아메리카인들──혁명 세대의 구성원들──은 '주변부'라는 부차적인 지위로 떨어뜨린다. 이것은 정치적으로 미심쩍고 역사적으로 옳지 않다. 미국혁명의 중심 주제는 국민주권이었다. 즉 모든 권력은 국민에게 있었다. 그런데 어떻게 그들이 이야기의 주변부로 전락할 수 있을까? 사실 드라마의 한복판에 있는 것은 바로 다음과 같은 일반적인 미국인들이었다.

- 평범한 농부들은 엘리스가 주인공으로 내세운 인물들에게서 아무런 도움도 받지 않고 먼저 나서서 영국 행정기관을 타도했다(이 책 4장 참조).
- 가난한 사람들과 소년들도 영국군과 싸웠다. 그들이 아니었다면 건국자들은 교수형을 당했을지도 모른다(5장 참조).
- 독립을 희구하는 민중의 열망이 없었다면 대륙회의는 독립선언을 결의하지 못했을 것이다(6장 참조).
- 수많은 '건국의 자매들'의 노력이 없었다면 미국은 전쟁을 이기지 못했을 것이다. '건국의 형제들'이 아무리 정치적으로 많은 것을 이루었더라도 소용이 없었을 것이다(2장 참조).
- 신생국 남부를 무대로 한 미국혁명의 정치사는 노예의 존재와 그들이 백인에게 심어준 공포를 빼면 올바르게 이해할 수 없다(8장, 10장 참조).
- 서부의 전쟁사는 인디언을 '중심 인물'로 삼지 않으면 이해할 수 없다 (13장 참조).

이 사람들이 참여하지 않았다면 미국혁명은 전혀 달라졌을 것이다. 아니, 그보다는 혁명 자체가 아예 불가능했을지도 모른다. 그런데 엘리스를 비롯하여 멋쟁이 건국자들을 만들어낸 사람들은 그 수많은 아메리카인들을 주변부로 강등시킴으로써 역사를 오해하고 위험한 전례를 만들었다. 과거의 보통 사람들을 주변인으로 내몰면 오늘의 보통 사람들도 그렇게 되게 마련이다.

얄궂게도 엘리스의 이야기는 미국의 실제 건국과 무관하기 때문에 '혁명 시기의 중심 사건과 업적'에 비해서는 오히려 주변적이다. 엘리스는 미국 역사에 두 가지 '건국의 계기'가 있었다고 한다. 그것은 1776년의 독립선언과 1787~1788년의 헌법 채택이다. 하지만 그의 책은 1790년부터 시작하므로 그 두 사건에 관해서는 설명하지 않는다. 시기를 잘못 잡은 것을 빼면 거기에는 잘못된 게 없다. 그의 책 제목인 『건국의 형제들 : 혁명의 세대』는 건국 이야기에 비중과 의미를 더해주지만, 그는 '건국'도 '혁명'도 말하지 않는다. 다른 많은 사람들처럼 그도 건국이라는 미국의 가장 특별한 시기에 편승했을 뿐이다.

조지프 엘리스가 구사하는 방식은 우선 그 자신이 이야기 속의 권좌에 올라앉은 다음 내부 요인들이 서로 접촉할 때 일어나는 일을 설명하는 식이다. 그는 유명한 사람들이 살아가는 이 좁고 제한된 세계 내에서 일어나는 모든 일이 '역사적으로 중요하다'고 생각한다. 하지만 유명인사라고 해서 반드시 중요한 사람인 것은 아니다. 엘리스는 자신의 저서를 퇴락해가는 정치적 인물들인 알렉산더 해밀턴과 애런 버가 1804년에 벌인 흥미로운 결투 이야기로 시작한다. 사실 이것은 개인적으로는 비극이지만 역사적으로는 의미가 없는 사건이다. 계속해서 그는 만찬장에서 중대한 협상이 이루어졌다고 말하는데, 정치 무대에서 그런 은밀한 거래는 좋은 이야깃감이다. 그러나 엘리스는 그 거래가 다른 곳에서도 논의되었다면서 자신이 밝힌 만찬 시나리오는 "그 상서로운 순간에 일어난 역사를 지나치게 단순화한다"고 주장한다. 또 다른 이야기에서 그는 노예제 문제보다 제1차 연방대회의 '침묵'을 더 중요하게 다룬다. 물론 그것도 국가적으로 중대한 문제였던 것은 사실이지만, 노예제 문제보다 대회에서의 토론이 더 '중심적'이었다는 그의 주장은 불성실하다. 결국 최종적인 이야기는 존 애덤스와 토머스 제퍼슨이 만년에 다진 우정을 찬양한다. 원로 정치인들의 그런 화해는 그 책의 그럴듯한 결론이 되지만, 미국의 건국 또는 '우리의 시대를 포함하여 이후 미국의 역사'에 중심적인 사건은 아니다. 버와 해밀턴이 결투를 벌인 이야기나 애덤스와 제퍼슨의 우정에 관한 이야기가 중요한 의미를 가지려면 그 인물들이 그 전에 다른 중요한 사건에 참여했어야만 한다. 엘리스가 이런 에피소드를 끼워넣은 이유는 그것이 미국의 역사에 중요해서가 아니라 흥미로운 이야깃거리이기 때문이다. 영웅과 거인의 삶은 태어나서 죽을 때까지 항상 재미있게 읽을 수 있다. 그러나 유명인의 삶을 개략적으로 소개하는 전기는 '의미 있는' 역사가 되지 못한다.

    내부 인물의 방식은 과거 역사를 곡해한다. 외부에서 그 인물들에게 가해지는 다양한 영향력을 무시하기 때문에 정치 과정의 본질 자체를 왜곡하는 것이다. 혁명시대 전반에 걸쳐 심의기구에 모인 대표들은 각자의 유권자들이 전한 특정한 문서 지침에 따라야 했다. 또한 그들은 군사적 승리와 패배, 경제의 와해, 기타 외부적 요인에 대응해야 했다. 그 정치 지도자들은 공백 상태에서 활동하지 않았으며, 단순한 명령에 의해 나라의 운명을 결정하지도 않았다. 영향력은 권력을 따라 아래와 위로, 즉 쌍방향으로 작용했다.

소수와 다수

멋쟁이 건국자를 만들어낸 사람들은 내부자의 관점만을 고집함으로써 정치 지도자들이 그 시대의 모든 주요한 사건들에 직접 관여한 것으로 설명한다. 이것은 전기작가가 늘 빠지기 쉬운 위험이다. 이야기의 중요성이 부분적으로는 주인공의 중요성에 의해 결정되기 때문에 전기작가는 자신이 다루는 인물에게 역사 기록이 허용하는 한——때로는 그 범위를 넘어서——최대의 비중을 부여하고자 한다. 그 과정에서 자신이 선택한 영웅을 역사의 주도자로 묘사하고 싶은 유혹을 느끼게 마련이다.

퓰리처 상을 수상한 바 있는 데이비드 매컬러(1993년 미국의 33대 대통령인 해리 트루먼의 전기『트루먼』으로 퓰리처 상을 받았다)는 『존 애덤스』에서 독립선언에 관해 길게 논의한 뒤 자신만의 결론을 내렸다. "독립선언을 가능케 한 사람은 다른 누구보다도 존 애덤스였다." 이 말은 명확한 인과성의 의미를 전달한다. 애덤스가 "독립선언을 가능케 했다"는 말은 곧 그가 아니었다면 독립선언이 없었으리라는 뜻이다. 하지만 이것은 도저히 인정하기 어렵다. 대륙회의에는 독립을 위해 노력하는 정치인들이 많이 있었으며, 지역 단위에서도 독립을 주창하는 사람들이 많았다. 앞의 장들에서 살펴본 다른 역사가들은 존 애덤스가 아니라 새뮤얼 애덤스나 토머스 제퍼슨을 미국 독립의 설계자로 내세운다. 그 사람들 가운데 누가 '다른 누구보다도' 독립에 크게 기여했는지에 관한 토론은 유의미한 역사적 탐구라기보다는 말놀음에 가까운 일이다.

　이 말놀음은 결코 무해한 게 아니다. 실제로 독립선언을 가능케 한 수많은 사람들을 무시하고 있기 때문이다. 존 애덤스가 아니었어도 대륙회의는 영국과의 인연을 끊었을 것이다. 민중이 독립의 대의명분에 큰 지지를 보내지 않았다면 대륙회의는 다른 방도를 찾았을 것이다. 대륙회의가 독립에 최종적으로 동의한 것은 광범위한 지지 기반을 가진 정치운동에 대한 대응책이었다. 그 2년 전에 매사추세츠 농부들은 영국 행정기관을 철폐함으로써 새로운 독립 정부로 향하는 길을 닦았다. 그 뒤 전쟁이 터졌고 수만 명의 애국자들이 무기를 들었다. 영국 정부가 식민지의 사태를 노골적인 반란이라고 선언했을 때, 그리하여 18세기 최대규모의 육군과 해군을 보내 진압하려 했을 때 반란을 일으킨 식민지인들은 바야흐로 모국과 전면적이고 공식적으로 결별할 때가 왔다고 여겼다. 1776년 초에 톰 페인의 『상식』이 기폭제가 되어 평범한 시민들은 각지의 술집과 공회당에 모여 독립을 주제로 활발한 토론을 벌였다. 늦봄에 결론이 내려졌고 대다수 민중은 준비를 갖추었다. 폴린 마이어가 지적하듯이 적어도 90개 주와 지역 공동체가 자체적으로 독립선언을 발표했으며, 대표들을 더 높은 심의기구로 보내면서 독립의 임무를 완수하라는 지침을 내렸다(이 책 6장 참조). 6월이 되자 대륙회의에 참여한 대표들은 대부분 독립을 선언하라는 유권자들의 압력과 특별한 지침을 받았다.

　매컬러는 자기 주인공의 중요성을 내세우기 위해 그런 현실을 모두 무시하고, "반란에 대한 전폭적인 지지는 없었다"고 잘라 말했다. 그는 또한 독립의 개념은 더 지지를 받지 못했다고 말한다. 매컬러는 애덤스가 여론에 항거한 고독한 영웅이라고 묘사한다. 이야기는 재미있을지 몰라

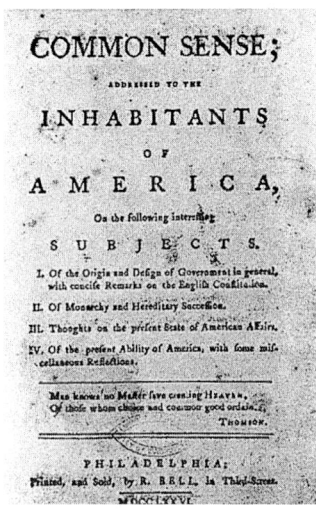 

독립은 상식이다
TV는커녕 신문조차 없었던 시절에 소책자는 오늘날 인터넷에 버금가는 훌륭한 매체였다. 그림은 토머스 페인(오른쪽)과 그가 1776년 1월에 익명으로 펴낸 『상식』이라는 소책자(왼쪽)다. 그는 여기서 혁명과 독립의 불가피성을 역설하고 독립을 상식으로 규정하는 파격적인 논리를 전개했다. 망설이던 식민지인들은 이 책자를 읽고 술집과 공회당에서 난상토론으로 혁명의 정당성을 확신하게 되었다.

도 역사적 기록과는 무관한 이야기다.

존 펄링(John Ferling)은 이렇게 말한다. "워싱턴과 애덤스는 미국혁명에서 역사적으로 위대한 명성을 얻었다. 어떤 면에서는 애덤스의 업적이 더 인상적으로 보이는데, 그는 고독한 투쟁을 벌였기 때문이다." 펄링은 애덤스가 시대의 흐름에 저항했기 때문에 '더 인상적'이라고 간주한다. 근데 그 점이 역사적 위대성에 대한 기준이라면 다른 사람들과 함께 공동의 대의에 동참하는 사람은 위대하지 않은 게 된다. 무릇 집단행동에서는 그 정의상 민중의 의지에 반대하는 고독한 영웅에 대한 찬양이 불가능하다. 자타가 공인하는 민주 사회에서는 이상한 발상이 아닐 수 없다.

7_건국 시조들 : 가장 위대한 세대 **175**

그런데 역사 기록에서가 아니라면 어디서 존 애덤스가 민중의 의지에 거슬러 독립선언을 추진했다는 생각이 나왔을까? 매컬러는 애덤스 본인에게서 증거를 수집한다. 1812년 3월 19일 애덤스는 벤저민 러시에게 이런 편지를 보냈다. "당시 우리 가운데 1/3은 토리당이고, 1/3은 소심하며, 1/3이 진짜였소." 매컬러는 이 짧은 인용문을 토대로 "독립을 주장하는 목소리는 소수에 불과했다"는 결론을 이끌어낸다. 그래서 존 애덤스를 비롯한 대륙회의 급진파는 민중이 지지하지 않는 대의명분을 위한 어려운 투쟁을 벌였다는 것이다.

그러나 애덤스는 1776년 독립에 대해 민중의 1/3만이 찬성했다고 말하지 않았다. 그가 러시에게 보낸 편지의 정확한 내용은 다음과 같다.

친구여, 그대가 1774년에서 1776년까지 대륙회의에 참여하지 않은 것은 심히 유감이오. 그 기간 동안 오직 나 이외에는 아무도 모르는 일들이 수백 가지나 있었다오. 게리 씨와 로벨 씨도 없었소. 게리는 1776년까지, 로벨은 1777년까지 없었소.
그 중에서도 1774년이 가장 중요하고 가장 어려운 해였소. 당시 우리 가운데 1/3은 토리당이고, 1/3은 소심하며, 1/3이 진짜였소. 우리는 하나의 기본 법전으로 여러 식민지에 두루 부합하도록 만들고자 했소. 결국 성공했다오. 1776년의 독립선언은 1774년에 주장하고 채택했던 권리와 그것의 침해에 관한 원칙을 되풀이한 것에 불과하오.

애덤스는 '민중'의 견해 같은 것은 전혀 말하지 않는다. 그는 단지 1774년과 1776년 대륙회의 구성원들의 성향을 셋으로 구분했을 따름이다. 연도의 차이도 사소한 것이 아니다. 둘째 문단의 핵심은 1776년과 달리 1774년의 중요성을 강조하는 것이었다. 1774년의 대륙회의에 관한 발언은 2년 뒤에 독립을 지지한 미국인이 소수였음을 말해주지 않는다. 사실 1776년에 애국자들만큼 토리당원이 많았다는 주장은 인정하기 어렵다. 그랬다면 토리당은 가장 강력한 세력으로서 사태를 장악했을 것이다. 실제 사건이 있은 지 36년이 지난 뒤에 한 노인의 기억을 전 인구의 정서를 대변하는 것으로 받아들일 수는 없다.

"반란에 대한 전폭적인 지지는 없었다"는 매컬러의 주장은 당시 애덤스가 쓴 글과 부합되지 않는다. 1776년 7월 3일, 즉 대륙회의가 독립을 가결한 바로 다음날에 애덤스는 아내인 애비게일에게 다음과 같은 편지를 보냈다.

> 모든 민중이 독립이라는 커다란 문제를 심사숙고해야 할 때가 왔소. 모두들 현명하게 판단하고, 두려움을 떨치고, 희망을 품어야 하오. 사람들은 신문과 소책자를 읽으며 토론하고, 읍과 군의 각종 집회·대회·위원회에 모여서, 심지어 사적인 대화에서도 의논하고 있소. 13개 식민지의 모든 민중이 독립을 논하고 있다오.

애덤스의 말에 따르면 독립은 자신의 '고독한 투쟁'이 아니라 수개월 동안 전국에서 전개된 대화의 귀결이었으며, 민중의 압도적 다수가 영국과의 완전한 결별을 원했다.

흥미로운 사실이지만 애덤스가 여론을 거슬러야 했던 때도 있었는데, 그것은 독립을 지지하기 위해서가 아니라 반대하기 위해서였다. 1774

년 매사추세츠 민중이 영국 행정기관을 타도한 직후(이 책 4장 참조) 봉기에 참여한 대다수 사람들은 영국으로부터 독립을 선언하고 자체 정부를 수립하고자 했다. 당시 필라델피아에서 제2차 대륙회의에 참여하고 있던 존 애덤스와 새뮤얼 애덤스는 그런 민중의 기세에 겁을 집어먹었다. 그들은 매사추세츠 민중이 너무 성급하게 행동할 경우 다른 식민지의 대표들이 떨어져나갈까 봐 걱정했다. 존 애덤스는 "독립을 실현하고 우리의 새 정부를 수립하자는 제안은 이곳 사람들을 깜짝 놀라게 하는 생각"이라고 썼다. 새뮤얼 애덤스는 보스턴의 동료들을 채근하여 '또 다른 형태의 정부를 수립하려는' 시골의 과격파에 반대하게 했다. 하지만 그런 우유부단한 태도는 고향 사람들을 화나게 했다. 애비게일은 존에게 이런 편지를 보냈다. "시골 사람들은 대륙회의가 일어서기를 바라고 있어요. 그들은 당신들이 처리해야 하는 중대사를 알지 못한 채 분노에 몸을 떨고 있어요." 두 애덤스는 독립의 기치를 높이 세우기는커녕 유권자들의 의지에 반해 사태를 무마하려고 애썼던 것이다.

『뉴욕 타임스』 2002년 7월 4일자 특집기사에서 매컬러는 애덤스에 대한 자신의 견해를 건국자 전원에까지 확장했다. "만약 그 숙명적인 1776년 여름 필라델피아에 모인 정치가들이 유권자의 의지에 추종하고 모험을 회피하는 성향이었다면 그들은 '거대한 혁명'이라는 발상 자체를 포기했을 것이다." 계속해서 그는 "그토록 소수가 전 인류를 위해 그토록 귀중한 업적을 달성했다는 것은 하나의 기적이었다"고 말한다. 매컬러가 말하는 건국자들은 모두 고독한 영웅으로서 민중, 즉 '유권자'의 의지에 반하여 투쟁했다. 그의 논리에 따른다면 대다수 아메리카인들은 혁명 시기에 그 반대로 변모한 게 된다. 그들은 건국의 영웅이기는커녕 꽉 막힌 대중이었으며, 너무 뒤처져 있어 건국자들의 전향적인 시야를 공유하지 못했다. 이리하여 국민주권의 이름으로 전개된 미국혁명은 엉뚱하게도 민중 자체를 푸대접하고 부인하는 이야기가 되어버린다.

멋쟁이 건국자를 만들어낸 사람들은 많은 저작을 펴낸 소수 작가들의 기억을 액면 그대로 받아들이고 있다. 이른바 건국자들은 대단히 중대한 역사적 사건에 동참하고 있다고 느꼈다. 어떤 의미에서 그들은 자신의 이야기를 썼을 뿐인데, 지금 우리는 그 이야기를 계속 믿는 것인지도 모른다. 이 점에 관해 조지프 엘리스는 다음과 같이 설파한다.

> 존 트럼벌, 길버트 스튜어트, 찰스 윌슨 필의 초상화에서 위엄 있는 표정으로 우리를 내려다보는 그 얼굴, 서정적인 운율로 시대를 뛰어넘어 우리에게 말하는 그 목소리는 마치 신화 속의 영웅처럼 여겨진다. 그 이유는 우리가 그들을 우러러보고 그들의 이야기를 귀담아들으리라는 것을 그들이 알고 있었기 때문이기도 하다. 혁명 세대의 모든 선구자들은 자신들이 하고 있는 일의 역사적 의의를 충분히 깨닫고 있었으며, 그것이 장차 자신들의 명성을 좌우하게 되리라는 것도 잘 알고 있었다. 그들은 후손을 의식했고, 그들의 서신은 그들만이 아니라 우리에게도 메시지를 전달했다. 이따금 그들의 모습이 대리석 석상처럼 보이는 이유는 그들이 바로 그런 것을 원했기 때문이다. …… 이따금 그들이 역사 드라마의 배우들처럼 보이는 이유는 그들이 그렇게 보이고자 했기 때문이다.

이런 추론을 바탕으로, 엘리스는 건국자들이 후대를 의식했기 때문에 통일성을 유지할 수 있었다는 결론을 내린다. "우리가 유심히 지켜보리라는 것을 알았기 때문에 그들은 최선의 행동을 할 수 있었다." 하지만 내 결론은 전혀 다르다. 건국자들은 자신들이 각본을 맡았으므로 자연히 자신들을 주인공으로 내세웠다. 비록 지금까지도 우리는 그들의 연기를 재탕하고 있지만 그 때문에 역사는 거의 방향성을 상실했다. 멋쟁이 건국자의 저자들이 재상연하기로 한 드라마는 실내용이어서 언제나 소규모 캐스팅이었지만, 야외에서는 수천 군중이 캐스팅된 웅장한 진짜 혁명이 진행되고 있었다.

조지프 엘리스는 사뭇 웅변조로 이렇게 묻는다. "미국혁명을 표현한 그림들을 보면 대량 살육과 같은 극적인 장면도 없고 단지 말끔하게 차려 입은 고전적 풍모의 인물들이 모여 있는 모습밖에 없는데도 왜 거기에 진실의 핵심이 있는 것일까?" 바로 그것이 멋쟁이 건국자의 근본적 오류다. 거기에는 '진실의 핵심'이 없는 것이다. '말끔하게 차려 입은 고전적 풍모의 인물들'도 분명히 중요한 행동에 참여했지만, 애국심에서 싸우다 전사한 2만 5천 명의 병사들, 미국이 탄생하기까지 8년 동안 피폐한 삶을 견딘 300만 명의 전 국민도 마찬가지였다. 건국자들의 이야기가 다른 모든 것을 대신할 수 있다거나, 그들의 논의가 혁명 자체보다 더 중요하다고 말한다면 큰 잘못이다. 미국혁명을 일으키고 미국이라는 나라를 탄생시킨 주체는 바로 민중이었다.

4부
전선에서

"그가 말을 잘 한다는 건 누구나 알아!"

「자유가 아니면 죽음을 달라!」, 1876년의 판화.

8_ "자유가 아니면 죽음을 달라"

날짜 1775년 3월 23일.

장소 버지니아 리치먼드의 헨리코 교회. 시에서 가장 큰 건물이지만 초법적인 버지니아 대회 2차 회기에 참석하려는 군중의 규모에 비하면 너무 좁았다. 애국자들은 총독이 군중을 해산하려 하지 않을까 우려하여 주도(州都)인 윌리엄스버그가 아닌 리치먼드에 모였다.

사유 무장투쟁은 아직 시작되지 않았으나 영국은 아메리카에 주둔하는 병력과 함선을 증강하고 있었다. 온건파 애국자들은 여전히 무장 충돌을 회피하려 했지만, 패트릭 헨리(Patrick Henry)는 민병대를 모집하고 전쟁 준비를 갖추어야 한다는 결의안을 제출했다. 그 결의안을 수호하기 위해 패트릭 헨리는 그의 빛나는 연설 경력 사상 가장 유명한 열변을 토했다. 관례에 따라 그는 대회의 의장에게 연설의 내용을 제출했는데, 다음은 무장봉기를 호소하는 그 연설의 마지막 부분이다.

의장님, 부탁하건대 더 이상 우리 스스로를 속이지 맙시다. 우리는 다가오는 폭풍을 피하기 위해 할 수 있는 모든 조치를 다했습니다. 우리는 국왕에게 탄원하고, 항의하고, 부탁하고, 애걸했으며, 대신들과 의회의 전횡을 막아달라고 엎드려 빌었습니다. 하지만 우리의 청원은 무시당했습니다. 우리의 항의는 폭력과 모욕이 되어 돌아왔고, 우리의 부탁은 냉대를 받았습니다. 국왕에게서 우리는 경멸과 멸시를 당한 것입니다.

이제 더 이상 희망의 여지는 없습니다. 자유를 원한다면, 우리가 오랫동안 누려온 귀중한 권익이 손상되기를 원하지 않는다면, 영광스러운 목적을 실현할 때까지 결코 포기하지 않겠다고 다짐했던 우리의 고귀한 투쟁을 초라하게 포기하고 싶지 않다면, 우리는 싸워야 합니다!! 무기를 듭시다. 만군(萬軍)의 주께서 우리와 함께 하실 것입니다!

의장님, 사람들은 우리의 힘이 약해서 그렇게 강력한 적에게 맞설 수 없을 것이라고 말합니다. 하지만 언제까지 기다려야 우리가 강해지겠습니까? 다음 주? 아니면 내년? 우리가 무기를 전부 버리고 영국군이 집집마다 주둔하게 될 때까지 기다려야 할까요? 우유부단하고 나태한 태도로 힘을 모을 수 있을까요? 적이 우리의 손과 발을 꽁꽁 묶어버릴 때까지 빈둥거리면서 희망의 망상을 끌어안고 있으면 효과적인 저항 수단이 생기는 걸까요?

의장님, 우리는 약하지 않습니다. 신께서 우리에게 허락하신 수단들을 적절히 사용하면 됩니다. 자유의 성스러운 대의 아래 무장한 300만 명의 힘이면 우리는 어떤 적이 와도 물리칠 수 있습니다.

더욱이 우리에게는 대안이 없습니다. 설사 우리가 궁지에 몰렸다 해도 이미 전선에서 물러나기에는 너무 늦었습니다. 여기서 퇴각은 곧 굴종과 예속 상태에 빠지는 것입니다! 우리의 사슬이 완성되었습니다. 그 사슬이 철컥거리는 소리가 보스턴 평원에 울려퍼질 것입니다! 전쟁은 불가피합니다. 결연히 맞서야 합니다!! 다시 한 번 말하지만, 의장님, 우리는 맞서야 합니다!!!

사안을 가볍게 보면 안 됩니다. 신사분들은 평화를 거듭 외치겠지만 평화란 없습니다. 전쟁이 실제로 시작된 것입니다! 다음에 닥쳐올 북풍은 우리에게 무기가 철컥거리는 소리를 실어다줄 것입니다! 우리의 동포는 이미 전장에 있습니다! 그런데 우리가 여기서 한가하게 보낼 수 있겠습니까? 그 신사분들이 바라는 것은 무엇입니까? 그들이 가진 것은 무엇입니까? 생명이 소중하고 평화가 달콤한 것은 사실이지만 사슬에 묶인 노예에게 생명과 평화가 무슨 소용이겠습니까? 전능하신 신께서 금하십니다! 다른 사람들이 뭐라고 하든 제 생각은 이렇습니다. 자유가 아니면 죽음을 달라!

이 연설은 대단히 감동적이었지만 패트릭 헨리가 실제로 한 것과는 다르다. 이 내용은 한참 뒤에 당시 그 자리에 있었던 사람들의 희미한 기억에 의해 새로 만들어진 것이다. 1775년 3월 23일 패트릭 헨리의 연설에 사람들이 감동을 받았다는 사실은 전해지지만 그가 실제로 연설한 내용은 전해지지 않는다.

1805년 윌리엄 워트(William Wirt)라는 한 변호사가 패트릭 헨리의 생애에 관해 책을 쓰기로 결심했다. 그러나 그것은 쉬운 일이 아니었다. 헨리는 혁명을 이끈 유명한 지도자였고 나중에 당시 미국에서 가장 큰 주의 지사를 역임했지만 역사가들이나 전기작가들이 좋아할 만한 기록은 거의 남기지 않았다. 그는 웅변가였지 작가가 아니었으며, 그의 명성을 드높여준 연설을 채록한 사본도 없었다.

1815년에 워트는 한 친구에게 헨리에 관한 믿을 만한 자료가 없다는 고충을 털어놓았다.

그저 모든 게 말, 말, 말뿐일세. 그가 말을 잘 한다는 건 누구나 알아! 그런데 행동이 없단 말이야. …… 게다가 1763년부터 1789년까지는 …… 그의 연설이 인쇄되거나 필사되거나 기억으로도 남은 게 전혀 없어. 그저 어떠어떠한 상황에서 그가 인상적인 연설을 했다는 정도가 고작이라네. …… 헨리의 성격에는 보기 싫은 면이 있어. 차라리 공백이 낫기는 하지. 그런데 그는 군대 지휘관, 주지사, 정치가로서의 경력이 다 공백이야. 그래서 세부 사항은 지어내야 한다네. 요컨대 그는 연구 대상으로서는 참으로 가망이 없는 인물이야.

그래도 용감하게 워트는 자신의 판단력에 의거하여 그 공백들을 메웠다. 그는 미국의 젊은이들에게 감동을 주는 이야기를 쓰고 싶었으므로 굳이 역사 기록에 지나치게 집착할 필요는 없었다. 그래서 그는 존 애덤스에게 이런 편지를 보냈다. "우리나라의 현 세대와 미래 세대는 혁명의 아버지들이 제시한 모델을 연구하는 데 심혈을 기울여야 할 것입니다."

작업을 시작한 지 12년 뒤인 1817년에 윌리엄 워트는 버지니아의 혁명적 민중 영웅의 첫 전기인『패트릭 헨리의 생애와 인물에 관한 개요』를 펴냈다. 그는 이 책을 '버지니아의 젊은이들'에게 헌정하면서 그들이 자기 이야기의 주인공을 본받기를 바랐다. 하지만 아무리 그럴듯하게 포장해도 그의 목표는 애국심을 고취하고 책을 팔자는 데 있었으며, 그 두 가지 목표는 모두 성공했다. 워트의 책은 즉각 대중 역사서의 본보기가 되었다. 그 책은 이후 50년 동안 스물다섯 차례나 증쇄되면서 민족주의 정신을 진작시키는 데 크게 기여했다. 이 책에는 그 유명한 "자유가 아니면 죽음을 달라"는 연설이 수록되었는데, 헨리가 실제로 그 연설을 한 지 42년, 그리고 그가 사망한 지 18년이 지난 시점이었다.

그렇다면 워트의 책은 얼마나 정확할까?

헨리가 무기를 들자고 고취하는 그 연설을 한 지 30년 뒤에 워트는 그 연설을 직접 들었다는 사람들, 그리고 당시 현장에 있었던 사람들을 안다는 사람들과 서신 왕래를 했다. 모두들 그 연설이 큰 감동을 불러일으켰다는 사실에는 동의했지만 실제로 연설 내용을 보내준 사람은 세인트 조지 터커 판사 한 사람뿐이었다. 터커가 워트에게 보낸 편지는 실전(失傳)되었으나 워트가 터커에게 보낸 편지는 남아 있는데, 거기에는 이런 내용이 있다. "1775년 대회에서 헨리 씨가 한 연설의 거의 전부를 선생님에게서 받았습니다. 그 연설의 효과에 관해서도 마찬가지고요."

학자들은 우리가 아는 그 연설 내용을 전하는 사람이 윌리엄 워트인지, 세인트 조지 터커인지를 놓고 오랫동안 갑론을박을 벌였다. 그런데 패트릭 헨리 당사자에 관해서는 어떨까? 그 연설은 과연 그의 것일까?

터커 가설을 지지하는 사람들은 터커 본인이 당시 연설 현장에 있었기 때문에 워트가 책에 수록한 연설 내용이 상당히 정확하다고 주장한다. 그러나 그 자신도 시인했듯이 터커가 전하는 연설은 기록이 아니라 '회상'에 의거한 것이다. 그는 "그의 연설 내용을 알기 위해 노력했으나 허사였다"고 썼다. 터커는 단 두 단락만을 재구성하려 했는데(그 중 앞의 두 단락은 이 책에 수록되었다), 그것은 연설 전체의 1/5 분량이다. 하지만 이 부분도 미심쩍다. 터커가 헨리의 연설을 아무리 잘 기억했다 하더라도 수십 년 뒤 정확히 되살리기란 불가능하기 때문이다. 그는 아마 기본적인 내용을 기억하는 정도였을 것이다. 그렇다면 웅변술에서 매우 중요한 화법과 운율은 어떨까? 1,217단어에 달하는 연설의 나머지 부분은 어떻게 된 걸까? 그 말들은 어디서 나온 걸까?

42년 전에 한 연설의 내용을 아무런 기록도 없이 기억으로만 되살린다고 생각해보자. 지금으로 치면 존 F. 케네디가 했던 유명한 연설들을 기억하는 것에 해당한다. 1962년 10월 22일, 케네디 대통령은 미국인들에게 러시아가 미국 해안에서 불과 150킬로미터 떨어진 쿠바에 미사일을 설치하려 한다고 말하고, 쿠바 해역의 '봉쇄'를 명했다. 만약 러시아 군함들이 구원하러 온다면 미국의 함대와 싸워야 했다. 케네디의 연설은 세계를 핵전쟁의 위기로 몰아넣었다.

그러나 누가 기록에 의거하지 않고서 케네디가 한 말을 정확히 기억할 수 있을까? 그 연설도 매우 감동적이었다. 대충 기억해보면 그는 우리에게 닥친 많은 위험을 열거하고 그 중에서도 가장 큰 위험은 아무런 대비도 하지 않는 것이라고 말했다. 그런데 그게 그가 말한 그대로일까? 그는 또 무엇을 말했던가? 수백만 명이 그 연설을 지켜보고 들었으며, 더러 내용을 메모한 사람도 있었을 것이다. 하지만 당시에 그대로 기록하지 않았다면 수십 년이 지난 지금 누가 그 연설을 재구성할 수 있을까?

그 연설을 기억할 만큼 나이가 지긋한 사람들은 연설 내용보다 그 감정—그 순간의 공포와 우려—을 더 잘 떠올릴 수 있을 것이다. 또한 케네디의 품행, 외모, 연설할 때의 행동도 생각해낼 수 있을 것이다. 그보다 2년 전에 소련의 니키타 흐루시초프는 UN에서 잊지 못할 행동을 보였다. 구두를 벗어 탁자를 내리쳤던 것이다. 이것은 뚜렷이 기억에 남았지만 흐루시초프가 한 정확한 말은 잊혀졌다. 패트릭 헨리의 경우도 마찬가지였다. 그는 감동적이고 정열적이며 매우 강경한 연설을 했고 사람들은 그것을 기억했다. 그러나 그가 애국심을 고취하기 위해 사용한 말들은 기억에 남지 않았다.

공포와 혐오

헨리의 연설은 윌리엄 워트와 세인트 조지 터커의 웅변 실력에 힘입은 바가 크며, 전쟁을 낭만적으로 바라보고자 하는 19세기 민족주의자들의 관심을 반영한다. 그러나 전쟁을 이상화하는 과정에서 많은 것이 누락된다. 그들이 소생시킨 '자유냐 죽음이냐'의 연설에서는 묘하게도 패트릭 헨리가 말하고자 한 핵심 요소가 빠져 있다. 당시 헨리와 그의 동료들이 품었던 정서는 워트가 독자들에게 말하려는 것만큼 고결한 게 아니었다.

사실 헨리의 연설이 있은 지 몇 년 뒤에 그 내용에 관한 기록이 하나 있는데, 이것은 워트가 나중에 발표한 것과는 사뭇 다르다. 1775년 4월 6일자 편지에서 제임스 파커는 찰스 스튜어트에게 다음과 같이 썼다.

P. 헨리의 연설보다 파렴치하고 뻔뻔한 연설은 들어보지 못했을 거요. 그는 K를 독재자, 바보, 내각의 꼭두각시라고 불렀소. 영국인도, 스코틀랜드인도, 브리튼인도 없고 단지 사치에 탐닉하는 천박한 사람들만 있다면서 모두들 타고난 용기를 잃어 면전의 용감한 미국인들을 바라볼 수 없다고 말했다오. …… 듣자니 이 친구는 거의 광적으로 보통 사람들에게 기도와 설교를 하고 다닌다고 하오.

동조하지 않는 사람의 편견까지 수용하는 파커의 설명은 믿을 만하다고 여겨진다. 어느 시대에나 그렇듯이 미국혁명 중에 강경파에다 외국인 혐오증을 가진 정치가들은 적의 용기를 얕잡아보고, 욕설을 퍼붓고, 공포 분위기를 조성했을 것이다. 그래서 선동은 웅변의 약점이다.

헨리가 '자유냐 죽음이냐'의 연설을 한 지 한 달도 못 되어 남부에서는 노예 반란이 일어날지 모른다는 공포가 혁명의 방아쇠를 당겼다. 1775년 봄에 버지니아의 백인들은 흑인들이 단결하여 반란을 일으키고 백인들을 대대적으로 학살하려 한다고 생각했다. 공포에 질린 백인들은 최악의 사태를 준비했는데, 노예 소유주였던 패트릭 헨리도 그 중 한 사람이었다. 4월 21일 새벽 버지니아 총독 던모어는 윌리엄스버그의 탄약고에 저장된 화약을 탈취하기 위해 병사들을 보냈다. 그날 오후에 격분한 애국자들이 모여 그 일에 대해 항의했다. 어느 신문은 이렇게 보도했다.

식민지가 노예들의 봉기 위협에 직면한 순간에 총독이 주민에게서 방어 수단을 빼앗을 수 있다는 그 엄청난 어리석음이 …… 민중의 열정을 …… 거의 광적인 수준으로 고취했다.

던모어 총독은 처음에 화약을 빼앗아 노예들의 손에 들어가지 못하도록 했다고 항변했지만, 곧바로 태도를 바꾸었다. 그는 만약 애국자들이 영국 관리에게 조금이라도 피해를 준다면 "노예들에게 자유를 허용하고 윌리엄스버그 시를 잿더미로 만들겠다"고 선언했다.

이런 태도는 반란의 불길을 더욱 타오르도록 할 뿐이었다. 그 뒤 며칠 동안 7개 군이 황급히 모여 '독립 단체들'을 결성했는데, 그 이유는 영

무릎 꿇고 살기보다 서서 죽길 원한다!
열혈 청년 패트릭 헨리가 인지세법에 항의하는 장면의 삽화인데, 나중에 그는 자유가 아니면 죽음을 달라는 유명한 연설을 남겼다. 하지만 그의 연설은 한 세대 뒤에 윌리엄 워트가 헨리의 전기를 쓰면서 창작했을 가능성이 크다.

국이 렉싱턴과 콩코드에서 유혈극을 벌였기 때문이기도 하지만 던모어의 위협에 대응하기 위해서이기도 했다. 프레더릭슨에서는 4월 29일에 그 단체에 속한 600여 명이 모여 윌리엄스버그의 총독 관저로 행진할 준비를 했다. 던모어는 단체들이 계획대로 강행할 경우 즉각 노예들을 풀어주겠다고 다시 협박했다.

온건파는 그 단체들에게 해체를 종용했지만 앨버말과 하노버 두 단체는 끝내 남았다. 앨버말의 자원자들은 표결을 통해 윌리엄스버그로 가겠다고 결정했다. "던모어가 화약을 탈취한 조치, 자신의 기준을 강요하고 흑인들을 부르겠다는 협박에 대해 항의하겠다"는 것이었다. 그러나 그들 역시 이내 태도를 바꿔 결국 하노버 한 곳만 남았는데, 그 지도자가 바로 패트릭 헨리였다.

하노버 군의 위원들이라고 해서 모두 생각이 같지는 않았지만 헨리는 위원들 중에 친구와 친지들이 많았으므로 실권자나 다름없었다. 그들은 '생명과 재산에 대한 우려' 때문에 주도로 행진하기로 결정했다. 던모어가 노예들을 내세우겠고 으름장을 놓으면서 백인들이 방어에 사용할 수 있는 화약을 장악했기 때문에 헨리를 비롯한 하노버 위원들은 마치 자신들이 공세를 취할 경우 "이 식민지에서 가장 심한 재난, 가장 치명적인 결과"를 당하게 될 듯한 분위기를 느꼈다. 결국 던모어의 행동이 유발한 초기의 반란은 (비록 일시적이지만) 화해를 이루게 되었다. 그리하여 영국 측은 탈취한 화약의 값을 치렀고 하노버 단체는 귀향했다.

그 해 후반에 던모어가 영국군에 입대한 노예들에게 정식으로 자유를 주겠다고 주장하자, 버지니아 제1연대의 패트릭 헨리 대령은 직접 던모어의 그 조치를 널리 알렸다. (던모어의 조치에 관해서는 이 책 10장에서 상세히 다루기로 한다.) 이번에는 헨리가 한 말이 인쇄 기록으로 남았는데, 그는 공포의 분위기를 이용하여 대동단결을 이루고자 했다.

안전위원회가 열려 있지 않기 때문에 던모어 경이 발표한 선언문의 사본을 내가 여러분에게 보내는 바입니다. 보시다시피 그 선언은 공공의 안전을 크게 위협하고 있습니다. 바라건대 노예 정부에 대해 지속적인 관심을 보이고 늘 경계의 시선을 늦추지 않아야만 우리는 그 위험한 기도를 좌절시킬 수 있을 것입니다.

노예들만 공포의 대상인 게 아니라 인디언들도 말썽을 일으킬 수 있었다. 윌리엄스버그로 진격하겠다는 강경한 입장을 보인 어느 독립 단체는 던모어의 의도가 "이 식민지를 무력화시키고 야만적 침입, 즉 국내의 적(노예에 대한 완곡한 표현)들로 하여금 공격하게 하려는 것"이라고 주장했다. 이런 입장은 남부 주들에 대한 영국의 정책을 비판하는 것으로 이어졌다. 즉 왕, 의회, 총독은 노예 반란만이 아니라 인디언의 공격을 부추기고 있다는 것이었다. 이듬해 여름에 대륙회의는 독립선언에서 이런 불만을 정식으로 밝혔다. 선언에 의하면 왕은 "우리 내부의 반란을 선동하고 국경지대의 주민들이 야만적인 인디언의 무자비한 공격에 시달리도록 하려고 노력한다"는 것이다.

버지니아의 여느 백인들처럼 패트릭 헨리도 인디언 영토를 탐냈다. 1766년에 그는 백인 거주지 국경지대에 위치한 버지니아 남서부의 토지 1,400에이커와 1,935에이커(1에이커는 약 1,224평)를 매입했다. 그 이듬해에는 여섯 필지를 더 샀으며, 1769년에는 오하이오 회사 소속으로(토머스 제퍼슨 등 유명인사들이 이 회사에 속했다) 왕에게 오하이오 강변의 땅 5만 에이커를 요청했다. 1770년대 초에도 그는 서부 여러 곳의 땅에 투자했고, 1774년에 그가 들어간 트랜실베이니아 회사는 체로키족에게서 에이커당 2센트의 헐값에 무려 2천만 에이커—켄터키 전역, 테네시 북부 대부분에 해당하는 면적—의 땅을 '매입'했다.

그랬으니 헨리가 인디언 지역에 대한 군사적 침략을 옹호한 것도 이상한 일이 아니었다. 1778년 버지니아 주지사였을 때 그는 국경지대 정착지에 대한 군사적 지원을 강화하고 인디언 영토를 습격하기 위한 '지원군' 1개 중대를 인가했다. 또 그 이듬해에 그는 백인 지배에 저항하는 가장 호전적인 체로키족인 치카모가 부족이 사는 먼 곳까지 군사 원정을 허가했다. 혁명전쟁이 끝난 뒤 미시시피 강을 운항하는 권리를 획득하기 위해 노력하는 과정에서 그는 운항권을 포기하느니 차라리 연방과 갈라서겠다고 선언했다. 혁명 이전부터 이후까지 내내 헨리는 팽창주의로 일관했다. 버지니아의 이익과 자신의 개인적인 이익을 도모하려면 팽창주의가 절실했던 것이다.

국경을 백인 거주지로 제한하려는 영국의 정책에 대한 반대 여론을 환기시키기 위해 패트릭 헨리가 당시 팽배해 있던 반(反)인디언 감정을 이용하려 했을 가능성은 충분하다. 영국을 쫓아내면 서부의 땅을 차지하기가 더욱 쉬워지기 때문에 인디언에 반대하는 감정을 잘 조종하면 왕과 의회에 대한 혁명투쟁에 상당한 도움이 될 수 있었다(이 책13장 참조). 또한 헨리는 아마 정치적 흥정에서 '노예 카드'를 비장의 카드로 활용했을 것이다. 하지만 후대의 저자들이 전하는 그의 연설 어디에서도 자유에 대한 사랑 같은 고상한 이념 이외에 저급하고 비열한 행태의 낌새는 전혀 보이지 않는다. 그의 연설은 말 그대로 모든 것을 호도하고 있다.

'자유냐 죽음이냐' 만 후대에 가필된 연설인 것은 아니다. 그 10년 전 버지니아 하원으로 활동하던 첫해에 헨리는 인지세법을 거부하는 극적인 연설을 했다. 윌리엄 워트는 그 내용을 이렇게 전한다.

격조 높은 논쟁이 한창 벌어지고 있을 때 그는 혐오스러운 전제 행위를 길게 설명하면서 천둥 같은 목소리와 신처럼 준엄한 표정으로 소리쳤다. "카이사르에게는 브루투스가 있었고 찰스 1세에게는 크롬웰이 있었듯이 조지 3세 역시—그때 의장이 '반역'이라고 외쳤고 의사당 곳곳에서도 '반역'이라는 소리가 터져나왔다. 중대하고 괴로운 순간이었다. 헨리는 전혀 말을 더듬지 않고 한껏 도도한 자세로 의장을 쏘아보면서 단호한 어조로 말을 마쳤다──응분의 대가를 받게 될 것입니다. 만약 이 말이 반역이라면 여러분 마음대로 하십시오.

사건이 있은 지 50년 뒤에 재구성된 이 이야기에서 패트릭 헨리는 자신을 비난하는 사람들에게 극적으로 도전하는 모습을 보여준다. 그러나 당시 그 장면을 직접 목격한 어느 프랑스 여행자는 헨리가 '반역'이라는 비난에 전혀 다른 반응을 보였다고 전한다.

내가 들어가자마자 한 의원이 자리에서 일어나더니 예전에 타르퀴니우스(기원전 6세기 후반에 활동한 로마의 전설적인 왕. 카이사르를 죽인 브루투스와는 동명이인인 브루투스에 의해 로마에서 쫓겨났다)와 율리우스에게 브루투스가 있었고 찰스에게 크롬웰이 있었듯이 조국을 위해 훌륭한 미국인이 나설 것임을 확신한다고 말했다. 그러나 그가 더 온건한 태도로 말을 계속하려 했을 때 의장이 일어나 반역이라고 외쳤다. 유감스럽게도 충성스러운 의원들은 그가 너무 멀리 가기 전에 그를 제지했다.

그 뒤 바로 그 의원이 다시 자리에서 일어나, 만약 자신이 의장이나 의원들을 모욕했다면 용서를 빌고 국왕 폐하 조지 3세에게 목숨을 바쳐 충성하는 자세를 보여주고 싶다고 말했다. 하지만 그가 그렇게 말한 이유는 그가 속한 지역의 자유가 손상될까 하는 우려 때문이었다. 흥분과 열정에 빠졌다면 지나친 발언이 나올 수도 있는 상황이었지만, 그는 또다시 자신이 잘못 말한 게 있다면 의장과 의원들에게 용서를 구하고자 한다고 말했으며, 다른 의원들이 일어나 그를 지지해줌으로써 사태는 무마되었다.

두 설명의 차이는 놀랄 정도다. 19세기 낭만주의자들은 헨리가 수많은 비판에 항거했다고 전하지만, 목격자는 그가 자신의 지나친 행동을 두 차례나 사과했고 '반역'이라고 외친 사람은 의원들이 아니라 의장 한 사람뿐이었다고 말한다. 헨리는 많은 적들에 결연히 맞선 고독한 영웅이 아니었다. 오히려 그는 좀 지나치게 나아갔다 싶으면 알아서 제 자리로 돌아가는 사람이었다. 그렇게 헨리는 영리하고 기민하게 처신했지만 영웅적인 행동은 하지 못했다.

이 연설을 낭만화한 이야기— '자유냐 죽음이냐'와 '카이사르에게는 브루투스가 있었다'— 는 그의 대담한 저항을 찬양하며, 나아가 연설 자체를 찬양한다. 많은 미국인들이 유식한 정치 논설을 읽을 능력이 없었던 시절에는 누구나 연설을 듣고 반응했다. 그래서 연설은 미국 민족주의를 창달하는 데 중대한 역할을 했다. 이렇게 보면 윌리엄 워트가 웅변가였던 것도 우연이 아니다. 그는 1826년 7월 4일 워싱턴 시에서 독립선언 50주년 기념식이 열렸을 때 중요한 연사로 참여했다.

연설도 나름대로 유용하지만 자칫하면 타협, 이성적 사고, 이의 제기를 묵살해버릴 수 있다. 강경파 연사는 말 그대로 군대와 다를 바 없다. 고결한 감정은 감수성이 예민한 젊은이들로 하여금 조국이나 대의명분을 위해 목숨을 바치도록 부추길 수 있다. 워트와 헨리 같은 뛰어난 웅변가의 화려한 연설을 들으면 그런 위험성은 더욱 커진다. 초기 공화국의 애국자들은 신성한 혁명 전통에 호소함으로써 민족주의와 팽창주의를 선전했다. 설사 그 말을 워트가 만들어냈다 할지라도 '자유냐 죽음이냐'의 연설은 '천둥의 아들'이라는 과거 세대의 전설적인 연사와 결부되었을 때 훨씬 더 큰 위력을 발휘할 수 있었다.

19세기에는 수많은 어린 학생들이 '자유냐 죽음이냐'의 연설을 배우고 흉내내고 암송했다. 하지만 그 말이 실은 패트릭 헨리가 한 게 아니라는 사실, 그 고결한 감정의 배후에 비천한 동기가 숨어 있다는 사실은 아무도 알지 못했다. 오늘날 우리는 그것을 알지만 무기를 들라는 헨리의 호소는 현행 교과서의 절반가량에 여전히 등장한다. 학생들은 이제 그 연설을 암기하지는 않지만 전장에 나가는 것은 매우 훌륭한 일이라고 배운다. 『미국의 역사』에서 조이 해킴은 그 연설을 위한 완벽한 무대를 마련했다. 워트와도 또 다르게 자기 나름대로 이야기를 꾸민 것이다. "헨리는 복도로 걸어 들어와서 고개를 숙여 인사하고 두 팔을 벌렸다. 마치 두 팔이 사슬에 묶여 있다는 듯한 몸짓이었다." 몇 문장을 인용한 뒤 그녀는 이렇게 결론짓는다. "그런 다음에 패트릭 헨리는 상상의 사슬을 떨쳐버리고 벌떡 일어서서는 소리쳤다. '멈춰주십시오, 전능하신 주님이시여! 다른 사람들이 어떤 길을 택할지는 알지 못하지만 제게는 자유가 아니면 죽음을 주십시오!'"

이 이야기는 단어와 문맥을 교묘하게 이었기 때문에 아귀가 잘 들어맞는다. 왕을 '바보'라고 부르고 영국인, 스코틀랜드인, 브리튼인을 '놈들'이라고 부른 연설이 오늘날에도 그대로 통해서는 안 되며, 노예와 인디언의 공포를 조장한 사람을 지금까지 존경해서는 안 된다. 실제 사건을 무시해버려야만 우리는 진정으로 원하는 이야기를 들을 수 있다.

"단 한 발도 함부로 쏘지 말고 잘 겨냥해라.
적의 흰자위가 보일 때까지는
방아쇠에 손을 대면 안 된다."

「벙커힐 전투」, 알론조 예배당의 회화 작품을 바탕으로 제작한 1850년대의 판화.

9_ "적의 흰자위가 보이기 전까지는 발포하지 말라"

전하는 바에 따르면 벙커힐 전투에서 이스라엘 퍼트넘(윌리엄 프레스콧이라는 설도 있다)은 "적의 흰자위가 보이기 전까지는 발포하지 말라!"는 명령을 내렸다고 한다. 다가오는 영국군 앞에서도 용기를 잃지 않은 애국자들은 지휘관들의 명령에 복종하여 적의 눈이 보일 때까지 발포하지 않고 기다렸다. 전투에 참여한 사람들의 증언에 의하면 미국 지휘관들은 "낮게 사격하라," "적의 허리띠를 겨냥하라," "적의 지휘관을 노려라," "좋은 군복을 입은 자를 겨냥하라," "화약을 낭비하지 말라," "적의 흰자위가 보일 때까지 기다려라"는 등 많은 명령을 내렸다. 그런데 왜 하필 마지막 명령에 주목하는 걸까? 이 특별한 문구가 벙커힐 전투를 대변하고 미국혁명을 대표하는 이야기가 된 이유는 뭘까?

적들의 눈에서 흰자위를 본다는 것은 곧 매우 가깝고 직접적인 전투가 벌어졌다는 것을 뜻한다. 우리는 혁명전쟁의 영광이 비정한 살육으로 얼룩지는 것을 원치 않는다. 당시에는 병사가 적과 1 대 1로 당당하게 싸워 승리함으로써 자신의 용맹을 과시하는 전투가 일반적이었다. 그 뒤 전쟁이 기계화됨에 따라 미국인들은 그 순수했던 시대를 향수 어린 마음으로 동경했다. 그렇듯 우리나라의 탄생은 사뭇 따뜻한 인간적인 사건이 되었던 것이다. '적의 흰자위' 이야기는 혁명전쟁을 다분히 고상한 전쟁으로 만들어준다. 옛날에는 적의 눈을 정면으로 보고 나서 사격을 하던 시대였던 것이다.

실험

'적의 흰자위' 명령은 미국혁명에 처음 나오는 게 아니었다. 프로이센의 카를 대공은 1745년에, 프리드리히 대제는 1757년에 그런 명령을 내린 바 있었다. 그들 말고도 더 있었을 것이다. 혁명 중에도 여러 전투에서 여러 지휘관이 그렇게 명령했다고 전한다. "적의 흰자위가 보일 때까지 발포하지 말라"는 명령은 18세기 지휘관들이 휘하 병사들의 사격을 통제하기 위해 사용한 일종의 비유적 표현이자 관용어였다.

그 명령은 말 그대로의 의미가 아니었다. 사람 눈의 흰자위는 아무리 날씨가 좋아도 10미터 이상의 거리에서는 제대로 볼 수 없다. 가뜩이나 전장의 포연 속에서 움직이는 사람의 흰자위를 보는 것은 5미터 이상 떨어져서는 불가능한 일이다. 그 거리가 되기까지 기다린다면 그것은 곧 자살 행위나 마찬가지다. 일제사격을 한 뒤 전진하는 적병들의 눈을 보면서 기다리다가는 재장전할 기회도 갖기 전에 적에게 공격을 당하고 말 것이다. 따라서 지휘관들이 병사들에게 그런 명령을 내린 것은 적에게 시선을 고정시키고 명령이 떨어질 때까지 발포를 중단하라는 의미지, 적이 5~10미터 이내로 가까이 왔을 때에야 발포하라는 의미가 아니었다.

실제로 어느 미국 지휘관은 병사들에게 적이 10미터 거리에 올 때까지 발포하지 말라고 명령한 적이 있었다. 1780년 5월 29일 사우스캐롤라이나의 왁스호스에서 에이브러햄 버퍼드 대령은 영국군이 가까이 접근할 때까지 발포를 금지했다. 하지만 그 뒤 일제사격으로 적의 공세를 멈추게 하지 못한 탓에 애국자들은 일망타진되었다. 영국군 사령관인 배너스터 탈턴은 항복하려는 미국 병사들에게 사격을 명했다고 한다. 그 결과 113명의 애국자들이 현장에서 전사했고 부상자들을 포함하여 203명이 적에게 사로잡혔다. 그에 비해 영국군의 피해는 겨우 전사 5명에 부상 12명이었다. 근거리 사격의 실험은 완전히 실패였다.

훗날 애국자들은 왁스호스의 '학살극'이 영국군의 잔인함을 보여주는 사례라고 주장했다(이 책 11장 참조). 그럴 수도 있지만 왁스호스에서 실제로 일어난 일은 근거리 전투의 다른 일면을 보여주는 사례이기도 했다. 병사들이 서로 엉켜 칼과 머스킷의 개머리판과 총검으로 싸우기 시작하면 전투는 잔인한 학살극이 될 수밖에 없었다. '적의 흰자위'가 실제로 보였다면 그런 사태는 거의 필연적이었다.

"사방에서 온통 포성과 총성, 북소리가 울리고 포탄이 날아다녔다"

이따금 혁명군 병사는 적병의 흰자위를 볼 수 있었으나 대개는 그렇지 못했다. 심지어 죽은 병사는 누가 자신을 죽였는지도 알지 못했다. 사실 사망자는 대부분 질병이나 감옥 생활로 죽었던 것이다. 비위생적인 환경에서 많은 병사들이 모여 생활할 경우에는 장티푸스, 티푸스, 이질, 천연두 같은 전염병이 창궐하기 쉬웠다. 말하자면 적병보다도 동료 병사와 가까이 접촉하는 편이 더 위험하다고 할 수 있었다. 군사 역사가인 하워드 페컴(Howard Peckham)에 의하면 진영에서 죽어간 애국자의 수는 약 1만 명에 이르렀다고 한다. 전쟁 포로로 죽은 사람은 7천 명이었는데, 주로 동료들에게서 병이 전염된 탓이었다. 그에 비해 전사자는 6,824명에 지나지 않았다.

전사자는 대체로 먼 거리에서 어림 조준으로 발사된 대포나 머스킷에 희생되었다. 미국을 탄생시킨 전쟁은 우리가 믿고 싶은 것처럼 1 대 1 전투가 아니라, 우리가 인정하고 싶어하지 않는 원거리 사격을 중심으로 하는 전투였다. 보병이 공격이나 항전을 벌일 때 포병들은 3~15명으로 한 팀을 이루어 대포, 박격포, 곡사포를 익명의 적에게 발사했다. 더욱이 일반적인 포탄 이외에 포도탄, 산탄, 폭탄 등 인간의 생명을 빼앗거나 불구로 만들 목적으로 고안된 잔인한 것도 많이 사용되었다.

예나 지금이나 병사의 목적은 개인적인 용맹을 과시하려는 게 아니라 가급적 먼 거리에서 안전하게 적을 죽이는 데 있었다. 거리가 멀면 멀수록 더 좋았다. 혁명전쟁에 참가한 어느 병사의 경험을 직접 들어보자.

사방에서 온통 포성과 총성, 북소리가 울리고 포탄이 날아다녔다. 부상에 신음하며 죽어가는 병사들은 보는 이의 가슴을 아프게 했고, 동료 병사들이 그런 식으로 죽는 모습은 참담하기 그지없었다.
— 병사 엘리샤 스티븐스, 브랜디와인의 전투에서

드디어 우리는 사격을 개시했다. 잠깐 사이에 포탄 180~200발이 발사되었다. 양측의 박격포도 무수한 포탄을 쏘아댔다. 포탄들이 유성처럼 밤하늘을 불태우며 서로의 진영을 향해 날아가는 모습은 일대 장관이었다. 마치 하늘의 별들이 쏟아지는 것 같았다. 포격은 밤새 계속되었고, 포탄이 쉭 하며 날아가는 소리도 끊이지 않았다. 탄약 상자와 임시 탄약고가 폭파되었고, 총포가 불을 뿜었고, 곳곳에서 부상자들이 신음했다. 정말 무시무시한 밤이었다! 우리는 마지막으로 분투했으나 성과는 전혀 없었다. 전투에 대한 우리의 열의도 점점 약해졌다.
― 윌리엄 몰트리, 찰스턴의 첫 전투에서

적은 15~30분 간격으로 밤새 포격을 가했다. …… 내가 여기 온 지 2주일쯤 됐지만 단언컨대 1분도 편히 누워 잠을 잔 적이 없었다. ……
대포 64문짜리 함선이 여섯 척, 36문짜리 프리깃함이 한 척, 24문짜리 함선, 갤리선, 6문짜리 범선이 각각 한 척, 그리고 포대에 장착된 대포 6문과 박격포 3문이 모두 요새라는 이름에도 어울리지 않을 만큼 빈약한 우리의 요새를 포격했다. 아군의 어느 지휘관은 적이 1분 동안 몇 차례 대포를 발사하는지 확인하려 했지만 워낙 많아 셀 수가 없었다. ……
적의 포격에 우리는 치명상을 입었다. 한 포대에 있던 아군 포병 다섯 명이 단 한 차례의 포격으로 전사했다. 병사들은 은폐물에 몸을 숨기려 했으나 제대로 숨지 못해 마치 구운 생선처럼 비참한 최후를 맞았다. ……
포격이 어느 정도 잦아들었을 때 주위를 둘러보니 요새는 잿더미가 되어 있었다. 요새 전체가 황무지로 변했다. 건물은 모두 부서졌고 대포는 전부 파손되었다. 수비대원이 얼마나 전사했는지 알 수 없을 정도였다. 그야말로 완벽한 파괴의 현장이었다.
― 병사 조지프 플럼 마틴, 미핀 요새의 전투에서

벙커힐 전투에서도 애국자들은 강 건너 보스턴 방면에서 가해지는 포격과 해안에서 날아드는 함포 사격을 견뎌야 했다. 애국자들의 일차 진술을 보면 예외 없이 적의 원거리 포격의 공포를 말하고 있다. 존 체스터는 "포탄이 우박처럼 우리 주변에 쏟아졌고 …… 끊임없이 귓가에 포성이 울렸다"고 썼다. 또 피터 브라운은 "보스턴과 함선들에서 발사된 포탄이 우리를 매장시킬 것처럼 퍼부었다"고 썼다. 멀리서 대포를 발사하는 굉음에 "우리 신생국 젊은이들 중 일부는 전선을 버리고 달아났다". 윌리엄 프레스콧은 애국자들이 요새 보강 작업을 하면서 '그 엄청난 포성'과 '적의 포대에서 나오는 열기' 때문에 고통을 받았다고 하소연했다. 윌리엄 튜더는 존 애덤스에게 이렇게 털어놓았다. "적함의 함포 사격이 워낙 맹렬한지라 포탄에 익숙하지 않은 우리 병사들은 기가 꺾여 진격할 엄두를 내지 못했습니다." 벙커힐 전투를 누구보다 생생하게 전해준 사람은 입대한 지 얼마 안 된 열일곱 살짜리 신병 이사차르 베이츠였다.

우리는 적의 뜨거운 쇳덩이들—포탄과 포도탄, 산탄—을 고스란히 맞을 수밖에 없었다. …… 사방은 마치 부글부글 끓는 죽사발 같았으며, 하늘에서는 포탄들이 악마처럼 미친 듯이 날뛰었다. 그 악마들은 낮에는 퍼런 꼬리를 달고 다녔고 밤에는 지옥의 불을 달고 날았다. 포탄이 땅에 떨어지면 악마가 안에 든 것처럼 펄쩍 뛰어올라 번쩍 빛을 내며 폭발했다. 그리고는 어느새 다시 하늘에는 포탄들이 날아다녔다.

"인간이 다른 인간을 살상하기 위해 만든 사악한 발명품"에 큰 충격을 받은 베이츠는 이후 평화주의자로 돌아 셰이커교도가 되었다. (혁명

세대 중에는 베이츠처럼 전쟁의 잔인함을 혐오한 사람이 많았다. 그래서 자유 미국인의 1/30에 해당하는 8만 명이 인명 살상에 반대하는 평화주의 종교운동에 뛰어들었다.)

전통적인 이야기에는 접근전 방식의 전투만 강조될 뿐 그런 원거리 사격이 나오지 않는다. 하지만 벙커힐 전투의 현장에 있었던 사람들의 말을 들어보면 사정은 달랐다. '적의 흰자위' 명령이 언급된 진술은 단 하나밖에 없고 나머지 일차 경험담은 모두 영국군 대포의 포격만을 이야기한다. 적절한 때가 올 때까지 발포하지 않은 미군 병사들은 결국 적들과 육박전을 벌여야 했다. 애국자들이 적의 눈을 볼 때까지 교전에 들어가지 않았다는 생각은 당시 전투의 성격을 제대로 알지 못한 데서 비롯된 이야기다. 벙커힐에서도 그렇고 나머지 미국혁명의 다른 전투에서도 마찬가지였다.

혁명전쟁 초기의 치열했던 전장인 벙커힐에서 실제로 일어난 일은 이렇다. 렉싱턴과 콩코드로 이동한 뒤 영국군은 보스턴으로 물러가서 주둔했다. 시 외곽에서는 약 1만 7천 명의 애국자들이 모여 포위전에 들어갔다. 두 달 뒤 그들은 영국군이 찰스 강 맞은편의 곳을 점령하려 한다는 첩보를 입수했다. 미국 장교들은 벙커힐에 요새 축조 명령을 내렸으나 명령 집행을 담당한 장교들은 브리즈힐이 방어에 더 용이하다고 판단했다. 이 때문에 브리즈힐 전투가 벙커힐 전투로 알려지게 된 것이다.

1775년 6월 16일 밤새도록 농민 병사들은 농사가 아니라 군사적 목적으로 땅을 팠다. 이튿날 새벽에 그들은 한 변이 40미터인 정사각형의 요새를 축조했다. 오전에도 그들은 쉬지 않고 적의 공격을 막아줄 흉벽을 쌓았다. 그러나 그때 영국군에게 발각되는 바람에 애국자들은 적의 포탄

세례를 받으며 작업을 계속해야 했다. 당시 영국군 3천 명의 공격을 방어하기 위해 약 1500명의 애국자들이 브리즈힐에 집결해 있었다.

영국 함선들은 애국자들의 요새만이 아니라 인근의 찰스타운에까지 포격을 가해서 마을을 불길에 휩싸이게 했다. 이사차르 베이츠는 그 화재를 이렇게 묘사했다. "가만히 서서 포탄이 날아가는 모습을 지켜보니 정말 끔찍한 광경이었다. 짐승의 시체가 썩는 악취가 2킬로미터나 떨어진 곳까지 공기를 타고 퍼졌다. 한 시간도 못 되어 그 아름다운 마을은 불지옥이 되어버렸다!"

오후에 접어들자 애국 병사들은 영국군의 진격을 가로막을 결의를 불태웠다. 지휘관들은 포도탄처럼 쉴새없이 명령을 내렸다. "적의 흰자위가 보이기 전까지는 발포하지 말라." 대충 이런 뜻의 명령이 하달되었는데, 이는 군사 훈련을 충분히 받지 않은 경험 없는 병사들의 사격을 통제하기 위한 임시변통의 명령이었다.

6월 17일 오후 3시경에 영국군의 전위가 언덕을 올라왔다. 대다수 애국자들은 명령대로 발포를 하지 않고 기다렸으나 일부는 참지 못했다. (나중에 한 지휘관은 적의 섣부른 사격을 유도하려는 의도에서 일부러 일찍 사격을 가했다고 진술했다.) 영국군이 머스킷의 사정권 안으로 들어왔을 때—당시의 기록에 의하면 약 50미터 거리—애국자들은 일제사격을 개시했다. 맹렬한 저항을 받은 레드코트들은 퇴각할 수밖에 없었다.

영국군은 전열을 정비하고 다시 언덕 공략에 나섰다. 이번에 애국자들은 적이 30미터 안쪽으로 접근할 때까지 기다렸으나 적병의 눈을 들여다볼 수 있을 만큼 가까운 거리는 아니었다. 그래도 2차 공격은 1차 공격만큼 치밀하지 못했기 때문에 애국자들은 더 기다렸다가 머스킷을 발사할 수 있었다. 영국군은 또다시 당해내지 못하고 퇴각했다.

그러나 대규모 포격에 힘입어 영국군은 애국자들을 흉벽으로부터 떼어놓을 수 있었다. 레드코트들이 3차 공격을 시도했을 때 포격에 시달리고 지친 애국자들은 요새를 버리기로 결정했다. 고대하던 지원군은 오지 않았다. 결국 애국자들은 달아날 수밖에 없었다. 신속하게 요새를 떠나지 못한 일부 병사들은 머스킷의 개머리판으로 적의 총검을 막으며 싸워야 했는데, 이것이 유일한 백병전이었다.

퇴각 과정에도 위험이 많았다. 아메리카 병사들이 건너야 하는 찰스타운의 좁은 지협에는 함포 사격이 끊이지 않았다. 피터 브라운은 이렇게 썼다. "다치지 않은 상태로 요새에 있던 중에 적이 뛰어들어왔다. 수백 미터를 달아나는데 포탄이 빗발치듯 쏟아졌고 포성이 천둥처럼 들렸다."

표면적으로 보면 영국군은 새 영토를 장악했으므로 벙커힐 전투에서 승리했다고 할 수 있었다. 하지만 그 승리의 대가는 엄청났다. 226명이 전사했고 828명이 부상했으며, 부상자 일부는 결국 사망했다. 이 젊은이들은 대부분 대서양 건너편의 가난한 가정 출신으로서 중거리 머스킷 사격에 당했다. 애국자들의 손실도 상당히 커서 140명 전사에 271명 부상이었다. 오늘날 우리는 '적의 흰자위'라는 흥미로운 이야기로 그 유혈극을 찬미하고 있다.

유행어가 된 '흰자위'

그 조야하고 잔인한 벙커힐 전투가 어떻게 해서 우리가 동경하는 바람직스러운 전투라는 위치를 차지하게 되었을까?

당대의 기록은 벙커힐 전투를 미국의 패배로 규정했다. 그러나 애국자들은 이 패배에 흥미로운 의미를 부여한다. 전투가 끝난 직후에 매사추세츠 안전위원회는 도덕적 승리를 주장하는 보고서를 발표했다. "비록 정부군의 장교들과 병사들은 졸렬하게도 이곳을 획득한 것을 기뻐하지만 그 전투는 우리 병사들의 용감함을 여실히 증명했다." 계속해서 보고서는 영국군이 전례 없는 큰 손실을 입었다고 말했다. "영국군이 그런 학살을 당한 적은 아마 일찍이 없었을 것이다."

이렇게 패배에 긍정적인 의미를 부여할 수 있었던 것은 반란군이 훈련된 수천 명의 레드코트를 상대로 훌륭하게 저항했기 때문이었다. 위원회는 적의 번쩍이는 총검에도 불구하고 경험이 없고 훈련이 부족한 미국 병사들은 겁을 집어먹지 않았다고 주장했다. 그들은 지휘관의 명령에 따라 섣불리 발포하지 않았다. 탄약이 부족했으므로 낭비할 여유가 없었다. "영국군이 10~12로드 거리까지 다가왔을 때 병사들은 일제사격을 개시했다." 1로드는 약 5미터이므로 그 거리는 50~60미터에 해당한다.

혁명전쟁의 초기 역사에서 그것은 주목할 만한 거리다. 윌리엄 고든과 데이비드 램지는 안전위원회의 추정치를 그대로 받아들였다. 존 마셜은 더 보수적인 입장을 취해 영국군이 '100야드 이내로 접근했을 때' 일제사격을 개시했다고 주장했다. 거의 모든 초기 문헌들은 일제사격이 시작되었을 때 양측의 거리를 명시하고 있다. 그것은 애국자들이 지휘관의 명령에 따랐고 전진하는 적군을 맞아 용감하게 대처했다는 사실을 말해주는 증거이기 때문이다. 그러나 문헌마다 대동소이한 그 거리에서는 적군의 흰자위가 보일까 말까 할 정도다.

혁명 시대 전체를 통틀어 역사가들——윌리엄 고든, 데이비드 험프리스, 존 마셜, 머시 오티스 워런——은 '적의 흰자위' 명령을 전혀 말하지 않았다. 1788년에 험프리스는 코네티컷 출신의 장교로 훗날 그 명령을 내렸다고 전해지는 이스라엘 퍼트넘의 전기를 펴냈다. 험프리스는 벙커힐에서의 명령에 관해 아무 말도 하지 않았으며, 그 대신 나중에 혁명 전설의 하나가 되는 이야기를 전했다. "농사를 짓던 도중에 [렉싱턴과 콩코드의] 소식을 들은 퍼트넘은 쟁기를 밭 한복판에 팽개치고 말의 멍에를 푼 뒤 옷도 갈아입지 않은 채 작전 지역으로 출발했다." (오늘날 우리에게 전해지는 이야기에 의하면 그는 멍에를 그대로 둔 채 말에 올랐다고 한다.) 이 이야기는 언급할 가치가 있다. 뉴잉글랜드의 농부들이 무기를 들라는 호소에 열렬히 호응했다는 것을 보여주기 때문이다. 하지만 '적의 흰자위' 이야기는 적어도 그 시대 사람들의 관점에서는 전혀 이야깃거리가 아니었다.

그 이야기는 사반세기 후 메이슨 웜스가 펴내서 널리 읽힌 조지 워싱턴의 전기에 처음 수록되었다.

퍼트넘은 병사들에게 단 한 발도 낭비하지 말라고 말했다. "단 한 발도 함부로 쏘지 말고 잘 겨냥해라. 적의 흰자위가 보일 때까지는 방아쇠에 손을 대면 안 된다."

이렇게 권총 사격이 가능한 거리까지 영국군이 다가올 때까지 발포를 하지 않는 것을 보고 영국군은 미국인들이 저항을 포기하는 게 아니냐는 희망을 품었다! …… 그러나 적이 아주 가까이 접근했을 때 수많은 방아쇠가 일제히 당겨졌다. 흉벽만큼 넓은 폭의 일제사격은 엄청난 파괴력을 발휘했다.

이후 반세기 동안 웜스의 이야기에 공감한 사람은 소수에 불과했다. 대부분은 애국자들이 사격을 중지했다고 말하면서 구체적인 거리를 밝혔다. 1819년에 폴 앨런은 마셜의 추정치에 따라 100야드라고 말했으며, 1823년에 찰스 굿리치는 '12로드 이내', 1822년에 샐머 헤일은 '10로드', 1833년에 노아 웹스터는 안전위원회의 공식 수치라면서 10~12로드라고 말했다. 성실한 학자인 리처드 힐드레스(Richar Hildreth)는 1849년에 그 거리를 '100야드 이내'라고 썼다. 직접적인 인용과 격의 없는 대화를 좋아했던 인기 역사가 조지 밴크로프트도 '적의 흰자위'에 관해서는 아무 말도 남기지 않았다. 그 대신 그는 당시의 두 추정치를 제시했다. 하나는 '[윌리엄] 프레스콧이 나중에 생각한 8로드'였고, 다른 하나는 '매사추세츠 안전위원회가 주장한 10~12로드'였다. 당시 그 거리는 이야기의 도덕성에 중요하다고 간주되었으나 지휘관이 내린 정확한 명령은 별로 중요하지 않았다.

벙커힐 전투에 관해 상세히 조사한 리처드 프로싱엄은 1849년에 웜스의 이야기를 근본적으로 뒤집는 논문을 제출했다. 즉 당시 이스라엘 퍼트넘은 지휘를 맡지 않았다는 것이다. 그의 주장에 따르면 지휘자는 매사추세츠 출신의 윌리엄 프레스콧 대령이었다는 것이다. 19세기 중반에는 누가 벙커힐의 지휘관이었는지를 놓고 학계에서 일대 격론이 벌어져, 퍼트넘을 지지하는 학자들과 프레스콧을 지지하는 학자들로 크게 의견이 나뉘었다.

지휘관이 누구였는지를 알아야 그가 실제로 어떤 명령을 내렸는지도 알 수 있다고 생각할 수도 있겠지만 실은 그렇지 않다. 남북전쟁이 끝난 뒤 다시금 '적의 흰자위' 이야기가 사람들의 관심을 모았다. 20세기에 들어서면서부터는 학교 교과서에서 특정한 거리가 사라지기 시작했다. 학생들은 단지 "훈련을 받지 못한 민병대는 …… 적의 흰자위가 보일 때까지 각자의 자리를 굳건히 지켰다"고만 배웠다. 이 비유적 표현은 혁명전쟁의 공식 어휘에 그대로 삽입되었다. 학생들은 쉽게 공식적인 결론을 내릴 수 있었다. 미국의 애국자들은 마치 중세의 기사처럼 적의 눈을 보며 당당히 마주 싸웠다.

'적의 흰자위' 이야기는 놀라운 수명을 보였다. 당대의 모든 기록에는 적의 눈이 보이기 한참 전에 애국자들이 사격했다고 전하는데도 그 이야기는 폐기되기커녕 더욱 널리 퍼졌다. 지휘관이 누구인지 불확실하다는 사실도 전혀 걸림돌이 되지 않았다. 퍼트넘을 좋아하는 사람들은 퍼트넘이 지휘관이라고 믿었고, 프레스콧의 진영에 속한 사람들은 그가 그 명령을 내렸다고 여겼다. 지휘관이 누구든, 또 그가 무슨 말을 했든 상관없이 그 이야기는 계속 전해졌다.

루이스 번바움은 『렉싱턴의 붉은 새벽』에서 프레스콧을 지지한다. "여러분은 모두 저격수다. 적의 흰자위가 보이기 전까지는 누구도 사격을 해서는 안 된다." 또 로버트 리크(Robert Lieke)는 『조지 워싱턴의 전쟁』에서 자신 있게 말한다. "이스라엘 퍼트넘은 말을 타고 전선을 오르내리며 불후의 명언을 남겼다. '적의 흰자위를 보기 전까지는 사격하지 마라! 그리고 낮게 사격해라.'" 『애국자들』의 A. J. 랭거스와 『자유!』의 토머스 플레밍도 퍼트넘 편이다. 반면 벤슨 보브릭은 『회오리 속의 천사』에서 양다리를 걸친다. 그는 '장교들'이라는 포괄적인 용어와 수동태의 표현을 사용하여 정실에 치우치지 않고 이야기를 전하고자 애쓴다. 그의 말에 따르면 전선에 있는 사람들은 "흰자위가 보일 만큼 적이 가까이 접근할 때까지 사격을 보류하라"는 장교들의 명령을 받았다(따옴표가 쓰였지만 이 말은 전투 참가자로부터의 직접 인용이 아니라 문헌에서 인용한 부분이다). 하지만 보브릭은 퍼트넘을 행동의 중심에 놓고자 했기 때문에 그가 다음 명령들도 내린 것으로 단정한다. "낮게 사격하라—적의 허리띠를 겨냥하라—적의 지휘관을 노려라—좋은 군복을 입은 자를 겨냥하라."

지휘관의 정체에 관해 선입견을 갖고 싶지 않은 사람들은 그 명령들을 두 후보자에게 적절히 배분한다. 1858년 이스라엘 퍼트넘의 전기에서 조지 캐닝 힐(George Canning Hill)은 이렇게 썼다. "퍼트넘은 먼지와 땀에 범벅이 된 채 다급히 전선을 오가면서 부하들에게 화약이 부족하므로 함부로 사격하지 말라고 일렀다 '적의 흰자위가 보일 때까지 기다려라.'" 또한 그는 프레스콧의 팬들을 격앙케 하지 않기 위해 "프레스콧도 요새 안의 병사들에게 같은 명령을 내렸다"고 덧붙였다.

오늘날에도 사정은 거의 변하지 않았다. 최근에 간행된 스물네 권짜리 『미국 국가 전기』에서 브루스 대니얼스(Bruce Daniels)는 다음과 같이 단정한다. "벙커힐의 야전 사령관이었던 퍼트넘은 미국 군사(軍史)에 남는 유명한 명령을 내렸다. '여러분은 저격수다. 적의 흰자위가 보이기 전까지는 누구도 사격을 하면 안 된다.'" 그런데 『미국 국가 전기』에서 프레스콧에 관해서는 어떻게 말하는가? 윌리엄 파울러(William Fowler)는 이렇게 쓴다. "전설에 의하면 그는 '적의 흰자위가 보이기 전까지는 사격하지 말라'는 명령을 내렸다고 한다." 비록 이 주장은 어조도 낮고 정확하지도 않지만('전설'이라고 말하므로) 이야기는 여전히 전승된다. 퍼트넘도 말했고, 프레스콧도 말했고, 둘 다 말했다. 둘 중 누구든, 아니면 둘 다든 간에 이렇게 전설은 계속 이어지는 것이다.

유념할 것은, 그 이야기의 현대판을 보면 거의 대부분 미국인들이 사격했을 때 양측의 실제 거리는 말하지 않고 있다는 점이다. 대니얼스는 전혀 언급하지 않으며, 파울러는 영국군이 '가까이 접근했다'고만 말한다. 초기 문헌에서는 빠지지 않았던 거리의 구체적인 수치가 없으므로 우리는 단지 상식만을 토대로 그 유명한 명령을 해석할 수밖에 없다. 애국자들이 적의 눈을 볼 수 있을 정도였다면 영국군은 아주 가까이까지 접근했음에 틀림없다. 당대의 기록에 언급된 거리는 그 전제에 들어맞지 않기 때문에 무시해도 좋을 듯하다.

그 이야기가 교과서에 수록될 때는 흔히 낭만적인 그림이 함께 실린다. 이를테면 존 트럼벌의 유명한 「벙커힐 전투에서 전사하는 워런 장군」 같은 작품인데, 여기에는 영국군과 미국군이 서로 팔이 닿는 거리에서 싸우고 있다. 우리는 미국이 이런 식으로 탄생했다고 믿고 싶어한다. 병사들은 적과 일종의 사적인 관계를 맺기 전까지는 아무도 브라운 베스 머스킷을 발사하지 않았다. 병사들은 용감했고 전투는 내밀했다. 옛날 사람들은 그렇게 했다. 옛날의 전쟁은 바로 그랬다.

로저 포드(Roger Ford)의 신간 『적의 흰자위 : 육박전』은 전쟁의 용맹스런 측면을 부각시킨다.

이것은 육박전의 공포, 격렬함, 원초적인 용기를 생생하게 보여주는 역사 속의 일화다. 스탈린그라드의 폐허 속에서 전개된 전쟁, 베트남의 땅굴 속에서 벌어진 전투, 제2차 세계대전의 동부 전선에서 벌어진 도끼 싸움에 관한 직접적인 증언을 들어보라.

전투가 단지 '원초적인 용기'로 환원될 수 있다면 이상적일 것이다. 그렇기 때문에 우리는 혁명전쟁의 전통적인 이미지에 집착한다. 즉 당시에 병사들은 당당하게 제대로 싸울 줄 알았다고 믿고 싶은 것이다. '적의 흰자위' 이야기를 우리나라의 건국 과정에 삽입함으로써 우리는 전쟁에 수반되게 마련인 살육을 정당화하고 나아가 찬미할 수 있게 된다.

5부
선과 악

"버지니아에서 주인과 노예의 관계는 대단히 좋았으므로 노예에게 자유의 제안은 통하지 않았다."

「조지 워싱턴과 농부의 생활」, 유니우스 브루투스 스티언스의 1851년 회화 작품 「마운트버넌의 농부 워싱턴」을 바탕으로 클로드 레그니어가 1853년에 제작한 석판화.

10_애국적 노예

인기를 얻은 영화 「패트리어트」에서는 한 영국군 장교가 벤저민 마틴의 사우스캐롤라이나 농장으로 와서 노예들에게, 자유를 줄 테니 왕의 군대에 들어와서 싸우지 않겠느냐고 제의한다. 이것은 역사적 사실에 바탕을 두고 있다. 전쟁 초기에 버지니아 총독 던모어는 이렇게 선언했다. "이로써 나는 (반란 세력과) 각종 계약을 맺은 노예, 흑인 등에게 가급적 이른 시일에 국왕 폐하의 군대에 들어올 자유를 허용하노라." 그 뒤 영국군 장군 헨리 클린턴도 비슷한 제의를 했다. "반란군의 기치에서 이탈하는 모든 흑인은 이 군대에서 완전한 안전을 누릴 것이며, 자신의 마음에 드는 보직을 받을 것이다."

실제로 사우스캐롤라이나에서는 수천 명의 노예들이 그 제안을 믿고 자유를 찾아 영국 측으로 도망쳤다. 그런데 영화 「패트리어트」에서는 그렇지 않다. 이 할리우드판 역사에서는 마틴의 농장 노예들에게 자유를 제안한 장교가 흑인들에게서 수상쩍은 취급을 받는다. "나리, 저희는 노예가 아닙니다. 저희는 자유인으로서 이 땅을 경작하죠." 지나친 시적 파격 어법이 아닐 수 없다. 이 농장에서 일하는 흑인들은 남부의 심장, 혁명적인 사우스캐롤라이나의 자유인들처럼 행복하다.

잠시 뒤에는 오컴이라는 노예가 주인 대신 민병대에 들어가 복무한다. 실제로 사우스캐롤라이나에서는 그런 일이 없었지만 오컴은 당당한 민병대원으로서 애국자들 편에 속해 싸운다. 그 영화의 제작자인 딘 데블린에 의하면 한국전쟁 이전까지 미국의 흑인과 백인이 어깨를 나란히 하고 싸운 일은 없었다고 한다.

영화 속에서 오컴은 진영의 게시판에 붙은 공고를 본다. 노예들이 그렇듯이 오컴도 글을 몰랐으므로 다른 사람이 큰 소리로 읽어준다.

조지 워싱턴 장군과 대륙회의의 명령에 의해 대륙군에 1년 이상 복무한 노예는 자유를 얻고 매달 5실링의 급료를 받을 것이다.

그러자 오컴은 허공에 시선을 던지고 중얼거린다. "6개월만 더 복무하면 돼."

화면에 잡힌 그 공고문은 제법 그럴듯해 보이지만 그 짧은 한 문장에도 심각한 역사적 오류들이 담겨져 있다. 그 내용은 혁명전쟁에 참여한 아프리카계 미국인의 실상을 완전히 날조하고 있다. 조지 워싱턴과 대륙회의는 링컨의 노예 해방보다 80여 년이나 앞서 그런 해방 선언을 발표한 적이 없기 때문이다.

워싱턴은 처음 대륙군의 사령관이 되었을 때 노예든 자유인이든 모든 흑인의 징집을 금지했다. 그러나 이내 병력 부족이 심각해지자 그는 곧 그 명령을 취소하지 않을 수 없었다. 그 결과 전에 군대에 복무한 경험이 있는 자유로운 신분의 흑인은 재징집이 가능하도록 허가했으나 노예는 여전히 금지되었다. 노예는 자유의 명분 아래 싸우는 공화국의 군대에게 큰 골칫거리였다.

또한 오컴이 본 공고문과는 달리 병사들은 대륙회의가 아니라 각 주별로 충원되었다. 전쟁 후기에 일부 주에서는 흑인이 군대에 징집된 백인 대신 복무해도 좋다는 허가를 내렸으나 사우스캐롤라이나에서는 혁명전쟁을 통틀어 대륙군에 징집된 흑인이 단 한 명도 없었다. 대륙회의는 실제로 각 주에 노예를 징집하라고 권했지만, 사우스캐롤라이나의 대다수 백인들은 노예를 병력으로 쓴다는 것을 터무니없는 일이라고 여기고 단호히 반대했다. 예컨대 크리스토퍼 개즈던은 이렇게 말했다. "우리는 대륙회의가 우리의 노예를 징집하라고 한 것에 혐오스럽게 여긴다. …… 사람들은 그 제안에 격분했으며, 매우 위험하고 무분별한 방책이라고 생각했다."

노예를 입대시키는 것을 마뜩찮게 여긴 남부 백인들은 병력 부족을 돈으로 해결하고자 했다. 이 용병 정책에는 노예도 포함되었지만 그 가짜 공고문에서 워싱턴이 주장한 해방 선언과는 달랐다. 즉 징집된 백인 병사에게 노예를 한 명씩 붙여주는 식이었다. 설사 대륙회의가 노예를 충원했다 해도—물론 그렇지 않았지만—또 노예에게 돈을 지급했다 하더라도 그 돈은 대륙회의도 갖지 못한 실링이 아니라 이미 통화가치를 잃고 마구잡이로 찍어내던 대륙 화폐였을 것이다.

만약 워싱턴과 대륙회의가 정말로 1년 동안 복무할 경우 자유를 부여하겠다고 제안했다면(당시 일반적인 복무 기간은 '3년 혹은 전쟁이 끝날 때까지'였다) 수많은 노예들이 앞다투어 군 복무를 신청했을 것이다. 그 경우, 그렇잖아도 노예들이 대거 영국 측으로 도망친 것 때문에 흔들리고

독립과 자유
멜 깁슨이 주연한 할리우드 영화 「패트리어트」에서는 백인 주인에게 충성하는 흑인 노예들이 자발적으로 독립전쟁에 뛰어드는 이야기가 등장한다. 사실 자유를 원했던 당시 노예들은 굳이 식민지 백인들의 입장에 서야 할 이유가 없었다. 하지만 영국군을 찾아가서 자유를 얻은 노예들은 미국의 건국사에서 존재가 인정되지 않았다.

있던 남부 사회는 결정적인 타격을 입었을 것이다. 따라서 조지 워싱턴이 노예들에게 군 복무의 대가로 자유를 주겠다고 제안했을 리는 없다. 사실 그는 개인적으로도 노예 스무 명이 영국 측으로 도망쳐버렸으니 남은 300명에 대한 소유권마저 놓치고 싶지는 않았을 것이다.

게다가 워싱턴과 대륙회의는 노예를 풀어줄 경우 그 주인에게 어떻게 보상하려 했을까? 이미 파산지경이었던 대륙회의는 그 비용을 감당할 수 없었다. 하지만 아무런 보상도 해주지 않고 노예를 해방시킨다면 남부 백인들은 노골적인 반란을 일으킬 것이 뻔했다. 워싱턴과 대륙회의가 영화 「패트리어트」에서처럼 행동했다면 연방은 아예 처음부터 붕괴했을 것이다.

그런데 왜 그 영화를 만든 사람들은 그런 거짓말을 넣은 것일까? 각본을 쓴 로버트 로덧은 이렇게 말한다. "미국혁명의 위대하고 고통스러운 아이러니는 그것이 자유를 위한 싸움이었다는 사실이다." 그러나 백인들은 자신들의 자유를 추구했을 뿐 노예들의 자유는 부정했다. 이 내재적인 모순을 해결하는 유일한 방법은 자유를 위한 투쟁에 흑인 노예도 백인 주인과 함께 동참시키는 것이었다. 그리고 그런 비현실적인 이해관계의 통합을 위해 「패트리어트」를 만든 사람들은 역사적 진실을 어기고 왜곡해야 했다.

혁명의 내재적인 모순을 해소하려는 마음에서 로덧은 가능성이 매우 희박한 이야기를 꾸며냈다. 영화의 끝부분에서 벤저민 마틴의 가족은 흑인 탈주노예공동체의 보호를 받는다. 이 유쾌한 사람들은 마틴의 아들 가브리엘의 결혼식에서 아프리카 북을 치며 축하해준다. 이렇게 우리는 과거 혁명시대를 흑인 농장 일꾼과 백인 농장주의 행복한 결합으로 상상하고 싶은 것이다.

오컴 이야기의 결말은 더 믿을 수 없다. 병사들이 카우펜스에서 싸우다 죽기로 결심했을 때 오컴을 싫어하던 한 동료는 그가 이미 군 복무를 마쳤다는 것을 알게 된다. (영화 자체의 기준으로도 이 장면은 엉터리다. 해방 공고는 대륙군 병사에게만 해당하는데 오컴은 민병대원이었던 것이다.) 오컴은 다른 백인 병사들처럼 떠날 자유가 있었으나 그렇게 하지 않았다. 그는 진정한 애국자가 되고 싶었다. "나는 스스로의 의지에 따라 여기 남는 걸세." 그러자 감동한 그 동료는 "자네와 함께 있어 영광이군"이라고 말한다. 그 뒤 마지막 장면에서 오컴과 그 백인 친구는 '새 세상을 만들기로' 하고 벤저민 마틴의 집을 지어주는 일부터 시작한다.

비록 줄거리는 꾸며진 것이지만 「패트리어트」는 역사에 바탕을 두었다는 점을 표방한다. 제작자인 마크 고든에 의하면 "이것은 가공의 이야기이지만 그 배경은 진짜 역사"라는 것이다. 그래서 고든과 그의 팀은 스미스소니언 협회(미국의 연구기관. 이사회는 미국 부통령과 대법원장, 상하원 의원 등으로 구성된다. 이 협회의 관리를 받는 부서에는 국립미술관, 미국 예술박물관, 미국 국립동물원, 존 F 케네디 공연예술센터, 미국 육군박물관 자문위원회, 과학정보교환소 등이 있다)와 상담하기로 결정하고 자막 타이틀에 협회의 이름을 넣었다. 고든은 "'스미스소니언 협회'의 말을 들으면 누구나 진지하게 그 의미를 생각하게 된다"고 말한다.

허구를 증명하기 위한 수단으로 '역사'가 이용되는 경우다. 「패트리어트」는 우리가 믿고자 하는 이야기를 말해준다. 그 영화에 따르면 미국혁명은 노예제 폐지의 긴 장정을 위한 첫 걸음이었다. 자유와 평등을 주창한 혁명전쟁은 백인만이 아니라 흑인도 포함하는 독립을 위한 청사진이었다.

실은 노예제와 미국혁명의 모순은 「패트리어트」에서처럼 쉽게 해소될 수 없었다. 전쟁 중에 남부의 백인 애국자들은 노예에게 자유를 부여함으로써 남부의 뿌리를 뒤흔들려는 영국의 사악한 의도에 맞서 단결했다. 종전 후 노예제는 더욱 공고해졌다. 혁명이 노예제의 존립을 위태롭게 만든 것은 사실이었다. 노예 수만 명이 실제로 주인에게서 도망쳤기 때문이다. 그 대응으로 백인 노예 소유주들은 족쇄를 더욱 강화했다. 남북전쟁 이전 시기에 통용되었던 엄격한 노예법은 바로 혁명전쟁의 직접적인 결과였다. 이것이 '진짜 역사'다. 미국혁명 이후 흑인과 백인이 힘을 합쳐 "새 세상을 만들기로 했다"는 발상은 자기만족적인 공상에 불과하다.

흑인과 백인의 역사

흑인 애국주의의 찬양은 그 자체로 역사적인 현상이다. 혁명 시기와 이후 수십 년 동안 혁명전쟁에서 흑인의 역할을 말하는 사람은 거의 없었다. 초기 역사가들은 흑인 애국자들에게 특별한 역할을 부여하지 않았으며, 노예들이 대거 영국 측으로 탈주한 것을 무시하거나 경시했다. 굳이 노예 탈주를 언급해야 하는 경우에는 그로 인해 백인 노예 소유주들이 입은 피해를 강조했다. 예컨대 벤슨 로싱은 『그림으로 보는 혁명의 현장』에서 초기 역사가인 데이비드 램지의 말을 인용하여 다음과 같이 썼다. "1775년부터 1783년까지 사우스캐롤라이나 주에서 약 2만 5천 명의 흑인이 도망친 것으로 추정되는데, 그 가치는 1,250만 달러에 해당한다."

그러다가 19세기 중반에 갑자기 '유색인종'의 애국주의가 중요한 정치적 의미를 지니게 되었다. 노예제 폐지론자들은 흑인들이 미국혁명에 참여한 것 때문에 그런 강력한 주장이 가능해졌다고 말했다. 백인 미국인들이 자유를 쟁취할 수 있도록 흑인들이 도왔는데, 어떻게 그들의 자유를 부정할 수 있겠느냐는 논리였다. 1855년에 보스턴 출신의 흑인 노예제 폐지론자인 윌리엄 넬(William Nell)은 『미국혁명의 유색인종 애국자들』이라는 책을 썼다. 그의 동료인 웬델 필립스가 쓴 서문에 따르면 넬의 저서는 "유색인종에 대한 편견을 없애고 유색인종의 애국심을 증명하려는 의도를 가졌다"고 한다. 또 이 책의 제2판에서 해리엇 비처 스토(『톰 아저씨의 오두막』의 작가)는 백인 애국자보다 흑인 애국자를 더욱 존경해야 한다고 주장했다. "그들이 지키려 한 것은 그들이 가진 땅도, 그들을 받아들인 땅도 아니고 바로 그들을 노예로 삼은 땅이었다. 그 땅의 법은 자유로웠으나 그들을 보호하기보다는 억압하는 경우가 많았다. 그런 상황에서도 용감하게 싸운 것은 특별히 아름답고 장한 일이다."

책 제목이 시사하듯이 넬은 미국인들의 편에서 싸운 5천 명의 흑인들에게만 초점을 맞추었고, 영국 측으로 달아난 수만 명의 노예에 관해서는 언급하지 않았다. 그것은 노예제 폐지론의 대의에 도움이 되지 않기 때문이었다. 사우스캐롤라이나에 관해 이야기할 때 그는 흑인 애국 병사의 사례를 적시할 수 없었던 탓에 유명한 찰스 핑크니의 말을 인용했다. "혁명의 와중에서 남부의 주들은 끊임없이 영국군에게 침탈을 당했다. 남부의 흑인들은 달아날 기회가 많았으나 실제로 달아난 사람은 드물었다." 핑크니에 의하면 사우스캐롤라이나의 노예들은 달아나기는커녕 주인들과 함께 영국군 침략자들에게 맞서기 위해 요새를 쌓았다. 얄궂은 일이지만, 당시 노예제 폐지론자들은 미국혁명 중에 그 행복한 노예들의 목가적인 상황을 논박하지 못했다.

남북전쟁과 전후 재건기, 짐 크로의 시대(흑인에 대한 인종차별이 본격화된 시대. 짐 크로는 19세기 초 흑인을 주제로 한 연극의 주인공 이름이다)에 혁명에 참여한 흑인들은 또다시 홀대를 받았다. 1891년에 미국의 가장 저명한 역사가들 중 한 사람인 존 피스크(John Fiske)는 역사 기록을 무시하고 행복한 노예들이 던모어가 제안한 자유를 거절했다고 잘라 말했다.

버지니아에서 주인과 노예의 관계는 대단히 좋았으므로 노예에게 자유의 제안은 통하지 않았다. 버지니아 흑인들은 힘들지 않은 일에다 좋은 대우를 받으며 행복한 생활을 누렸다. …… 노예는 주인의 땅과 가족에 매이는 것을 자랑스럽게 여겼으며, 반란으로 얻을 이익이 전혀 없었다.

이 시기에 에드워드 이글스턴(Edward Eggleston)이라는 작가는 '행복한 노예'의 신화를 이용하여 흑인 열등론을 펼쳤다. 그의 주장에 따르면 흑인은 정신적 능력이 모자란 탓에 진화 과정에서 자연히 소멸하리라는 것이었다. 이것이 '흑인 문제'에 대한 '최종적인 해법'이었다. 흑인들이 스스로 살아갈 수 없다는 점을 보여주기 위해 이글스턴은 혁명 시기에 흑인을 해방시키려 노력했던 것을 사례로 들었다. 그가 보기에 그 노력은 백인의 '높은 도덕적 기준'에서 비롯되었을 뿐이고, '흑인종'은 '스스로의 권리를 옹호할 만한' 힘이 없었다. 혁명 중에 흑인들이 자유를 얻기 위해 여러 가지 다양한 활약을 했다는 사실을 알지 못한 이글스턴은 역사를 통틀어 가장 큰 거짓말 중 하나를 되풀이한다. "흑인은 스스로 자유로워질 능력을 가지고 있지 못하다. 그저 먹을 것이 풍부하고 본능적인 욕구를 배출할 곳만 있으면 행복하고 만족한다."

에드워드 이글스턴은 또한 아동을 위한 교재도 썼다. 물론 여기에도 미국혁명에 흑인들이 참여했다는 이야기는 단 한 줄도 없다. 재건기에서 민권운동이 시작되는 시기까지 간행된 스물두 종의 학교 교과서들도 마찬가지다. 율리시스 S. 그랜트의 시대에서 드와이트 D. 아이젠하워의 시대까지 교과서 저자들은 혁명시대 미국인들의 6분의 1을 완전히 배제한 것이다.

대다수 역사 전문가들도 다르지 않다. 약간의 예외(1940년대와 1950년대에 활동했던 공산주의 저술가인 허버트 앱세커가 대표적이다)를 제외하면, 백인 학자들은 남북전쟁부터 1960년대까지 한 세기가 넘도록 흑인들이 독립혁명에 참여했다는 사실을 무시했다. 진상이 드러나기 시작한 것은 흑인 역사가들이 말하면서부터다.

1883년에 조지 W. 윌리엄스는 『미국 흑인의 역사, 1619년에서 1880년까지』라는 방대한 저서에서 혁명 시기에 관해 광범위하게 다루었다. 그는 백인 혁명가들의 위선을 폭로하면서 시작한다.

연사들은 연설에서 흔히 …… '모든 인간의 평등한 권리'를 말한다. 하지만 사슬에 매이고 감시를 당하는 노예, 인간의 가장 기본적인 권리도 지니지 못한 노예, 소유물이나 재산처럼 취급되는 노예는 그 선언이 거짓이고 모순이라는 것을 말해주는 생생한 증거이다.

윌리엄스는 흑인 애국자들의 공헌에만 관심을 국한시키지 않고 민병대의 충원과 연관된 인종적 정책을 상세히 조사한다. 그는 워싱턴과 전쟁평의회가 보스턴 포위전 시기에 흑인의 징집을 금하게 된 과정을 파헤친 뒤 던모어의 자유 선언이 있었던 탓에 그들이 입장을 바꿀 수밖에 없었던 사정을 설명한다. 계속해서 그는 노예들이 영국 측으로 도망치자 이를 막기 위해 백인 애국자들이 노예의 '진정한 친구'라고 자처한 과정을 순서대로 서술한다. 그러나 윌리엄스는 느닷없이 자신의 노골적인 분석이 전통적 애국주의에 꼭 맞는 사례라고 말한다. "토리당과 휘그당, 반역자와 애국자, 이기심과 정의를 위한 고결한 정신 사이에 투쟁이 전개되었다." 윌리엄스는 어려운 길을 헤쳐나가고자 했다. 즉 그는 흑인의 관점에서 이야기를 풀어가려 했으나, 반미국적 감정 혹은 친영국적 감정이 있었다는 증거를 대지는 못했다.

윌리엄스는 주저하는 기색을 보이면서도 매우 급진적인 결론을 제시했다.

일부의 견해와는 달리 군대 입대는 실질적인 노예 해방이 되지 못했다. 전시에 흑인들은 군대에서나 정부에서나 소유물과 같은 존재로 취급되었다. 마음에 들지는 않지만 그것이 냉혹한 역사의 현실이었다. 흑인은 노예이면서 병사인 특이한 지위였다. 전투가 벌어질 때는 병사였으나 평화로운 시기에는 노예에 불과했다.

이 진지한 평가는 70여 년 동안이나 백인 작가들의 주목을 끌지 못했다. 백인 학자들은 윌리엄스의 저작을 무시했지만 1920년대의 두 흑인 학자, 카터 G. 우드슨(Carter G. Woodson)과 두 보이스(W. E. B. Du Bois)는 윌리엄스의 연구를 계승했다. 흔히 '흑인 역사의 아버지'라고 불리는 우드슨은 1916년에 『흑인 역사 저널』를 창간했고, 1922년에는 향후 사반세기 동안 표준 교재가 된 포괄적인 조사 연구서 『우리 역사에서의 흑인』을 간행했다. 우드슨은 노예들이 영국 측으로 탈주한 것을 변명하지 않고 솔직하게 언급했다. "탈주노예 집단은 영국 왕의 병사들이라고 자칭하면서 몇 년 동안 서배너 강변에 사는 사람들을 괴롭혔다. 그래서 뉴잉글랜드의 자유 노예들도 이주민들에게 그렇게 할지 모른다는 우려가 컸다." 우드슨은 이런 결론을 내렸다. "남부에서 전쟁이 끝났을 때 흑인에게 시민권을 부여한다는 방안에 대한 반발이 워낙 컸던 탓에 흑인을 해방시키고 복지를 증진시킨다는 계획도 무산되었다." 결국 동화 같은 해피엔딩은 없었다. 미국혁명은 이익만큼 피해도 가져왔다.

전미유색인지위향상협회(NAACP ; National Association for the Advancement of Colored People)를 창립한 사회주의자 두 보이스는 1924년에 우드슨의 기본 노선을 따라 비공식 역사서인 『미국의 건국에 대한 흑인의 기여』를 썼다. 여기서 두 보이스는 흑인 병사들의 독특한 '애국심'을 정면으로 다루고 있다.

 병사로서 흑인은 언제나 특별한 문제를 가지고 있었다. 적의 편에서 싸우든, 미국의 편에서 싸우든 미국의 흑인은 늘 자신의 자유와 흑인의 자존심을 지키고자 했다. 그러므로 전쟁의 원인과 무관하게 흑인의 명분은 특유의 정당성을 지니고 있었다. 흑인은 언제나 …… 이중의 동기를 가지고 있었다. 한편으로는 백인 동료들과 더불어 이른바 조국의 적과 싸우려는 욕망이 있었는가 하면, 다른 한편으로는 백인들을 위해 공을 세워 정당한 대우를 받고자 하는 욕망이 있었다.

 1947년에 존 호프 프랭클린(John Hope Franklin)은 대학 교재로 널리 사용된 『노예제에서 자유까지』에서 노예들이 영국 측으로 탈주한 사건을 다루었으나 '흑인의 역사'로만 국한시켰다. 윌리엄스, 우드슨, 두 보이스, 프랭클린의 노력에도 불구하고 흑인들은 여전히 미국혁명의 일반적인 이야기에 포함되지 못했다.
 1960년대에 들어서야 비로소 흑인들은 우리나라의 건국에 '참여'한 것으로 간주되기 시작했다. 1961년에 또 다른 흑인 학자인 벤저민 퀄스(Benjamin Quarles)는 『미국혁명에서의 흑인』에서 예리하고 철저한 설명을 제시했다. 개략적인 주장은 전에 나온 것이었지만 퀄스는 여기에 중요한 세부 사항을 더했는데, 그 시기가 아주 적절했다. 역사학계에서 퀄스의 그 저서는 대단한 명저로 간주되었다. 민권운동의 영향을 받은 젊은 백인 역사가들은 퀄스의 주장을 적극적으로 수용했다. 이후 수십 년 동안 흑인과 백인 학자들은 아프리카계 미국인들이 독립혁명에서 어떤 경험을 했고 전쟁의 양상에 어떤 영향력을 가했는지에 관해 많은 심층적인 연구 논문들을 발표했다.

전부는 아니지만 이 새로운 정보의 일부는 일반 대중에게 알려지기도 했다. 1850년대처럼 오늘날에도 당시 애국자들과 함께 싸워 자유를 얻은 북부의 흑인들은 칭찬을 받지만 영국 측으로 도망친 남부의 노예들은 비난을 받고 있다. 책으로 간행되고 PBS 시리즈로 방영된 「자유!」에서는 미국혁명 전체를 통틀어 5대 핵심 인물로 꼽히는 라파예트 후작(나머지 네 사람은 영국왕 조지 3세, 조지 워싱턴, 벤저민 프랭클린, 애비게일 애덤스다)의 시종으로 일했던 제임스 라파예트라는 노예가 등장한다. 흑인 애국자재단은 현재 워싱턴 몰에 '흑인 혁명전쟁 애국자 기념관'을 건립하려는 계획을 추진하고 있다. 하지만 적의 편으로 넘어가서 자유를 얻은 노예들을 위한 기념관에는 아무도 관심을 보이지 않는다.

두 가지 이야기

우리가 할 수 있는 이야기는 두 가지다. ①미국혁명 중에 북부 주들에서는 노예들이 백인 애국자들과 함께 싸워 자유를 얻었다. ②미국혁명 중에 남부 주들에서는 노예들이 애국자 주인들을 버리고 영국 측으로 넘어가서 자유를 찾았다. 우리 시대에 전자는 환영을 받지만 후자는 전혀 그렇지 못하다.

미국혁명을 선과 악의 대결로 보고자 한다면, 먼저 유명한 애국자들 대다수가 노예를 소유했다는 사실에 유념할 필요가 있다. 노예제는 미국의 원죄와 같다. 하지만 우리의 마음에 드는 이야기를 고수하려면 완벽한 미국에 대한 그런 흠집은 숨겨야만 한다. 혁명을 노예제에 치명타를 가한 진보적 힘으로 간주해야만 건국자들의 명성을 유지할 수 있는 것이다.

첫째 이야기는 혁명가들의 죄를 용서해주지만 둘째 이야기는 그들에게 책임을 묻고 있다. 그러나 첫째 이야기만 내세우고 둘째 이야기를 무시하려면 역사적 증거를 조작해야만 한다. 따라서 그 조작은 무심코 저지르는 실수가 아니라 의식적인 짓이다. 퀼스의 『미국혁명에서의 흑인』이 출간된 이래 지금까지 40여 년 동안 건국 초에 흑인들이 대거 탈주했다는 이야기는 학계에서 잘 알려져 있다.

가장 쉬운 방법은 발뺌이다. 초등학교, 중학교, 고등학교용 현행 교과서 열세 종 가운데 애국자들과 함께 한 흑인들보다 영국군과 함께 한 흑인들이 더 많다고 말한 교과서는 단 한 종뿐이다. 그런데 애국자들과 함께 싸운 흑인들 중 상당수가 종전 후에 노예의 신분으로 복귀했다는 것을 지적하는 교과서는 하나도 없다. 또한 워싱턴의 노예 스무 명과 제퍼슨의 노예 가운데 최소한 스물세 명이 영국 측으로 달아났다는 사실을 말하는 교과서도 없다. 백인 애국자들이 자신들의 대의명분을 유지하기 위해 노예들이 탈주하거나 반란을 일으킬지 모른다는 공포를 이용했다는 사실을 말하는 교과서도 없다. 몇몇 교과서들은 사실들을 부분적으로 수용하기 위해 던모어의 선언을 언급하기도 한다. 하지만 모든 교과서들이 영국의 편에서 싸운 사람들은 거명하지 않으면서 애국자들과 함께 싸운 사람들만 신분을 밝히고 찬양한다.

또 다른 방법은 수치를 조작하여 사건들의 의미를 왜곡하는 것이다. 대다수 교과서들은 아메리카 병사가 된 흑인이 무려 5천 명이었다고 과장하지만, '다른 방식으로' 자유를 추구한 노예들의 수는 그보다 훨씬 적게 잡고 있다. 어떤 교과서는 처음 닷새 동안 던모어에게 간 300명을 말하는가 하면 또 어떤 교과서는 영국 선박 한 척에 승선한 인원 500명을 제시하기도 한다. 이 수치들은 원칙적으로 부정확하다고 할 수는 없지만 진실을 크게 호도하고 있다. 흑인 애국자들의 수는 전쟁 기간을 통틀어 집계하면서, 탈주한 노예의 수는 불과 며칠 동안으로만 국한시키고 있기 때문이다. 한 교과서는 던모어 본인도 노예 57명을 소유했다는 것을 지적하면서 워싱턴과 제퍼슨이 그보다 훨씬 많은 노예를 소유했다는 말은 하지 않는다.

이 교과서들은 이중의 기준을 적용하여 첫째 이야기를 살리고 둘째 이야기를 죽인다. 혁명은 50만 명의 미국인들을 속박하고 있던 제도를 타파했다는 것이다. 수많은 노예들이 애국자들 편에서 싸워 자유를 획득했다. 자유 흑인들은 또한 애국 병사가 되어 노예와 자유인이 함께 전투에서 활약했다. 교과서들은 대략적으로 보아 혁명의 이념은 북부에서 노예제를 폐지하는 시발점이 되었다고 말한다. 1777년에 버몬트에서는 이후에 태어나는 모든 노예들에게 성년의 나이(남자는 스물두 살, 여자는 열여덟 살)가 되면 자유를 부여한다는 규정을 정했다. 1780년에 펜실베이니아도 나이 제한에만 다소 차이를 두고(남자는 스물여덟 살, 여자는 스물한 살) 버몬트의 선례를 따랐다. 그리하여 19세기 초에 이르면 북부의 모든 주들이 노예제의 폐지로 향하는 도상에 있었다.

워싱턴과 제퍼슨 같은 유명한 애국자들이 소유한 노예들이 자유를 얻기 위해 영국 측으로 넘어간 이야기는 지금 사람들에게 그다지 환영받지 못한다. 영화 「패트리어트」의 줄거리를 다르게 상상해보자. 이를테면 벤저민 마틴의 노예들은 영국 측으로 달아나 영화에 등장하는 못된 영국군 대령인 태빙턴의 휘하에서 싸운다. 다음 전투 장면에서 애국자 마틴은 레드코트 일곱 명과 자신의 예전 노예 세 명을 죽인다. 하지만 이것은 우리가 원하는 장면이 아니다.

두 이야기는 공존하기가 쉽지 않다. 서로 내용이 엇갈리고 상반되기 때문이다. 첫째 이야기는 애국자들의 높은 도덕성을 강조하지만, 그들이 소유한 노예들이 적의 편으로 가서 해방을 얻고자 한다는 점에서 그 취지가 무너진다. 혁명전쟁에서 누가 '선한 편' 인지를 규정하려면 상호 모순되는 두 가지 이야기 중에서 결정을 내려야 한다.

그런데 이 이야기들을 다르게 볼 수도 있다. 백인이 아니라 흑인에게 초점을 맞춘다면 두 이야기는 하나로 합쳐질 수 있다.

북부와 남부의 아프리카계 아메리카인들은 혁명을 이용하여 흑인의 자유라는 대의명분을 촉진하고자 했다. 백인들 간에 벌어진 전쟁에서 그들은 어느 쪽이든 해방의 희망을 주는 쪽에 가담했다. 그들은 아메리카나 영국을 위해서가 아니라 자신들의 권익을 위해 활동했다. 북부에서는 영국군이 약했고 애국자들이 병력을 찾고 있었으므로 흑인들은 아메리카인에게 자신들의 운명을 걸었다. 반면 남부에서는 영국이 그들에게 자유를 제안했으므로 그들은 왕의 기치 아래로 모여들었다. 자유가 핵심이었고, 흑인들은 자유를 얻으려는 일념에서 행동한 것이었다.

물론 이것은 단순화시킨 내용이고, 실제 줄거리에는 여러 가지 꼬임과 비틀림이 있다. 북부의 노예들은 애국자들의 대의에 기여하면 실제로 자유를 얻을 수 있는지 주도면밀한 협상을 벌여야 했다. 대개의 경우 백인들은 전쟁이 끝나자 약속을 어기려 했다. 남부의 노예들은 몇 가지 방침을 놓고 저울질을 하면서 영국 측으로 달아나기 전에 그 결과를 미리 생각해보아야 했다. 위험은 무엇일까? 영국이 진정 그들에게 자유를 줄까? 단지 더 나은 삶의 가능성만을 보고 집과 가족을 떠나는 게 과연 보람이 있을까?

결과적으로 볼 때 탈주를 시도한 남부 노예들이 겪은 위험은 매우 컸다. 상당수가 애국자 측의 노예 순찰대에게 체포되었다. 탈주자들이 너무 많을 때는 영국 측에서 더 이상 탈주노예를 받아들이지 않겠다는 태도를 보인 적도 있었다. 게다가 수천 명이 질병으로 죽어갔는데, 특히 그들이 면역체를 갖지 못한 천연두가 맹위를 떨쳤다. 영국 진영에 무사히 도착한 사람들은 노동자, 하인, 병사 등으로 일했다. 노동자들은 과거의 노예 시절과 똑같이 농장 일을 했다. 하인들은 영국군 장교들을 새 주인으로 삼고 또다시 노예가 되어야 했다. 또 영국군에 들어간 사람들은 무기한으로 복무해야 했다(그들 중 일부는 나중에 서인도에서도 싸웠고 심지어 나폴레옹 전쟁에도 참가했다). 대다수 탈주노예들은 백인 왕당파들에게 노예로 넘겨졌다. 전쟁 중에 그들이 잃은 재산을 보상해주는 정책의 일환이었다. 요크타운에서 천연두에 걸린 흑인들은 영국군 진영에서 쫓겨나 양측 진영 사이의 평원으로 갈 수밖에 없었다. 하긴 그렇게 쫓겨나지 않았더라면 그들은 영국이 항복한 뒤 체포되어 패배한 측에 합류한 호된 대가를 치러야 했을 것이다.

자유를 누린 사람들도 많았다. 전쟁이 끝나자 영국군은 노예 출신자 3천 명을 뉴욕에서 캐나다로 보냈다. 노예가 아니라 자유인이 된 그들은 토지를 받았으나 물론 최하품의 토지였다. 일부는 런던으로 가서 온갖 고초를 치렀다. 어떤 사람들은 숲과 습지로 달아나 탈주노예공동체를 이루고 오랫동안 살아남았다. (「패트리어트」에서 보는 것과는 달리 흑인 피난민들의 고립된 마을에서 상류층 백인들이 화려한 결혼식을 올렸다는 기록은 없다.) 수천 명은 나중에 시에라리온으로 가서 노예 출신 흑인들의 아프리카 정착촌을 세웠다.

순전히 숫자로만 보면 남부에서 도망친 노예의 수는 '지하철도'(Underground Railroad 남북전쟁 직전에 남부의 도망노예들을 북부나 캐나다로 도피시키기 위해 북부의 백인들이 만든 비밀 조직. 실제로 지하철도가 있었던 게 아니라 탈출 과정에서 철도 용어를 암호로 사용했기 때문에 그런 이름이 붙었다)가 활동했던 남북전쟁 직전의 시기보다 독립혁명 시기에 더 많았다. 미국 인구조사에 의하면 도망노예송환법이 시행된 1850년에 사우스캐롤라이나에서 도망친 노예의 수는 열여섯 명이었다. 당시 그 주에 거주하는 노예의 전체 수는 38만 4,984명이었으므로 도망노예는 겨우 2만 4,061명당 한 명꼴이었다. 링컨이 대통령에 당선된 1860년에는 스물세 명이 탈출해서 1만 7,501명당 한 명꼴이었다. 이 수치는 혁명 시기와 비교하면 초라하기 짝이 없다. 전쟁의 마지막 3년 동안 사우스캐롤라이나에서는 수천 명의 노예들이 주인에게서 도망쳤다. 당시 노예 탈주는 대규모였고 집중적으로 벌어졌다. '지하철도'와는 달리 그 탈주는 남부 심장부의 농장들을 완전히 마비시켰다. 역사가 게리 내시(Gary Nash)의 말을 빌리면 미국혁명기의 흑인 탈주는 "우리 역사에서 가장 큰 규모의 노예 봉기에 해당한다".

하지만 우리의 역사책에서는 배분이 거꾸로다. '지하철도'는 모든 교과서에서 칭찬을 받지만 혁명 시기 자유를 위한 탈출은 무시되거나 경시된다. 실제로 미국 노예제 역사상 가장 극적이었던 그 대탈주는 마땅한 명칭조차 부여받지 못하고 있다. 이렇게 된 것은 우연이 아니다. 우리는 우리의 적인 영국인을 해방자로 여기고 싶지 않다. 그런데 '지하철도' 이야기에서는 선량한 백인 미국인, 즉 노예제 폐지론자들이 해방자의 역할을 맡은 것이다. 그 이야기에서는 사이먼 레그리 같은 남부의 인종주의자들이 적으로 나오는데, 여기에는 누구나 아무 문제도 없다고 여긴다. 그러나 혁명시대의 드라마를 완성하려면 조지 워싱턴, 토머스 제퍼슨, 패트릭 헨리와 같은 노예를 소유한 애국자들도 등장시켜야 하는데, 이것에 대해서는 모두들 불편함을 느낀다. 그래서 이들의 체면을 세워주기 위해 인기 작가들은 끈질긴 자유의 정신을 찬양하고 이전에 사회적으로 무시당했던 사람들에게까지 혁명의 이야기를 연장할 놀라운 기회를 포기한다.

보스턴 킹이라는 어느 탈주노예의 이야기를 생각해보자. 1780년에 주인의 징벌을 피하기 위해 킹은 찰스턴에 있는 영국군에 입대했다. 그러다가 그는 천연두에 걸렸다. 병이 나은 뒤 그는 어느 영국군 장교의 하인으로 일하다가 나중에 민병대 대위가 되었다. 사령관은 그에게 중요한 전갈을 지니고 미국 관할 지역을 통과하는 일을 맡겼다. 만약 사로잡혔다면 당연히 노예로 되돌아갔겠지만 그는 임무를 완수했다. 그 보상으로 그는 '3실링과 여러 가지 보장'을 받았다.

그 뒤 킹은 영국 군함에 승선했다. 그는 당시 영국이 점령한 뉴욕에 도착해서 여기저기 오가며 목수로 일했다. 하지만 몇 달 동안 품삯을 받지 못해 할 수 없이 수로 안내선을 타게 되었다. 배가 미국의 포경선에 나포된 뒤 그는 뉴저지에서 포로로 생활했다. 비록 음식도 충분했고 성서를 공부할 수 있는 허락도 얻었지만 그는 탈출하기로 결심했다. 경비원의 감시를 간신히 피한 그는 강물의 얕은 목을 걸어서 건너 뉴욕으로 돌아가는 데 성공했다. 그 무렵 전쟁은 끝났고 남부의 노예 주인들은 뉴욕으로 와서 도망친 자신의 노예들을 찾았다. 킹은 노예 사냥꾼들의 손길을 오랫동안 피해다닌 끝에 노바스코샤(Nova Scotia 캐나다의 남동쪽 끝에 있는 州로, 캐나다 자치령을 구성한 최초의 4개 주 가운데 하나)로 가는 배에 오를 수 있었다. 거기서 그는 서반구 최대의 자유 흑인공동체가 있는 버치타운에 정착해서 선교사가 되었다.

    이것은 진정으로 영웅적인 미국혁명의 이야기지만 교과서나 대중 역사서에는 나오지 않는다. 이와 비슷한 이야기들은 더 있다. 역시 선교사가 된 데이비드 조지는 처음에 매우 잔인한 주인에게서 도망친 뒤 인디언들에게 잡혔다가 탈출했으며, 유명한 애국자인 조지 갤핀에게서도 도망쳤다. 이후 그는 영국 측으로 갔는데, 그의 설교를 오해한 영국인들은 처음에 그를 감금했다. 감옥에서 풀려난 뒤 그는 천연두에 걸렸다가 몸이 회복되던 중 조지아 주의 서배너에서 아메리카 측의 폭격을 받고 가까스로 살아남았다. 그는 영국군 점령 지역에서 도살업자로 일했으나 영국 병사들에게 저축한 돈을 모두 빼앗겼다. 킹처럼 조지도 노바스코샤로 갔다.

    서아프리카에 살다가 스물두 살에 노예가 된 토머스 피터스는 1776년에 주인에게서 도망쳐 전쟁 기간에 영국군의 흑인 정찰대에 소속되어 참전했다. 종전 무렵인 1783년에 피터스는 가족과 함께 노바스코샤로 이주했다. 1790년에 그는 흑인 난민들의 청원서를 런던 당국에 전달하기 위해 대서양을 건넜다. 그들은 더 안락한 곳으로 이주하고 싶었고 '대영제국의 자유로운 신민'으로서 대우를 받고 싶었다. 2년 뒤에 피터스와 1,200명의 흑인들——그 중에는 보스턴 킹과 데이비드 조지도 있었다——은 시에라리온으로 출발했다. 토머스 피터스의 파란만장한 생애에서 네 번째로 횡단하는 대서양이었다.

이런 이야기에는 극적인 요소와 모험이 등장하고 자유에 대한 열정과 갈망이 드러나 있지만, 우리는 그것을 대중 역사서와 학교 교과서에 어울리지 않는다고 생각한다. 주인공들이 '잘못된 편'에 속했다는 게 그 이유다. 그러나 이것은 혁명의 유산에 대한 지나치게 편협한 견해다. 보스턴 킹, 데이비드 조지, 토머스 피터스를 비롯하여 수많은 탈주노예들은 당시 다른 사람들과 마찬가지로 반란자였다. 그들은 자유에 대한 열망을 품었으며, 그 열망은 우리가 보통 찬양하는 여느 영웅들보다 오히려 컸다. 혁명을 가능케 했던 이 대담한 투쟁을 누락시키지 않고 적극적으로 수용할 때 미국의 건국 이야기는 더욱 넓어지고 깊어질 것이다.

"세상에서 가장 잔인한 영국군은……
마음 내키는 대로 강탈과 파괴를 일삼았다."

19세기 중반 펠릭스 옥타비우스 카 딜리가 그린 드로잉.

11_잔인한 영국군

우리에게 혁명전쟁에서 적의 모습은 쉽게 떠오른다. 전투 대형을 펼친 레드코트들이다. 이들은 완전한 '외국인'이었다. 그들은 해외에서 아메리카인들을 억압하기 위해 파견한 병사들이었다.

정체가 드러난 적은 쉽게 악당으로 만들 수 있다. 가장 편리한 방법은 적을 최대한 잔인하게 묘사하는 것이다. 무릇 모든 전쟁에서는 반대편이 저지른 만행에 관한 이야기가 많게 마련이다. 주인공이 저지르는 폭력행위는 단지 적의 비열한 행위에 대한 보복일 따름이다. 이것이 전쟁의 기본 논리이며, 미국혁명도 여기서 예외가 아니었다.

선인과 악인

영화 「패트리어트」의 원초적인 힘은 단순히 선과 악을 병렬시키는 데서 나온다. 영화 초반부에서 멜 깁슨이 연기하는 벤저민 마틴은 영국군과 싸우려는 의사를 보이지 않는다. 비록 그는 과거에 프렌치-인디언 전쟁 (1754~1763년에 아메리카 식민지의 패권을 놓고 영국과 프랑스가 벌인 전쟁. 여기서 영국이 승리함으로써 프랑스는 아메리카에서 물러났다)에서 공을 세웠지만 지금은 여섯 자녀와 함께 살고 있을 뿐(아내와는 사별했다) 정치나 전쟁에 참여할 뜻이 없다. 그래서 그는 애국자들을 만난 자리에서 이렇게 말한다. "난 아버집니다. 정치 이념 같은 건 내게 사치죠."

그러나 정치에 대한 마틴의 반감은 오래 가지 못한다. 자기 집 앞마당에서 전투가 벌어진 뒤 마틴과 아이들, 이름만 노예인 그의 노예들은 애국자들과 영국군 양측의 부상자들을 보살핀다. 바로 이 순간에 태빙턴 대령이 무시무시한 영국 기병대를 거느리고 등장한다. 그는 음험하게 웃으며 부상한 애국자들을 즉석에서 총살하라고 명한다. 또한 그는 비밀 전갈을 지니고 있었다는 이유로 벤저민의 맏아들인 가브리엘을 체포한다. 가브리엘을 처형하려는 것을 보고 벤저민은 그런 즉결처형은 '전쟁의 수칙'을 위반하는 행위라고 항의한다. 그러자 태빙턴은 이렇게 대답한다. "전쟁의 수칙이라고! 전쟁의 수칙이 뭔지 가르쳐드리지." 그는 권총을 마틴의 다른 아이들에게 겨눈다. 마틴은 뒤로 물러났으나 가브리엘의 동생인 토머스가 경솔하게 나섰다가 태빙턴의 권총에 맞아 죽는다.

보다시피 태빙턴 대령은 몹시 악한 사람이다. 벤저민 마틴은 크게 화를 내고 결국 애국자의 편에 선다. 아들 토머스를 잔인하게 살해한 행위는 응징을 받아야 한다.

얼마 안 가서 태빙턴은 그 짓을 비롯하여 심한 행동을 했다는 이유로 상관인 콘월리스(Cornwallis) 장군에게서 꾸지람을 듣는다. 그러나 마틴이 계책으로 콘월리스에게 한 방 먹이자 장군은 그 전까지의 태도를 버리고 태빙턴에게 잔인한 방책을 써도 좋다고 허락한다. 이것은 곧 영국의 공식 정책이 된다.

상관의 허가까지 얻은 태빙턴은 더욱 심한 악행을 저지른다. 그는 마을의 전 인구를 교회에 몰아넣은 다음 문을 잠그고 불지른다. 가브리엘의 새 신부까지 포함한 마을의 남녀노소는 모두 불길 속에서 죽는다. (가브리엘은 그 전에 아버지와 여덟 살, 열 살짜리 두 동생의 도움을 받아 교수대에서 구출되었다.) 얼마 뒤에 태빙턴은 꾀를 써서 가브리엘을 죽인다. 그 무렵이면 관객은 사악한 영국 장교의 손에 두 아들을 잃은 벤저민 마틴만큼 격분하게 된다. 태빙턴과 영국군은 벌을 받아야 한다! 우리의 열렬한 성원을 받으며 주인공은 깃대를 총검으로 삼고 복수의 기치를 올려 카우펜스 전투(Battle of Cowpens 1781년 식민지군이 사우스캐롤라이나 북쪽 경계선 부근에서 영국군을 맞아 큰 승리를 거둔 전투. 이 전투의 패배로 노스캐롤라이나를 침입하려 했던 콘윌리스 장군의 작전은 차질을 빚게 되었다)를 벌인다.

「패트리어트」에서 우리는 영국군이 악당이며 배너스터 탈턴(Sir Banastre Tarleton 영국 군인, 정치가. 1777년 브랜디와인 전투를 비롯해 숱한 격전에 참여했으며, 1780년 영국군이 사우스캐롤라이나의 찰스턴을 점령하는 데 혁혁한 공을 세웠고, 찰스턴을 방어하러 온 대륙군 113명을 죽인 왁스호스 대학살을 저질렀다)은 악의 화신이라는 것을 알게 된다. (각본을 쓴 로버트 로덧은 태빙턴의 모델이 바로 탈턴이었다고 말한다.) 그와 대조적으로 애국자들은 선한 사람들이다. 미국인은 포로를 살육하거나 민간인을 죽이지 않았으며, 교회에 사람들을 몰아넣고 불을 지르는 행위는 결코 하지 않았다.

한 순간 벤저민 마틴의 민병대원들이 항복한 영국군 병사들을 살해할 뻔한 때도 있었다. 하지만 이 지나친 행위는 마틴 대장의 제지를 받는다. "부상하거나 항복한 영국군 병사에게는 최대한 관용을 베풀어야 한다." 가브리엘은 이 장면의 도덕성을 이렇게 말한다. "우리는 적보다 나

악의 축, 레드코트
영화 「패트리어트」에 나오는 영국군의 모습이다. 사실 독립전쟁은 외국군인 영국군과의 싸움일 뿐만 아니라 같은 식민지인인 미국 토리당원들과의 내전이기도 했지만, 늘 적은 영국군으로만 묘사된다. 그리고 잔인한 영국군을 응징하는 것은 정의의 실현이 되며, 그렇게 정의의 편이 행사하는 폭력은 언제나 정당화된다.

은 사람들이잖아." 미국인들은 포로를 즉각 처형해버리는 탈턴 같은 영국인 악당보다 나은 사람들이다. 바로 이것이 그 영화가 담고 있는 근본적인 메시지다.

모호한 장면도 있다. 과거 프렌치-인디언 전쟁에서 벤저민 마틴은 '황무지 요새'의 영웅이었다. 영화에서 내내 사람들은 당시 그의 활약을 칭찬하지만 그가 무엇을 했는지는 아무도 말하지 않는다. 어느 날 밤 진영에서 가브리엘은 아버지에게 황무지 요새에서 어떤 일이 있었는지 묻는다. 벤저민은 한참 망설이다가 마침내 말해준다. 프랑스군과 체로키 인디언은 여자와 아이들까지 포함하여 이주민들을 상당수 살해했다. 이에 대한 보복으로 마틴 일당은 그들을 추적하여 죽였다. 마틴은 부드러우면서도 침착한 어조로 말한다. "우리는 천천히 했다. 그들을 서서히, 조금씩 도륙했지. 그들의 얼굴이 지금도 생각난다. 지금도 그들의 비명이 들린단다." 그런 다음에 그는 시신들을 난도질한 과정을 생생하게 묘사한다. "우린 …… 영웅이었어." 그의 조소적인 결론이다.

"그리고 사람들이 아버지에게 술을 주었죠." 가브리엘이 덧붙인다.

"나는 매일 신에게 내가 한 짓에 대해 용서를 빈단다."

이야기의 주인공이 털어놓은 그런 자백은 충격적인 효과를 빚는다. 영화 속에서 일어났고 그 뒤에 일어날 모든 사건들은 부차적인 것에 불과하다. 마틴이 훨씬 더 현실적이다. 그러나 그의 만행은 모두 과거에 국경지대에서 있었던 일이다. 당시 그는 영국의 편에서 싸웠으나 지금은 혁명전쟁의 시기, 미국의 건국 시기이므로 그런 짓이 용납되지 않는다. 미국의 애국자들은 너무도 선한 사람들이라 그런 야만적인 짓을 저지를 수 없다. 따라서 영국군이 전쟁의 참상을 나타내는 희생양이 된다.

소박하면서도 살짝 비튼 의상도 그런 주제를 표현하는 데 도움을 주고 있다. 원래 그 무시무시한 그린 기병대—배너스터 탈턴이 지휘한 미국 토리당—는 녹색 겉옷에 흰색 바지를 입었고 셔츠와 옷깃도 흰색이었다. 허리띠와 투구의 깃털 장식만 붉은색이었다. 영화의 DVD판에 수록된 '특별 부록'에는 이 군복의 간단한 이미지가 나오는데, 영화에서는 녹색이 우리에게 더 익숙한 붉은색으로 바뀌어 있다. 의상 디자이너 데보라 스콧은 이렇게 말한다. "영국군의 군복에는 여러 가지 색상이 있었어요. 우리는 기본적으로 아주 강렬해 보이는 색을 선택했죠." 강렬하고 뚜렷한 색, 바로 레드코트의 색깔이다. 태빙턴 대령이 지휘하는 병사들은 모두 틀림없는 영국군이다. 모든 사악한 행동은 미국인이 아니라 외국인이 저지른다. 이것이 오늘날 미국인들이 듣는 혁명전쟁에 관한 이야기다. 적들은 녹색 옷을 입지 않고 붉은색 옷만 입었다. 그 뒤 오랜 기간에 걸쳐 쌓인 전쟁 이야기에서도 상대편의 적들은 레드코트, 우리 모두에게 익숙한 영국군이었다.

최초의 내전

「패트리어트」는 미국 애국자들이 당시에 제기한 전쟁의 해석에 의거하고 있다. 1780년 5월 29일 노스캐롤라이나의 왁스호스 지구에서 배너스터 탈턴 휘하의 병사들은 미국인 포로들에게 관용을 베풀지 않고 그들을 살해했다. 전쟁 기간 내내 그 왁스호스 사건에 분노한 애국자들은 적들의 숨통을 끊어놓겠다는 각오를 불태웠다. "탈턴의 관용!" 전투에 임할 때 그들은 흥분해서 이렇게 외쳤다. (간혹 "버퍼드를 기억하라!"는 구호를 외치기도 했는데, 에이브러햄 버퍼드는 왁스호스의 아메리카 사령관이었다.) 혁명전쟁이 끝나갈 무렵 애국자들은, 영화 속의 벤저민 마틴이 그랬던 것처럼 영국군을 처단하기 위해 그들과 싸웠다.

이 이야기는 2세기 동안이나 적의 잔인함을 보여주는 증거로 이용되었다. 하지만 한 가지 중요한 변화도 있었다. 독립 시기에 애국자들이 가장 큰 분노를 품은 대상은 토리당이었다. 그런데 지금은 적이 녹색 군복에서 붉은색 군복으로 바뀌었다. 적은 '우리'가 아니라 외국인이어야 하는 것이다.

사실 왁스호스에서 적을 학살한 것은 미국인이었다. 애국자는 아니었으나 그래도 우리 동포였다. 배너스터 탈턴은 영국군 정규병 40명과 뉴욕 출신의 토리당원 230명을 휘하에 거느리고 있었다. 군사 역사가인 존 뷰캐넌(John Buchanan)은 "영국군과 미국인이 패배한 동포들을 마구잡이로 살육하기 시작했다"고 쓴다. 이곳에서만 그런 일이 있었던 게 아니었다. 영국군 장교들은 미국인으로 병력을 충원하려 했으나 소용이 없는 경우도 많았다. "오합지졸은 제발 그만." 영국군의 헨리 클린턴 장군은 휘하에 너무 많은 토리당원의 수를 줄이려 했다가 실패하자 이렇게 탄식했다.

남부에서의 혁명은 피비린내나는 내전이었다. 전쟁의 양측이 지리적으로 뚜렷이 구분되지 않았기에 19세기의 남북전쟁보다 더 심한 유혈극이 벌어졌다. (애국자들은 레드코트와 싸울 때 지금처럼 그들을 외국인이 아니라 '정규군'으로 간주했다.) 사우스캐롤라이나의 지역 역사가인 에드워드 매크레디(Edward McCrady)는 영국군이 전혀 개입하지 않은 아메리카인들끼리의 전투가 103차례나 벌어졌다고 말한다. 애국자들이 대승을 거둔 킹스마운틴 전투에서는 1천여 명의 아메리카 왕당파를 영국군 장교 한 명이 지휘했다.

이 최초의 내전이 빚은 참화는 엄청났다. 미국의 장군 너새니얼 그린은 "휘그당과 토리당이 서로 짐승처럼 무자비하게 싸운 탓에 전국이 황무지로 변할 위기에 처했다"고 기록했다. 어떤 지역에서는 사회의 모든 기능이 마비되기도 했다. 유격대의 한 무리가 지나가면 주민들은 자신이 어느 편이든 상관없이 집을 병사들이 약탈하도록 놔두고 숲으로 '은신' 해야 했다. 1781년 7월 20일에 미국의 윌리엄 피어스 시장은 세인트 조지 터커에게 이런 편지를 보냈다.

그렇게 황폐하고 유혈과 살인에 얼룩진 광경은 일찍이 본 적이 없었습니다! 사방에서는 온통 남편을 잃은 여인들이 울고, 아버지를 잃은 아이들이 가슴아픈 이야기를 털어놓습니다. 휘그당과 토리당의 이념적 대립이 이 나라 사람들을 격렬하게 싸우도록 만들고 있습니다. 거의 매일 적에게 현혹된 딱한 토리당원이 자기 집 문간에서 처형을 당합니다.

양측의 유격대는 서로 자신들의 조국을 위해 싸운다고 믿었다. 영화 속의 벤저민 마틴처럼 그들은 대부분 친지를 잃어 복수심에 불타고 있었다. 싸움은 지역으로 번지고 개인을 대상으로 하게 되었으며, 따라서 그만큼 더욱 격렬해졌다. 그들은 직업 군인이 아니라 사적인 원한을 갚으려는 사람들이었다. 「패트리어트」 같은 이야기에서는 잔인하고 비정한 영국군과 어쩔 수 없이 대응에 나서야 하는 미국인들 사이에 싸움이 벌어진다. 그러나 역사는 그보다 훨씬 복잡하다. 다음 이야기에서 누가 영웅이고 누가 악당인지 한 번 생각해보자.

- 사우스캐롤라이나의 윌리엄 깁슨은 어머니가 토리당에게 매를 맞은 뒤 자신이 감독하는 죄수를 고문하는 데 "별로 만족을 느끼지 못했다"고 고백했다. "그는 죄수의 한 발을 날카로운 못이 박힌 받침 위에 올려놓고 몸을 비틀어 …… 못이 그의 발을 관통하도록 했다."
- 조지아 출신의 토리당인 토머스 브라운은 애국자 군중의 타깃이 되었다. 자신을 방어하기 위해 그는 애국자 한 사람의 발을 총으로 쏘았다. 군중은 그를 쓰러뜨린 뒤 몰매를 가했다. 그 때문에 브라운은 발가락 두 개를 잃어 몇 달 동안 걷지 못했다. 몸이 회복되자 그는 토리당과 인디

언 무리를 조직하여 나머지 전쟁 기간 동안 애국자의 농장을 약탈했다.
- 노스캐롤라이나의 애국자인 모제스 홀은 동료들이 방어할 능력이 없는 포로 여섯 명을 살해하는 장면을 목격하고 심한 우울증에 시달렸다. "동료들은 '버퍼드를 기억하라'고 외쳤고 곧 포로들이 커다란 칼로 무참히 학살되었다." '공포'에 사로잡힌 홀은 숙소로 돌아와 '전쟁의 잔인함에 관해 곰곰이 생각했다.' 하지만 그런 심정은 오래 가지 않았다. 얼마 뒤 행군하던 중에 그는 총검에 찔려 죽은 무고한 열여섯 살짜리 소년을 보았다. 애국자들에게 정보가 새나갈 것을 두려워한 영국인들의 소행이었다. "그 죄 없는 소년이 무참히 학살당하는 것을 보니 …… 토리당원들이 살해될 때 느꼈던 고통스러운 감정이 누그러졌다. 그래서 나는 그들을 파멸시키는 일에 기꺼이 동참하게 되었다."

이런 경우에 어떻게 한 편은 선하고 다른 한 편은 악하다고 단정할 수 있을까? 양측 모두 야만적인 행위를 당했고 그에 대한 복수심을 불태웠다. 현실의 애국자들은 그 소름끼치는 복수극에 뛰어들었다. 그들은 항복의 의사를 표명하거나 이미 제압당한 적들을 살해하는 짓도 서슴지 않았다. 킹스마운틴에서 애국자들이 승리한 뒤 윌리엄 캠벨 대령은 '포로들을 마구잡이로 살육하고 괴롭히는 행위'를 금지하기 위해 애썼다. 그러나 그의 명령은 먹히지 않았고, 행군에 따르지 못하는 포로들은 칼에 찔리거나 발에 밟혀 죽기 일쑤였다. 한밤중에 모의재판이 열려 즉석에서 토리당 아홉 명이 처형된 일도 있었다. "그 한복판에서 직접 경험하지 못한 사람들은 내전을 휩쓴 그 격분 상태를 상상할 수도 없다." 훗날 아이작 셸비 대령은 이렇게 해명하면서 당시 자신이 저지른 행위를 정당화했다. "한쪽

편에 속한 사람들에게는 …… 처형이 필수적이고도 적절하다고 간주될 만했다. 토리당과 영국군이 남북 캐롤라이나의 애국자들을 처형하는 행위를 막기 위해서는 어쩔 수 없는 일이었다."

옳든 그르든 나의 조국

혁명 세대에 속한 초창기 미국 역사가들은 한 가지 명백한 사실을 간과할 수 없었다. 그것은 곧 영국으로부터 독립하기 위한 전쟁은 동시에 미국인들 간의 내전이기도 하다는 점이었다. 특히 남부에서는 더 그랬다. 1788년에 윌리엄 고든은 이렇게 썼다. "군인이 된 토리당은 사우스캐롤라이나의 서부 국경을 따라 행군했다. 그들 중에는 악명 높은 자들이 많이 포함되어 있어 전반적으로 도둑떼 같은 인상을 풍기는 군대였다." 그도 시인했듯이 애국자들도 사정은 별반 다르지 않았다. "휘그당이라고 공언한 사람들도 왕당파를 상대로 방화와 약탈 등 온갖 만행을 저질렀다." 고든은 애국자 민병대의 '야만적인 성향'과 '전쟁 수행 방식'에 '당혹감'을 느꼈다며 개탄한 너새니얼 그린 장군의 말을 인용했다. 고든은 애국자들이 저지른 잘못이 많다는 것을 인정하면서도, 그린과 프랜시스 매리언 같은 선량한 애국자 지휘관들이 '방화와 약탈 등 온갖 만행'을 막기 위해 애썼다는 점을 강조했다.

데이비드 램지는 1785년에 『사우스캐롤라이나 혁명사』에서 애국자들에게서 고문을 받은 적이 있는 토리당원 토머스 브라운에게 모든 악행의 책임을 뒤집어씌웠다. 램지에 의하면 브라운은 재판 없이 포로들을 교수형에 처했고 일부는 인디언에게 넘겼다(인디언들은 그들의 머릿가죽을 벗겼다). 한 여인이 자기 아들의 목숨을 구해달라고 간절히 탄원했으나 브라운은 들어주지 않았다. 그 이듬해에 브라운은 램지에게 직접 불평을 토로하면서 자신이 저지른 만행을 부정하고 포로를 교수형에 처한 행위를 해명하려 했다. 즉 자신은 서약을 위반한 포로들에게 교수형을 시키라는 명령을 받았으며, 자식을 살려달라고 간청한 여인의 아들은 얼마 전까지 토리당 포로들을 조직적으로 고문해서 처형한 자라는 것이었다. 1798년에 간행된 『미국혁명의 역사』에서 램지는 모든 문제가 토머스 브라운의 악행 때문이라는 주장을 번복했으나, 4년 전에 그가 유포시킨 소문은 사라지지 않았다. 램지는 자신의 그 저작에서 내전을 바라보는 균형 잡힌 관점을 제시했다.

자신이 당한 피해로 격한 감정을 가진 사람들, 사적인 원한에 맺힌 사람들은 전쟁의 수칙을 위반해서라도 복수를 하고자 했다. 그리하여 살인은 끊이지 않았고 약탈, 암살, 가옥의 방화도 자주 벌어졌다. 국왕을 섬기느냐, 대륙회의에 충성하느냐는 외관상의 동기일 뿐이고, 양측은 약탈의 욕심, 사적인 분노, 야만적인 감정에 사로잡혀 인간의 본성에 수치스러운 짓을 저질렀다. 바로 그런 식으로 휘그당은 토리당을, 또 토리당은 휘그당을 괴롭혔다. 양측이 워낙 서로에게 못할 짓을 많이 한 탓에 어느 한 측이 항복해도 전쟁의 수칙과 인도주의의 도덕으로 안전을 유지하기란 무척 어려웠다.

계속해서 램지는 '전쟁의 어리석음과 광기'를 진지하게 검토한 끝에 "전쟁은 필연적으로 참가한 사람들의 도덕을 파괴한다"는 결론을 내렸다. 이 점에서 애국자들도 예외가 아니었다.

머시 오티스 워런은 1805년에 독립혁명에 내전이 수반되었다면서 애국자와 그 적들 양측이 모두 야만적인 행태를 보였다고 썼지만, 그러면서도 애국적 미국인들은 영국인과 토리당만큼 나쁘지 않았다고 강력하게 주장했다. 다행히 그들에게는 '격렬한 복수심'이 없었다는 것이다. 결론 부분에서 워런은 다음과 같이 혁명가들의 절제심을 칭찬했다.

역사상 위대한 혁명은 언제나 인간이 불쾌하게 여길 만큼 지나친 재난을 낳았다. 미국의 경우에는 …… 대외 전쟁이나 내전에 시달린 다른 나라의 경우보다 야만적인 장면이 적은 편이었다. …… 미국혁명은 성공적이었다고 자부할 수 있다. 맹렬한 전쟁 속에서도 온건한 정신을 보여줌으로써 인간의 본성을 해치지 않았으며, 순수한 동기로 시작된, 정당화될 수 있는 저항에서도 흔히 빚어지기 쉬운 잔인한 학살과 살육의 충격적인 장면을 방지했다.

다음 세대의 애국적 저자들은 남부에서의 야만적 내전을 그다지 중시하지 않았다. 1823년에 찰스 굿리치는 그 점에 관해 전혀 언급하지 않았다. 그가 보기에 전쟁은 단지 영국으로부터 독립하려는 투쟁이었을 뿐, 미국 내의 격변을 수반하는 진정한 '혁명'이 아니었다. 19세기 초반과 중반의 저자들은 워런처럼 남부 오지에서 일어난 내전을 정당화하려 했다.

양측을 똑같이 비판할 수는 없다. 전쟁이 시작될 때 영국은 사람들에게 공포를 주어 복속시키려 했으며, 영국이 제시한 본보기에 토리당은 신속하게 따른 반면 휘그당은 그렇지 않았다. 그 결과 미국 측의 장군들만이 그런 복수심에 가득한 야만적인 행위를 승인하지 않을 수 있었다.

이로써 책임의 사슬은 분명해졌다. 영국이 가장 나쁘고, 그 다음에는 토리당, 일반 애국자들의 순서다. 애국자의 지도자들만이 비난을 받지 않았다. 1838년에 존 프로스트(John Frost)는 "영국군은 대체로 원한을 품고 잔인하게 전쟁을 치렀다"고 노골적으로 말했다.

조지 밴크로프트는 19세기 중반에 영국군 지도자들이 '가장 난폭한 인간들'이고 미국인들은 '야만적인 선례를 모방할 수 없는 사람들'이라고 말했다. 그는 특히 배너스터 탈턴과 토머스 브라운에게 큰 책임을 물었다. "[탈턴의] 행군로에는 늘 집 잃은 여자들과 어린이들이 따라다녔다." 그는 이렇게 썼지만 실은 모든 군대의 행군로가 다 그랬다. 그는 브라운이 포로들을 체로키족에게 넘겼고 체로키족이 그들을 도끼로 죽이거나 불 속에 던졌다는 소문을 더욱 부풀려서 퍼뜨렸다. 그 반면에 애국자들의 의심스런 행동은 정당한 복수라고 간주했다. 킹스마운틴에서 승리한 뒤 애국자들도 포로들 몇 명을 교수형에 처했다. 밴크로프트는 이 처형에 관해 다음과 같이 썼다.

포로들 중에는 방화범도 있었고 암살범도 있었다. 그들에게 변을 당한 아이들과 여자들은 집과 재산을 모두 잃고 심지어 입고 있는 옷 이외에 옷가지도 모조리 빼앗긴 채 땅바닥에 불을 피워놓고 그 주변에서 죽은 아버지와 남편을 애도했다. 그런 광경을 목격한 병사들은 복수심에 불타 캠던, 나인티식스, 어거스타에서 9~10명을 교수형에 처했다. 그러나 캠벨이 즉각 개입했다. 그는 금지 명령을 내리고, 명령에 따르지 않는 병사에게는 확실하고도 효과적인 징벌을 가하겠다고 으름장을 가해 가까스로 포로들을 보호할 수 있었다.

밴크로프트는 두 가지를 말하고자 했다. 즉 '방화범과 암살범'은 최악의 형벌을 받아 마땅한데도 자비로운 애국자 지휘관들은 아직 교수형을 당하지 않은 포로들이나마 보호하려 애썼다는 것이다.

19세기 중반부터 일부 역사학자들은 전통적인 애국자상을 거스르고 영국군이나 토리당에게 더 큰 책임을 지우지 않으려 했다. 1851년에 리처드 힐드레스(Richard Hildreth)는 이렇게 썼다. "휘그당과 토리당은 비슷한 정도로 잔학한 행위를 저질렀다. …… 무장한 소규모 무리들이 여기저기 다니면서 작전 여부에 상관없이 약탈과 유혈극을 일삼았다." 40년 뒤에 존 피스크는 "휘그당과 토리당이 모두 잔인한 악행을 저질렀다는 데는 의심의 여지가 없다"고 단정했다. 20세기 벽두에 일부 미국의 역사가들은 왕당파에게 분명한 동정을 보였다. 그들은 애국자들의 '무책임한 대중'에 의해 '무법적인 박해'를 받았다는 것이다. 미국혁명의 군중도 포함하여 무릇 군중의 행동은 사회질서를 파괴하기 때문에 부정적인 결과를 빚게 마련이었다.

하지만 왕당파보다 애국자를 깎아내리려는 태도는 학계 바깥에서는 그다지 우호적인 반응을 얻지 못했다. 20세기 초반에 진보적 역사가들의 견해는 전통적인 미국적 가치관에 대한 위협으로 간주되었다. 진보적인 교육자들이 학교 교육에 상대적 관점을 도입하려 하자 전통주의자들은 즉각 반발했다. 그들은 애국자와 왕당파가 같은 배분을 받아서는 안 된다

폭력의 두 얼굴
영국군과의 첫 교전을 표현한 이 그림에서 보듯이 전쟁은 언제나 유혈과 폭력으로 얼룩지게 마련이다. 하지만 전쟁의 승자는 언제나 폭력을 선과 악으로 대비시켜 자신의 폭력을 정당화한다. 그리하여 애국자들의 폭력은 정의가 되고 섬뜩한 핏빛 군복의 레드코트들은 악의 축이 된다.

고 주장했다. 예를 들어 '식민지 전쟁의 딸들'이라는 단체의 한 임원은 "학생들에게 진정한 미국의 이념을 가르치지 않고 편견 없는 관점을 심어주려는 책들"에 관한 불만을 늘어놓았다. "옛날 역사는 늘 우리나라가 옳거나 그르다고 가르쳤어요. 우리 아이들도 그렇게 배워야 한다고 봐요. 아이들에게 편견 없는 교육을 하고 아이들 스스로 결정하도록 놔두는 것은 옳지 못해요."

1960년대에 '새로운 사회사'를 주창하는 학자들은 혁명전쟁의 후기에 남부에서 있었던 잔인한 전투 과정을 상세히 조사하면서 시민사회의 붕괴를 빚은 독특한 지역적 논리를 간파하고자 했다. 그들은 특정한 개인이나 집단이 이쪽 혹은 저쪽의 유격대로 편입된 이유가 무엇인지를 물었다. 이웃들 간에 어떤 차이가 있었기에 그토록 순식간에 그들이 열정적인 상태에 빠져들었을까? 이에 대해 역사학자들은 쉽게 답하지 못하고 있다. 이처럼 명확한 대안이 없는 탓에 단순한 도덕 이야기가 살아남는 것이다.

실제로 그 이야기는 지금까지 윤색되어왔다. 19세기에 마을 사람들을 전부 교회에 몰아넣고 불을 지른 짐승 같은 영국인을 묘사한 저자는 없었다. 그러나 영화「패트리어트」를 만든 사람들은 혁명전쟁 중에 그런 끔찍한 일을 전해주는 역사 기록이 없는데도 그런 이야기를 꾸며냈다. 역사가인 데이비드 해켓 피셔는 이렇게 말한다. "이 사건과 같은 놀라운 일이 실제로 일어났다. 그러나 미국혁명 중의 사우스캐롤라이나에서는 아니다. 그 사건은 제2차 세계대전 중인 1944년 6월 10일 프랑스의 오라두르쉬르글란(Oradour-sur-Glane)이라는 마을에서 일어났다. …… 미국혁명에서도 양측이 그에 못지않은 만행을 저지른 것이 사실이지만, 그 독일인 감독은 18세기 영국군과 미국의 왕당파 군대를 마치 나치 친위대처럼 표현했다."

「패트리어트」에서처럼 선과 악의 대결 구도가 명확하지 않은 경우도 있다. 하지만 대개는 살짝 감춰져 눈에 잘 띄지 않을 뿐이지 아예 없는 것은 아니다. 오늘날의 인기 작가들은 머시 오티스 워런을 연상시키는 어조로 잔인한 내전에 주의를 환기시키지만, 애국자들에 대한 비난만큼은 어떻게 해서든 완화하는 방법을 모색한다. 『자유!』에서 토머스 플레밍은 '야만적인 일진일퇴의 공방전'을 말하지만 야만성의 사례로 제시하는 것은 오로지 한 측이 저지른 사건들뿐이다. 그에 따르면 토머스 브라운은 부상한 애국자 열세 명을 "자신의 집 계단에서, 자신이 침대에서 지켜보는 가운데" 교수형에 처했다고 한다. 그렇듯 잔인한 장면을 서술하는 목적은 독자들에게 편견에 치우친 인상을 주려는 데 있다. 플레밍은 브라운이 사는 집에서 교수형이 치러지지 않았다는 것을 알지 못한다. 당시 브라운이 자기 침대에 누워 있었던 이유는 그가 부상을 입었기 때문이며, 교수형은 상관의 명에 따라 행해진 것이었다. 처음에 그 소문을 퍼뜨린 당사자인 데이비드 램지도 나중에는 그 내용을 부인했다. 그런데 플레밍은 이 토리당의 악한에 관한 전통적인 이야기를 의심의 여지없이 받아들이며, 그를 19세기 어느 역사가가 말한 '악마의 화신'으로 간주한다.

로버트 레키(Robert Leckie)는 『조지 워싱턴의 전쟁』에서 킹스마운틴에서 애국자들이 항복하려는 왕당파를 처단하는 과정을 생생하게 묘사하고 있다.

반역의 피가 솟구쳤고 왁스호스의 기억으로 비롯된 복수심이 타올랐다. 그들은 소리쳤다. "버퍼드! 버퍼드!" "탈턴의 관용! 탈턴의 관용!" 그들은 겁에 질린 희생자들을 언덕 꼭대기 공터로 몰았다. 변방 개척자들은 한 명씩 쓰러졌다. 때로는 이웃 사람들이 호명해서 나오게 한 뒤에 총격을 가하기도 했다. 애국자들은 토리당에게 희생된 친구와 친지들 때문에 복수의 피에 굶주려 있었다. 총을 장전하고 발사할 때마다 그들의 눈에는 광기가 번득였다. …… 이윽고 시장인 에번 셸비가 왕당파에게 무기를 내려놓으라고 명했다. 그들은 명령에 따랐으나 반란군의 라이플은 여전히 불을 뿜었다.

그런데 애국자들이 정말 그렇게 야만적으로 행동했을까? 레키는 이렇게 쓴다. 그들은 "아일랜드계와 스코틀랜드-아일랜드계"로서 글을 몰라 라이플을 "달콤한 입술" 혹은 "뜨거운 납"이라고 불렀다. "그들 중에 톰 페인의 『상식』을 읽은 사람은 아무도 없었다. 「독립선언문」의 내용은 그들에게 쇠귀에 경 읽기나 매한가지였다." 레키의 말에 따르면 그들은 미국인이 아니라 짐승이었다. 따라서 그들의 행동은 전혀 대의명분을 고려한 게 아니었다.

2세기 이상이 지난 오늘날에도 대중문화의 담당자들은 여전히 자발적인 검열을 시행하고 있다. 미국 측을 지나치게 잔인하게 보는 관점은 막을 수 없다면 피하기라도 해야 한다. 그러나 애국심이라는 외피로 만행을 숨기는 역사는 전쟁을 희화화하는 데 동조할 따름이다.

1968년 3월 3일에 미군 제11여단 찰리 중대 소속의 병사들은 미라이라는 베트남 마을의 주민 300여 명을 무자비하게 학살했다. 적절한 대응은 무엇이었을까? 물론 숨기는 것이었다. 하지만 그 이야기가 시모어 허시라는 기자에 의해 폭로되자 미국의 언론은 그 사건을 섬뜩하리만큼 상세하게 보도했다. 여론은 경악을 금치 못했으며, 곧이어 수사가 개시되고 정책이 바뀌었다. 최근에는 미군 병사 세 명이 공격하는 미국 약탈자들과 달아나는 베트남 주민들 사이에 있었다는 공로로 군대의 표창을 받았다. 20년 동안 퇴역군인들은 베트남으로 가서 나라의 재건을 돕고 자신이 저지른 피해에 대해 유감을 표명했다. 이 모든 대응은 적절하고 존경스럽고 애국적이었다. 그들은 자유 사회의 장점을 입증해 보였다.

그러므로 그것은 미국혁명의 이야기 속에 포함되어야 한다. 적절한 방법은 그 이야기를 무섭도록 솔직하게 제시함으로써 전쟁의 무서움을 보여주는 것이다. 그래서 자칫하면 더 많은 전쟁을 부르게 되고 더 큰 슬픔을 유발할 수 있다는 사실을 말해주는 것이다.

선한 사람들은 악한 짓을 하지 않고 악당들은 올바른 행위를 하지 않는다는 식의 도덕적 이야기는 결코 무해한 게 아니다. 그런 이야기는 정의롭다고 여기는 한 측이 상대방을 죽일 권리가 있다는 관념을 은연중에 배양한다. 그리하여 복수의 파괴적 순환을 부추기며, 나쁜 자들이 저지른 악한 짓에 대해서는 보복을 가해야 한다는 생각을 퍼뜨린다.「패트리어트」같은 이야기에서 드러난 정서는 적을 파멸시키고 싶다, 적을 죽여야만 정의가 실현된다는 원초적이고 근원적인 감정이다.

이야기 속에서 보는 것과 같이 선과 악이 싸운다는 단순하고 이분법적인 사고는 약간의 조작을 통해 전쟁에 대한 지지로 쉽게 연결될 수 있다. 죄 없는 민간인들을 교회로 몰아넣고 불을 지르는 자들은 분명히 응징을 받아야 한다. 따라서 전쟁이야말로 유일하게 정당한 대응이다. 우리에게는 싸우거나 달아나거나 둘 중의 하나밖에 없는데, 누구도 달아나고 싶지는 않기 때문에 당연히 싸움을 택하게 된다.

각본에 없는 또 다른 시나리오도 있다. '우리' 미국인들이 끔찍한 짓을 저지르는 '그들' 영국인들을 응징함으로써 영웅심을 느끼는 방식의 이야기 속에는 협상이나 중재처럼 평화롭게 문제를 해결하는 과정이 끼어들 여지가 없다. 비교해보면 이렇다. 18세기에 불타는 교회 안에 있던 마을 사람들은 21세기에 폭파된 세계무역센터 안에 있던 사람들에 해당한다. 2001년 9월 11일에 갑자기 미국의 애국심이 분출되었다. 영국군의 만행에 대한 과장된 설명은 혁명전쟁을 낳았고 그 결과로 우리나라가 건국될 수 있었다. 이처럼 고양된 목적의식은 우리를 단결시킨다.

그런데 '적'을 찾을 수 없다면 어떻게 할까?「패트리어트」같은 이야기는 우리를 채찍질한다. 미디어는 메시지다. 우리는 나서서 싸워야 한다. 오늘날 명확히 규정된 적이 없는 상황에서 이렇듯 전쟁 자체를 위한 호소는 애국심의 관념을 조롱한다. 전쟁은 단지 생활방식의 하나가 되며, 어떤 의미에서 상비군의 존재를 거부함으로써 생겨난 우리나라는 상시적으로 군사화된 사회가 된다. 선과 악의 단순한 대립에 뿌리를 둔 미국혁명의 이야기는, 우리가 최종적으로 승리한 뒤에는 복수의 악순환이 마침내 단절되리라는 부질없는 희망을 우리에게 심어준다.

6부
해피엔딩

"모든 사람들은 이 항복이 종전을 의미한다는 것을 알았다."

「요크타운에서 항복하는 콘월리스, 1781년 10월 19일」
존 트럼벌이 1787~1828년 무렵에 그린 회화 작품을 바탕으로 너새니얼 쿠리어가 1852년에 제작한 석판화.

12_요크타운의 마지막 전투

1781년 10월 17일, 영국군 사령관 콘월리스는 버지니아의 요크타운에서 7천 명의 전 병력과 함께 조지 워싱턴에게 항복했다. 영국의 노스(North) 총리는 그 소식을 듣고 탄식했다. "맙소사, 모든 게 끝났군!" 그것으로 혁명전쟁은 끝났다.

이 이야기는 미국혁명에 관한 이야기에 빠짐없이 등장한다. 결정적인 마지막 전투는 전쟁의 말끔한 마무리로 적격이다. 그 전투의 승리로 미국은 독립을 쟁취했다. 조이 해킴은 이렇게 쓴다. "그 막강한 영국군이 항복했다. 다윗이 골리앗을 물리쳤다.……초강대국이 신생국에게 참패한 것이다!"

"전쟁은 끝나지 않았다"

당시 모든 사람들이 그렇게 본 것은 아니었다. 요크타운에서 항복을 받은 뒤에도 조지 워싱턴은 전쟁이 아직 끝나지 않았다고 주장했고, 영국의 왕조지 3세도 포기할 생각이 없었다. 실제로 전쟁은 그 뒤로도 1년 이상 지속되었는데, 이 부분의 역사는 제대로 전해지지 않는다. 마음에 드는 이야기를 고수하기 위해 우리는 이후 전투에서 싸우다 죽은 사람들이 착각한 것으로 몰아붙인다. 즉 그들의 싸움은 일종의 망상이었다는 것이다. A. J. 랭거스는 베스트셀러인 자신의 저서 『애국자들』에서 이렇게 말한다. "워싱턴은 아직 전쟁 중이라고 생각했으며, 조지 3세도 그런 오해에 빠져 있었다."

조지 3세는 콘월리스가 요크타운에서 항복했다는 소식을 듣고도 노스 총리처럼 비관적인 반응을 보이지 않았다. "병사들이 그 나쁜 소식의 충격으로부터 좀 벗어나면 틀림없이 전쟁을 계속해야 한다는 것을 깨달을 것이오. 전쟁 방식은 좀 바꿔야겠지만 말이오."

워싱턴은 사실 국왕이 이런 식의 반응을 보일까 봐 우려하고 있었다. 그래서 그는 대륙군을 증강하는 데 더욱 박차를 가했다. 요크타운에서 승리를 거둔 지 불과 열흘밖에 지나지 않은 10월 27일에 워싱턴은 대륙회의에 '군사 작전의 준비'를 중단하지 말라고 촉구했다. 그는 전쟁을 계속하지 않을 경우 '대단히 끔찍한 재앙'이 닥칠지 모른다고 경고했다. 그 뒤 몇 주일 동안 워싱턴은 그런 경고를 열 차례 이상 되풀이했다. "요크타운은 흥미로운 사건이지만 우리가 전쟁의 기세를 늦춘다면 희생이 더욱 커질 것이다." 그의 솔직한 심정은 다음과 같았다.

내가 가장 우려하는 사태는 대륙회의가 이 사건을 지나치게 중요하게 여기고, 우리의 노력이 거의 끝났다고 생각하며 안이한 상태에 빠져드는 것이다. 이런 잘못을 방지하기 위해 나는 내 권한으로 할 수 있는 모든 수단을 동원할 것이다.

항복은 했어도
1781년 10월 요크타운에서 콘월리스가 항복의 표시로 자신의 검을 워싱턴에게 건네주는 장면이다. 교과서에서는 이것으로 독립전쟁이 끝났다고 가르치지만 실은 이후에도 한동안 더 전투가 지속되었다. 그 기간 동안 싸우다 죽은 병사들은 지금까지도 역사 속에서 제자리를 할당받지 못하고 있는 셈이다.

워싱턴의 조언에 유념하여 대륙회의는 각 주들에 전과 같은 규모의 병력을 제공하라고 요청했다. 그러나 주들은 재정이 어려웠고 주민들도 전쟁에 진력이 난 상태였다. 주들이 할당받은 병력 충원에 실패하자 워싱턴은 계획했던 공세를 취하기에 충분한 병력을 확보하지 못했다.

한편 영국과 프랑스는 해상을 장악하기 위한 전투를 계속했다. 요크타운의 항복이 있은 지 6개월 뒤 서인도에서 영국 해군은 요크타운 포위전 동안 보급선을 차단했던 프랑스 함대를 격파했다. 프랑스가 물러나자 영국군은 다시 힘을 모아 공세를 취할 수 있었다. 방대한 육군을 어디든 원하는 곳으로 수송할 수 있게 된 것이다. 이런 사태를 우려한 미국의 장군은 워싱턴만이 아니었다. 너새니얼 그린은 원래 찰스턴을 공략하려 했다가 영국군이 거꾸로 공격해올지 모른다는 우려를 표명했다. 1782년 6월 5일 워싱턴은 외무장관에게 편지를 보내 '적을 상대하기 위한 대대적인 준비'에 착수해야 한다고 주장했다.

마지막으로 8월 4일에 북아메리카의 영국 육군과 해군의 지휘관들은 워싱턴에게, 왕당파로부터 빼앗은 재산을 모두 돌려주고 더 이상 그들의 재산을 몰수하지 않는다면 국왕이 '13개 주의 독립'을 승인할 것이라고 통지했다. 이제 전쟁은 마침내 끝나는가 싶었다. 그러나 워싱턴은 여전히 마음을 놓지 않았다. 그는 강화조약이 체결되고 영국군이 물러가기 전까지는 경계를 늦출 수 없다고 주장했다. 1782년 8월 19일 — 요크타운 전투 10개월 뒤 — 에 워싱턴은 이렇게 썼다. "지속적이고 명예로운 평화를 달성하는 가장 쉬운 방법은 전쟁을 속행할 준비에 만전을 기하는 것이다."

그 뒤 영국은 모든 적대 행위의 중지를 제안했으나 워싱턴은 그래도 넘어가지 않았다. 바로 그 무렵 그는 강화 제의의 책임자라고 여겨지던 영국 총리 로킹엄(Rockingham)이 사망했다는 소식을 들었다. 영국의 변덕스러운 정책을 별로 믿지 않았던 워싱턴 총사령관은 로킹엄의 후임으로 강경파 인물이 등장하리라고 예상했다. 9월 12일에 그는 이렇게 썼다. "평화의 전망이 사라지고 있다. 로킹엄 후작의 사망은 새 행정부에 충격을 주었고 전체 체제에 혼란을 빚었다. …… 내가 보기에 국왕은 틀림없이 인력과 자금력이 닿는 한 전쟁을 밀어붙일 것이다." 요크타운 사건에서 정확히 1년이 지난 10월 17일에 워싱턴은 너새니얼 그린에게 다음과 같은 경고를 보냈다.

영국 의회와 정책이 지금처럼 동요하고 있을 때는 그들의 궁극적인 목적이 진짜 무엇인지 확실한 판단을 내리기가 어렵소. …… 영국이 평화를 선언했음에도 불구하고 나는 항상 저들이 시간을 끌면서 우리를 안심시켜 방어 태세를 약화시키려 한다는 느낌을 지울 수 없다오.

1782년 11월 30일에 예비 강화조약이 체결되었지만 그래도 의심 많은 미국 총사령관은 만족하지 않았다. 요크타운 전투가 있은 지 1년 5개월 뒤인 1783년 3월 19일에도 워싱턴은 경계 태세를 풀지 않았다. "미국과 영국이 맺은 조약의 조항들이 …… 전혀 확정적이지 않기 때문에 …… 우리는 적대적 입장을 유지하면서 전쟁과 평화에 모두 대비해야 한다. …… 솔직히 말하건대 나는 또 한 차례의 전쟁을 겪은 뒤에야 우리 모든 노력의 결실인 행복한 시기를 맞게 될까 봐 걱정이다."

워싱턴은 우리가 알지 못하는 것을 알았다. 대다수 미국인들이 생각하는 것처럼 콘월리스는 북아메리카의 영국군 전체를 거느리고 항복한 게 아니었다. 사실 그는 헨리 클린턴 장군의 휘하에 속했으며, 클린턴은 요크타운에서 잃은 병력의 네 배나 되는 병력을 거느리고 있었다. 클린턴의 병력도 일부는 항복했으나 대다수는 여전히 전투 태세를 갖추고 있었다. 미국인들은 얼마 전에 찰스턴에서 5천 명이 항복하는 상당한 손실을 입었다. 영국군도 새러토가에서 비슷한 규모의 병력이 항복했다. 군사적 측면에서 콘월리스가 요크타운에서 패배한 것은 이전의 전투들을 고려하면 서로 비긴 셈이었다.

영국군은 여전히 미국에서 강력한 존재였다. 그들은 세인트로렌스 계곡에서 동쪽으로 5대호, 플로리다 동부, 서인도의 몇 개 섬들, 그리고 헬리팩스, 뉴욕, 찰스턴, 서배너, 세인트오거스틴 등 중요한 항구들을 통제하고 있었다. 영국군 주둔 병력은 뉴욕에 1만 7천 명, 사우스캐롤라이나와 조지아에 1만 1천 명, 캐나다에 9천 명, 서인도에 1만 명 등 모두 합쳐 4만 7천 명으로 대륙군 병력의 네 배나 되었다.

요크타운에서의 패배 이후 클린턴 장군은 그 병력을 어느 지점으로든 집결시킬 수 있었다. 특히 워싱턴이 군대를 남쪽으로 이동시키면서 방어망이 약해진 뉴욕의 허드슨 강 유역이 취약했다. 여전히 서쪽을 위협하는 인디언은 이제 영국군만이 아니라 스페인군의 지원도 받고 있었다. 토리당의 무리들은 남부의 오지 대부분을 지배했다. 가장 큰 문제는 프랑스 함대가 없는 탓에 영국 해군이 해안 일대를 완전히 장악했다는 사실이었다. "확실한 해군력이 없으면 우리는 아무 일도 확실하게 할 수 없다." 요크타운 사건 직후에 워싱턴은 이렇게 불평했다.

워싱턴은 혁명전쟁의 성패가 프랑스의 지속적인 지원에 달려 있다는 것을 알았다. 전쟁 비용은 프랑스가 제공하고 있었다. 요크타운의 포위전은 프랑스군의 장비로 전개되었고, 정규군의 절반 이상이 프랑스군이었다. 포위전이 성공한 이유도 프랑스 함대가 영국 함대의 병력 수송을 막아주었기 때문이었다. 미국이 통제할 수 없는 방식——이를테면 프랑스와 영국이 강화조약을 체결한다든가——으로 프랑스의 지원이 갑자기 중단된다면 미국은 영국군을 해안의 근거지에서 결코 몰아낼 수 없었다. 만약 영국이 워싱턴의 대륙군을 공격하기 위해 방대한 병력을 투입한다면 신생국 미국은 붕괴할 게 뻔했다.

이것은 쓸데없는 상상이 아니었다. 런던으로 돌아가 있던 중에 요크타운 소식을 들은 조지 저메인(George Germain) 국무대신은 최소한 해

진짜 전쟁의 끝?
요크타운 전투의 승리가 전쟁의 끝이 아니라고 생각하고 계속 경계의 고삐를 늦추지 않던 워싱턴이 1783년 11월 25일, 마지막 영국 부대마저 떠나자 뉴욕에 입성하고 있는 그림이다. 이는 요크타운 전투가 끝난 지 2년여 만의 일이었고, 영국과의 강화조약인 파리조약에 사인한 후 3개월 만의 일이었다.

안의 거점들이라도 장악해야 한다고 주장했다. 그 거점들은 서인도 무역을 위한 기지이자 대륙으로 진출하기 위한 발판이 될 수 있었다. 혹시 프랑스와 미국의 관계가 틀어진다면, 또는 미국인들이 전시 정부에 짜증을 낸다면, 다시 영국이 공세를 취할 수 있을 터였다. 1781년 12월에 영국 국무대신은 그 거점들을 계속 방어하기로 결정했다.

군사적 상황과 외교적 불확실성 때문에 혁명전쟁의 성패는 요크타운 이후에도 여전히 오리무중이었다. 영국은 분명히 전쟁을 지속하는 데 필요한 자원을 소유하고 있었다. 당시 영국군의 전면 철수를 당연한 일로 여겼다면 그것은 역사를 잘못 읽은 소치였다. 그런 상황에서 워싱턴은 전쟁을 지속할 수밖에 없었다. 요크타운에서 얻은 일시적인 우세를 밀어붙여 영국의 모든 병력과 함선들이 철수할 때까지 싸워야 했다.

그래서 요크타운에서 승리한 뒤 곧바로 워싱턴은 군대를 남쪽으로 보내 찰스턴과 서배너에 주둔한 영국군에게 압박을 가하게 했다. 프랑스군이 체서피크를 장악하고 있는 동안 그는 클린턴과 뉴욕의 영국군이 취할지도 모르는 공세를 저지하기 위해 대륙군의 주력을 북쪽으로 보냈다. 한편 남부의 오지에서는 영국군과 무관하게 현지 왕당파와 애국자들 간에 전쟁이 지속되었다. 양측은 모두 상대방이 저지른 만행에 대한 복수심으로 전쟁에 임했다. 애팔래치아 산맥 건너편에서는 변방 개척자들이 영국군의 지원을 받는 인디언과 싸우고 있었다.

전쟁은 모든 방면에서 지속되었다. 군사역사가 하워드 페컴(Howard Peckham)에 의하면 요크타운 이후 전투에서 목숨을 잃은 미국인은 365명이었다. (미국 인구 전체에 대한 비율로 보면 오늘날의 3만 6,500명에 해당한다.) 이것은 분명히 적게 잡은 수치다. 남부와 서부에서 전선이 분산된 결과 다수의 전사자들이 제대로 보고되지 않았기 때문이다. 그와 달리 요크타운 전투에서 전사한 미국 병사는 스물네 명에 불과했다. 요크타운 이후 전사자 수는 혁명전쟁 초기 1775년 4월부터 1776년 4월까지 12개월 동안 렉싱턴, 콩코드, 벙커힐, 퀘벡 전투에서 발생한 전사자보다 더 많았다. 만약 그 전사자들의 가족과 친구들이 오늘날 살아 있다면, 그들은 사랑하는 사람이 혁명전쟁이 끝난 뒤의 전사자로 분류되는 것을 알고 깜짝 놀랄 것이다. 오랫동안 대륙회의의 의장을 지냈고 평화협상에도 참여한 헨리 로렌스는 더욱 놀랄 것이다. 그의 아들 존은 워싱턴의 부관으로 재직하던 중 1782년 8월 27일, 즉 전쟁이 공식적으로 끝난 지 10개월이나 지났을 때 영국 정규군과의 전투에서 전사했기 때문이다.

'세상을 뒤흔든 총성'의 이야기가 그 이전의 극적인 혁명을 감추고 있듯이 '마지막 전투'의 이야기도 그 뒤에 일어난 모든 일을 은폐한다. 우리의 미국혁명 이야기는 진짜 시작도, 진짜 끝도 누락되어 있을 만큼 대단히 불완전하다.

이렇게 역사 기록을 거두절미하는 데는 적어도 세 가지 이유가 있다. 첫째, 우리는 우리 이야기의 시작과 끝이 깔끔하기를 바라며, 그렇게 만들기 위해 서슴없이 증거를 곡해한다. 둘째, 우리는 혁명전쟁을 미국인과 외국인 억압자의 양극적인 투쟁으로 보고자 하며, 요크타운 전투 이후에도 남부에서 잔인한 내전이 벌어졌고 서부에서 인디언과 싸웠다는 사실을 알고 싶지 않다. 셋째, 우리는 그 전쟁의 세계적인 의미를 알지 못한다. 더 넓은 그림에 관심이 없으므로 우리는 그 전쟁이 끝났다고 생각되는 시점을 넘어 한참 동안이나 지속된 이유를 이해하지 못한다.

미국혁명 : 세계 전쟁

요크타운의 승리를 일궈낸 프랑스의 해군과 육군은 영국에게 낯선 적이 아니었다. 영국과 프랑스가 맞붙은 전쟁으로 치면 미국혁명은 100년 동안 벌써 다섯번째의 전쟁이었다. 총 36년 동안(1689~97년, 1701~13년, 1744~48년, 1754~63년, 1778~81년) 두 강대국은 유럽과 전세계를 무대로 치열한 패권 다툼을 벌였다. 예전의 전쟁, 즉 미국에는 프렌치-인디언 전쟁이라고 알려진 전쟁에서 채무를 잔뜩 떠안은 영국은 아메리카 식민지에 대한 과세를 늘렸다. 이것은 큰 저항을 불렀고, 그 저항은 결국 혁명전쟁으로 이어졌다. 아메리카의 반란자들은 독자적으로는 전쟁에서 이길 수 없다는 것을 알고, 프랑스의 도움을 얻기 위해 독립을 선포했다. 프랑스의 자금, 병력, 무기와 탄약, 선박에 힘입어 아메리카인들은 영국의 진압군에 맞설 수 있었다. 미국혁명의 원인, 정책, 전투, 결과는 당시 유럽의 두 강대국이 벌이고 있던 패권 다툼의 일환이었던 것이다.

1763년 프렌치-인디언 전쟁에서 영국이 승리함으로써 프랑스는 북아메리카 본토에서 권리를 주장하지 못하게 되었다. 13년 뒤 영국 이주민들이 모국으로부터 독립을 선언했을 때, 프랑스 왕은 실점을 만회할 좋은 기회라고 보았다(물론 그는 '자유'라는 대의명분에는 관심이 없었다). 반란 세력이 새러토가에서 승리하는 전과를 올리자 프랑스는 즉각 소동의 한복판에 뛰어들었다. 프랑스 역시 혼자 힘으로는 영국을 물리칠 수 없었지만 외부의 도움을 받는다면 충분히 숙적 영국의 발목을 부러뜨릴 자신이 있었다.

프랑스는 스페인을 부추겨 영국과 싸우게 했다. 처음에 스페인은 거절했다. 정부 지도자들은 아메리카 반란 세력을 신뢰하지 않았고 스페인 식민지도 덩달아 독립하겠다고 나설까 봐 우려했다. 그러나 스페인도 세계 최강의 해군력을 자랑하는 영국과 싸울 만한 이유를 충분히 가지고 있었다. 영국은 지중해의 관문에 위치한 스페인의 요새 지브롤터를 점령했던 것이다. 또한 영국은 스페인 동해안의 메노르카 섬도 장악했고, 스페인의 식민지였던 플로리다를 차지했으며, 온두라스·자메이카 등의 섬들을 통제함으로써 서인도에서 스페인과 치열한 패권 다툼을 벌이고 있었다. 1763년에 프랑스가 패배한 뒤 이제 북아메리카 본토를 놓고 경쟁하는 식민 강국은 스페인과 영국의 두 나라만 남았다. 따라서 영국을 몰아낼 수 있다면 스페인은 미시시피 일대를 장악하고 북아메리카 일대로 영역을 확장할 수 있었다.

1779년 4월 스페인은 프랑스와 동맹을 맺고 영국과 맞서기로 했다. 미국과는 공식적인 동맹을 맺지 않았으나 영국과의 전쟁에 참여함으로써 스페인은 미국혁명에서 중요한 역할을 한 셈이 되었다. 영국은 반란을 진압하기 위해서만이 아니라 스페인을 상대로 해서도 병력, 선박, 자금을 투입해야 했다. 전쟁 후반에 스페인은 미국 국경지대에서 영국과 싸워 영국군을 서인도에서 몰아내고 미시시피의 관할권을 요구했다.

1779년 여름, 프랑스-스페인 연합군의 함선 66척과 병력 1만 명은 영국 남부 침략을 준비했다. 몇 주일 동안 동맹군은 영국 해협을 돌아다니면서 해안지대의 촌락들을 공포에 몰아넣었다. 그러나 촌락들이 워낙 가난한 탓에 동맹군은 병참 문제를 해결할 수 없어 침략을 취소했다. 한편 아메리카에 있는 영국 장군들은 남부를 공략하려면 병력이 더 많이 필요하다고 여겼다. 그러나 본국이 위험에 처한 탓에 그들은 기존의 병력만으로 공격을 감행할 수밖에 없었다.

사실 그 무렵 영국의 병력과 함선은 전세계에 분산되어 있었다. 지브롤터에서는 프랑스와 스페인이 포위전을 펼치고 있었다. 서인도에서도 패권을 장악하기 위한 싸움이 한창이었으며, 인도 동남부에서는 현지의 군대가 해안을 점령한 영국군을 몰아내려 하고 있었다. 영국의 육군과 해군은 그 모든 전선에서 동시에 싸우는 중이었다.

영국의 입장에서 사태는 갈수록 어려워졌다. 1780년 12월에 네덜란드도 프랑스와 스페인 측에 가세했다. 영국과 무역 경쟁을 벌이는 네덜란드는 인도로 가는 선박들의 주요 보급기지인 희망봉을 장악했다. 이제 프랑스와 네덜란드가 동맹을 맺었으므로 프랑스 선박들은 그 기지를 이용할 수 있었으나 영국 선박들은 그럴 수 없었다. 따라서 프랑스가 인도양에서 주도권을 행사할 수 있었다. 1781년 초에 영국은 희망봉을 빼앗으려 했지만 네덜란드는 프랑스의 도움으로 방어에 성공했다. 그 해 8월, 대륙군과 프랑스군이 요크타운에 모이기 직전에 영국은 북해의 통제권과 수익이 높은 발트 해 무역권을 놓고 네덜란드와 격렬한 해전을 벌였다.

게다가 러시아도 동맹국 측에 접근했다. 네덜란드, 스페인, 프랑스의 동맹 세력에 러시아마저 합류한다면 영국은 어떻게 될까? 유럽 대륙의 강대국들은 영국의 힘을 억제하는 데 공동의 이해관계를 지니고 있었다.

유럽이 이런 사정일 때 1781년 10월 17일 요크타운에서 콘월리스가 항복한 것이었다. 만약 아메리카 반란자들만 적이었다면 영국은 병력과 선박을 더 보내 전쟁을 계속할 수 있었을 것이다. 그러면 더 대규모로 공세를 펼칠 수도 있었을 테고, 설사 그렇게까지 하지는 않더라도 최소한 해안지대의 거점들은 계속 유지함으로써 북아메리카 동해안을 여전히 장악했을 것이다. 당시 스페인 본토의 일부인 지브롤터를 점령한 상태였던 영국은 곧이어 중국 본토의 항구(홍콩)를 손에 넣고 장차 민족주의 혁명과 공산주의 혁명의 시대에도 그 항구를 유지하게 된다. 아마 뉴욕과 찰스턴도 지브롤터와 홍콩처럼 수십 년 혹은 한 세기 이상 대영제국의 관할로 남았을지 모를 일이다.

그런 일이 일어나지 않은 이유는 영국이 세계 전쟁을 힘겨워하고 있었기 때문이었다. 유럽의 세 강대국이 힘을 합친 데다가 미국과 인도에서 강력한 반제국주의 투쟁이 벌어지자 영국의 국고는 고갈되기 시작했고 사기도 저하되었다. 전쟁 기간 동안 영국 의회에서 거센 반대가 있었다는 것은 전쟁의 결과를 어느 정도 예견해주고 있었다. 이제는 대영제국의 몸집을 다소 줄여야 할 때였다.

요크타운과 더불어 다른 몇 곳—지중해, 희망봉, 인도—에서 패배함으로써 영국의 내각에도 큰 변화가 일어나기에 이르렀다. 로킹엄이 이끄는 새 정부는 평화 정책으로 선회했다. 물론 맹목적인 항복이 아니라 전략적인 후퇴였다. 상대방과 개별적으로 강화조약을 체결함으로써 영국은 적들의 연대를 해체하고 유리한 입장을 되찾으려는 것이었다.

그래도 아메리카와 세계 각지에서 전쟁은 지속되었고 지브롤터는 여전히 포위된 상태였다. 1782년 2월에 메노르카의 영국군은 1만 4천 명의 포위를 견디지 못하고 항복했다. 이 소식이 런던에 전해지자 영국 의회는 마침내 아메리카에서 새로운 공세를 추구하지 않기로 결정했다. 또한 2월에 서인도의 세인트키츠 섬에서도 영국군이 항복했다. 5월에는 바하마의 영국군 600명이 아바나에서 온 스페인 원정군에게 항복했다.

영국이 성공을 거둔 사례도 몇 가지 있었다. 4월에 세인츠 전투에서 영국 함대는 요크타운에서 패배를 안겨주었던 드 그라스 제독이 지휘하는 프랑스 함대를 격파하고 나포했다. 또 9월에 지브롤터에서 5천여 명의 영국 수비대는 프랑스-스페인 연합군의 대규모 공세를 막아냈다.

이런 전투들이 벌어졌음에도 불구하고 1782년에 세계 전쟁의 위협 요인은 동양으로 넘어갔다. 인도 남동부 해안에서 현지 저항군이 프랑스 함대와 힘을 합쳐 영국 육군과 해군을 공격한 것이다. 마이소르(Mysore 인도 남부 카르나타카의 옛이름)의 술탄인 하이데르 알리(Hyder Ali)는 대군으로 영국 방어군을 공격했으며, 프랑스 함대는 영국 함대가 보급품과 증원군을 가져오지 못하도록 차단했다. 요크타운의 상황을 연상케 하는 장면이

국제전
아메리카 독립전쟁은 내전으로 시작했으나 전쟁 중에도 프랑스와 스페인 등 유럽에서 영국과 대립하던 열강들이 아메리카를 직·간접적으로 지원했다. 전쟁 후반에 접어들면 독립전쟁은 명실상부한 국제전이 되는데, 그림은 정식으로 참전한 프랑스 육군의 모습이다.

었으나 한 가지 중요한 차이가 있었다. 영국 제국주의의 관점에서 볼 때는 반란을 일으킨 아메리카 식민지보다 인도와 동인도가 더 중요했다. 아메리카 시장에 차를 공급하는 과정에서 미국혁명을 촉발한 동인도회사에게는 차 시장 한 곳보다는 차 생산지가 훨씬 더 귀중했던 것이다.

1783년 6월 28일—요크타운 전투 1년 8개월 뒤—에 인도의 영국군은 불안정한 상태에 놓여 있었다. 그들은 북아메리카의 13개 식민지만이 아니라 인도도 잃을 위험에 처했다. 그러나 예비 평화조약이 체결되었다는 소식이 전해지면서 갑자기 분위기는 반전되었다. 계획대로 동맹국들과 개별적으로 조약을 맺음에 따라 영국은 기존의 이권을 최대한 유지할 수 있었다. 반란을 일으킨 아메리카 식민지는 잃었으나 지브롤터, 서인도의 섬들, 인도의 영토는 무사했다. (콘윌리스는 요크타운에서 패배한 뒤 인도의 총독이자 총사령관이 되었다.) 무엇보다도 다행스런 사실은 전쟁이 끝났고 동맹국들이 영국을 침략할 위협이 사라졌다는 것이었다. 이후의 평화 기간에 영국 함선들은 어디로든 가서 마음대로 통상할 수 있었다. 물론 신생국 미국도 포함되었다. 대영제국은 비록 몸집은 줄었으나 목숨은 건졌다.

이렇듯 전체를 포함시킨 이야기는 미국인들이 하는 이야기와 상당히 다르다. 우리의 교과서와 대중 역사서에 따르면 아메리카는 세계 최강의 제국을 물리치고 스스로의 운명을 지배하는 권리를 얻었다. 애국자들은 다윗처럼 거인을 쓰러뜨렸다. 이따금 우리는 프랑스에게 고마움을 표시하지만 미국혁명을 세계 전쟁의 일부분으로 보지는 않는다. 요크타운을 마지막 전투로 규정한다면, 미국에서 이후에 계속된 전쟁은 물론이고 서인도, 북유럽, 지중해, 남아프리카, 인도, 동인도에서 벌어졌던 전쟁도 모두 무시된다. 아메리카의 애국자들이 혼자 힘으로 영국과 싸웠다면 요크타운 전투가 그렇게 큰 영향력을 지니지도 못했을 것이다. 사실 다른 경쟁자들이 없었다면 요크타운 전투 자체도 없었다. 우리 마음에 드는 이야기를 얻으려면 국제적 정황을 무시해야만 한다.

사라진 1년 반

혁명 세대의 역사가들은 영국인으로 성장한 탓에 해외의 사정에 더 관심이 컸다. 그들은 요크타운 이전에나 이후에나 늘 영국의 정책을 예의주시했다. 당시에는 누구도 전쟁으로 귀결된 사태가 이야기의 중심 줄거리와 무관하다고 생각하지 않았을 것이다. 사태의 완전 타결을 낳은 과정을 이해하기 위해 초기 역사가들은 세계적 정황에 상당한 주의를 기울였다. 국제적 사정은 분명히 북아메리카 13개 반란주에 대한 권리를 포기한다는 영국의 결정에 영향을 주었다. 역사가들은 또한 1782년, 즉 요크타운 전투 이듬해에 영국이 해안지대를 강력히 장악한 가운데서도 남부 내륙에서는 내전이 지속되었다는 사실을 알고 있었다.

    윌리엄 고든(1788)은 요크타운 이후 완전 타결까지의 과정을 서술하는 데 거의 200쪽을 할애했다. 데이비드 램지(1789)는 '1782년의 군사작전'과 '아메리카 전쟁의 결과에 개입한 강대국들'의 행동을 함께 다루었다. 머시 오티스 워런(1805)은 자신의 세번째 저작이자 마지막 저작의 서론에서 요크타운 전투를 검토했다. 이후 394쪽에 걸쳐 그녀는 아메리카에서 벌어진 후속 전투, 서인도의 해전, 지중해 전쟁, 영국의 정책, 대륙군 내부의 폭동, 평화 협상, 미국 독립의 결과 등에 관해 상세히 서술했다. 존 마셜(1804~1807)은 워싱턴의 말을 그대로 인용해서 요크타운 이후에도 전쟁이 지속되었다고 썼다. 프랑스 함대가 가버리자 아메리카인들은 해안지대에서 영국군을 몰아낼 수 있다는 희망을 거의 버렸다. 당대의 역사가들이 보기에 전쟁 마지막 1년 반의 기간은 단지 부록에 불과한 기간이 아니었다.

    19세기의 인기 저자들은 역사 기록을 가지고 술수를 부리기 시작했다. 메이슨 웜스는 1806년에 워싱턴과 벚나무 이야기(워싱턴이 어렸을 때 장난으로 벚나무를 도끼로 자른 뒤 아버지에게 솔직히 고백하고 용서를 빌었다는 일화)를 꾸며낸 데 이어, 조지 3세가 전쟁을 계속하려 하기보다 의회 지도부를 교체하여 평화를 추구하는 데 '크게 만족했다'고 썼다. 노아 웹스터(1833)는 요크타운의 소식을 듣고 미국 전역이 '형언할 수 없을 정도의 환희'에 젖었다고 강조했다. 그의 서술에 의하면, 승리의 감격이 전국을 휩쓸자 워싱턴 자신도 투지를 불태우는 대신 "모든 죄수들을 석방하여 환희의 분위기에 동참하도록 했다"고 한다. 워싱턴이 기뻐하고 국왕이 양보함으로써 요크타운 전투는 전쟁의 해피엔딩이 되었다.

모든 저자들이 이야기를 그렇게 단순화시킨 것은 아니었다. 존 프로스트(1838)는 왕이 의회 연설에서 요크타운 이후에도 전쟁을 지속하려는 결의를 보였다고 말했다. 그는 또한 프랑스, 스페인, 네덜란드의 지속적인 개입에 관해 서술했다. 조지 밴크로프트는 자신의 기념비적 역사서의 첫 권에서 종전의 상황을 이해하는 데 중요한 영국 정치의 국제적 맥락에 관해 길게 검토했다.

그러나 요크타운을 넘어 세계 무대로 범위를 확장하면 몇 가지 문제가 생겨난다. 첫째, 이렇게 넓은 이야기는 깔끔해 보이지 않는다. 음모와 책략이 가득한 국제 정치는 승자가 몽땅 차지하는 단순한 전투보다 이해하기가 훨씬 어렵다. 둘째, 1782년의 시점에서 혁명에 관해 진지하게 논의한다면 남부의 전쟁이 내전이었다는 점을 시인하지 않을 수 없다(이 책 11장 참조). 요크타운 이후 영국이 항복했다는데도 전투가 계속되었다면 그 '적'은 대체 누구였을까? 이로부터 비롯되는 여러 가지 의문에 답하려면 단순한 이야기 형태만 가지고는 불가능하다. 셋째, 국제적 정황을 제대로 고려하려면 당시 아메리카인들이 그다지 주체적으로 행동할 수 없었다는 점을 인정해야 한다. 사람들이 좋아하는 이야기의 기본 전제—애국자들은 고결한 대의명분을 지녔기에 세계 최강의 제국을 타도할 수 있었다—가 의문시될 수밖에 없는 것이다.

이런 이유에도 불구하고 인기 역사가들과 교과서 저자들은 미국혁명의 마지막 1년 반을 무시하기 시작했다. 극히 단순한 이야기 형태를 고집하면서 그들은 그 역사가 요크타운에서 끝났다고 선언했다. 거기서 아메리카는 승리했고 영국은 패배했다. 아메리카는 환희에 젖었고, 영국은 노스가 말한 것처럼 모든 게 끝났다. 이것이 이야기의 끝이다.

20세기의 교과서들은 거의 모두 이 방침을 따랐다. 1913년에 널리 사용된 한 교과서는 "콘윌리스의 항복으로 혁명전쟁이 끝났다"고 단언했다. 또 1935년의 교과서는 짐짓 권위 있는 어조로 "영국과 아메리카의 모든 사람들은 이 항복이 종전을 의미한다는 것을 알았다"고 설명했다. 학생들은 그 '모든 사람들'에 조지 워싱턴이나 조지 3세가 포함되지 않았다는 사실은 알지 못했다.

그 점에서는 최근의 교과서들도 마찬가지다. 전국사회과목협의회 2002년 대회에 제출된 교과서 13종 가운데 워싱턴과 조지 3세가 요크타운 이후에도 전쟁을 지속하기로 했고, 남부에서 유혈적인 내전이 지속되었으며, 세계적으로 관련 전쟁이 끊이지 않았다는 사실을 말하는 교과서는 한 종도 없었다. 그 대신 여덟 종은 미국혁명에 관한 장을 "맙소사, 모든 게 끝났군!"이라는 노스의 말로 끝맺었으며, 여덟 종은 최종적인 해결을 보여주는 다른 이야기, 즉 항복한 군대가 '거꾸로 뒤집힌 세상'의 곡조에 맞춰 행진하는 이야기를 수록했다. (네 종은 두 이야기를 다 실었고 한 종은 둘 다 싣지 않았다.) 일반적으로 혁명전쟁의 마지막 1년 반은 단 하나의 종속절, 혹은 몇 개의 한정 형용사들로 요약된다. "약간의 전투가 이어지기는 했으나 콘윌리스의 항복으로 사실상 전쟁은 끝났다." 모든 교과서는 콘윌리스의 항복이 마치 북아메리카에 주둔한 영국군 전체의 항복인 것처럼 서술하고 있다. "1781년 10월 19일 콘윌리스는 전체 병력, 즉 정규군 7,750명과 해군 850명, 대포 244문, 기타 장비를 양도하고 항복했다." 이것을 본 학생들은 물론이고 교사들조차도 콘윌리스의 '전체 병력'이 곧 영국군 전체를 가리키는 것으로 믿어 의심치 않았다.

 이런 엉성한 설명은 유해한 결과를 가져온다. 국제적 맥락을 무시하고 역사를 단순화함으로써 마치 미국 역사가 세계 역사와 분리된 듯한 착각을 줄 뿐 아니라, 간접적으로는 미국인이 다른 민족들 위에 군림하는 듯한 인상을 주는 것이다. 또한 복잡한 동맹과 조약 협상을 누락시키면 마치 혁명전쟁은 양측의 정면대결인 것처럼 보이게 된다. 미국은 이겼고 영국은 졌다. 그러나 단순하고 해피엔딩으로 끝나는 전쟁 이야기는 전쟁이 곧 간단한 해결책이라는 위험한 발상을 부추긴다.

"우리는 서부 땅을 차지하기 위해 싸웠고, 마침내 차지했고, 요새에 우리의 깃발을 내걸었다. 우리는 그 땅을 갖고 싶다. 그리고 우리는 실제로 가졌다."

「이주민들을 호위하며 컴벌랜드 협곡을 통과하는 대니얼 분」, 조지 칼레브 빙엄의 회화(부분), 1851~1852년

13_서부로의 이동

완벽한 전쟁은 완벽한 나라를 낳는다고 한다. 그렇게 탄생한 나라는 자신의 운명을 마음대로 실현할 수 있다. 해피엔딩으로 끝난 미국혁명은 착실하게 성장했다. 먼저 헌법을 만들었고, 다음에 영토 확장을 이루었으며, 마지막으로 국제무대에 화려하게 데뷔했다. 하지만 해피엔딩은 일부에게만 해당할 따름이었다. 다른 사람들에게 혁명전쟁은 국민주권을 가져다준 게 아니라 오히려 빼앗았다. 땅과 주권을 빼앗긴 사람들의 입장에서 미국혁명을 말하면 전혀 다른 이야기가 된다.

1958년 당시 미국에서 가장 유명한 두 명의 역사가 헨리 스틸 코미저(Henry Steele Commager)와 리처드 B. 모리스(Richard B. Morris)는 미국혁명에 관한 일차 자료들을 1,300쪽의 방대한 분량으로 묶어 출간하면서 다음과 같은 멋지고 낙관적인 견해를 밝혔다.

미국혁명은 …… 지속적인 피해나 상흔을 거의 남기지 않았다. 전쟁 기간 내내 인구는 증가했고 서부로의 이동도 중단 없이 전개되었다. 몇 년 동안의 평화에 힘입어 신생국은 번영과 풍요의 희망으로 부풀었다.

이런 견해가 2세기 이상 통용되었다. 혁명전쟁으로 동부에 사는 백인 아메리카인들의 족쇄가 끊어지자 그들은 서부로 시선을 돌렸고 거기로 이동하기 시작했다. 그 뒤로 잘 알려진 역사가 전개되었다. 미국은 북아메리카 대륙을 가로질러 성장하고 번영했다.

우리는 독립전쟁을 혁명으로 생각하고 싶어한다. 하지만 실은 그렇기도 하고 안 그렇기도 하다. 혁명전쟁은 동시에 정복전쟁이었던 것이다. 코미저와 모리스의 말은 부분적으로 옳지만—혁명은 서부 팽창을 촉진했다—백인 이주민들이 애팔래치아 산맥을 넘어 이동한 것은 모든 아메리카인들을 희망으로 부풀게 하지는 않았다. 많은 인디언들에게 그것은 민족적 정체성을 안겨준 게 아니라 빼앗은 사건이었다.

미국혁명은 미국 역사상 가장 대규모로 벌어진 인디언 전쟁이었다. 유럽계 아메리카인과 아메리카 원주민 사이에 벌어진 다른 전쟁들에서는 한두 개의 인디언 부족만 관련되었지만, 이 전쟁에는 미시시피 동부의 모든 부족들이 직접적으로 관련되었다. 대부분의 인디언들은 어느 한 측에 속해 적극적으로 싸웠으며, 대다수가 그 싸움의 직접적인 결과로 자신들의 땅을 잃었다.

영국에 협력한 인디언도 많았지만 그렇지 않은 부족도 많았다. 특히 애팔래치아 동편의 인디언들은 반란 세력에 합류하는 편이 더 이익이라고 생각했다. 혁명이 일어나기 전과 진행 중일 때 인디언들은 자신들의 땅을 보존하기 위해 백인들의 세력과 이리저리 이합집산을 벌였다. 그러나 경쟁하던 유럽 국가들의 힘이 약화되자 그들은 백인 아메리카인들의 진출을 독자적으로 상대하게 되었다.

분할과 정복

혁명전쟁은 인디언의 땅에 서서 동쪽으로 바라보면 전혀 달리 보인다. 이로쿼이족이나 델라웨어족, 체로키족이나 쇼니족 등 인디언 부족의 관점에서 나온 이야기는 지배적인 미국 문화에서 의심 없이 받아들여지는 이야기와는 거의 유사점이 없다.

물론 이로쿼이족이라고 해서 모두가 혁명전쟁에 관해 같은 생각인 것은 아니었다. 영국군과 아메리카 애국자들은 양측 모두 이로쿼이족을 자기 편으로 끌어들이기 위해 노력했다. 영국은 선물을 이용했고 아메리카인들은 은근한 협박을 가했다. 결국 여섯 개 부족 가운데 네 부족(세네카족, 카유가족, 오논다가족, 모호크족)이 영국에 운명을 걸었다. 이들은 아메리카 이주민들이 자신들의 이해관계에 더 큰 위협이라고 판단한 것이다. 나머지 두 부족(오나이다족과 투스카로라족)은 새뮤얼 커클런드라는 선교사의 영향을 받아 아메리카의 편에 가담했다.

1777년에 6개 부족 연맹을 결성하려는 움직임은 수포로 돌아갔다. 합치기는커녕 이로쿼이족은 백인을 상대로 싸운 것만이 아니라 자기들끼리도 싸웠다. 8월 6일에 뉴욕 오리스커니에서 세네카, 카유가, 모호크의 수백 명 전사들은 영국군 돌격대, 왕당파 자원병들과 함께 매복 작전으로 애국자 민병대와 오나이다 동맹군을 덮쳤다. 오리스커니의 패배에 대한 복수로 세네카족은 오나이다 거주지를 공격했으며, 오나이다족은 또 인근에 있는 모호크족의 촌락을 약탈했다. 백인들 간의 내전은 곧 인디언 부족들 간의 내전으로 비화되었다.

친영파인 이로쿼이족은 아메리카를 지지하는 부족들보다 수가 훨씬 많았고, 전쟁에서도 두드러진 활약을 보였다. 1778년에 그들은 국경 촌락들을 여러 차례 기습했는데, 특히 와이오밍과 체리밸리 습격이 유명했다. 그 이듬해에 대륙회의는 존 설리번 장군에게 4,500명의 병력을 맡겨 인디언 촌락들을 대상으로 초토화 전술을 구사했다. 1779년 7월 4일 설리번의 장교들은 "모든 아메리카 야만인들에게 문명이냐 죽음이냐"를 선택하게 하기로 결정했다. 그 해 여름에 그들은 모든 촌락을 불태우고, 모든 과일나무를 베어내고, 모든 농작물을 몰수했다. 문명이라는 명분 아래 그들은 자신들이 야만인이라 부르는 사람들의 문명사회를 짓밟았다. 작전이 끝날 무렵 설리번은 의기양양하게 대륙회의에 보고했다.

우리 군대가 파괴한 마을은 약 40군데입니다. 또 훼손한 곡물의 양은 적게 잡아도 16만 부셸(1부셸은 약 27킬로그램)에다 온갖 채소도 상당한 양입니다. 모든 시내와 강을 추적하고 전 지역을 샅샅이 뒤져 인디언 거주지를 찾아냈습니다. 단언하건대, 치네시에서 80킬로미터쯤 떨어진 앨리개너 부근의 한 마을을 제외하면 5개 부족의 지역에는 이제 단 하나의 마을도 없습니다.

설리번의 작전에다 1779~1780년의 '엄혹한 겨울'——기록상 미국 동부의 가장 추웠던 겨울——까지 겹쳐 이로쿼이족은 큰 고통을 겪었다 ('엄혹한 겨울'에 관해서는 이 책 5장 참조). 하지만 그래도 부족은 저항을 포기하지 않았다. 이듬해 여름에는 800여 명의 부족 전사들이 모호크 계곡을 습격하여 백인 아메리카인 330명을 죽이거나 사로잡았고, 요새 여섯 개와 주택과 농장 700여 곳을 파괴했다. 세네카족, 카유가족, 오논다가족, 모호크족도 자기들의 땅에서 오나이다족과 투스카로라족을 내쫓았다. 쫓겨난 인디언들은 백인 거주지 변두리에서 피신처를 구할 수밖에 없었다.

전쟁은 1781년에도 지속되었다. 분노한 이로쿼이족 전사들은 자신들의 땅을 점령하려 한 백인들을 끊임없이 공격했다. 콘월리스가 요크타운에서 항복한 뒤에도 이로쿼이족은 싸움을 그치지 않았으나 영국의 지원이 없이 마냥 전쟁을 속행할 수는 없었다. 1782년, 마침내 영국의 지원이 중단되었다. 평화를 추구한 영국은 애팔래치아 산맥과 미시시피 강 사이의 방대한 지역을 미국의 소유로 인정했는데, 여기에는 이로쿼이족을 비롯하여 여러 인디언 부족의 영토가 포함되었다. 영국에 협력하여 싸운 인디언들은 속임을 당하고 버림받았다는 기분을 갖지 않을 수 없었다. 한편 백인 아메리카인들은 인디언들이 자기들 땅이라고 간주하는 지역을 차지할 권리를 확보했다고 여겼다.

다른 인디언 부족들의 운명도 이로쿼이족과 대동소이했다. 혁명은 내부의 분열을 빚었으나 종전이 이루어지면서 백인들은 한마음으로 인디언들의 영토를 대대적으로 침략했다. 처음에 델라웨어족과 쇼니족의 족장들은 이웃한 지역에 사는 백인들과 다툼을 빚지 않으려는 마음에서 아메리카 애국자들에게 우호적인 제스처를 보였다. 애국자의 지도자들도 그들에게 지지와 보호를 약속했는데, 심지어 "델라웨어족을 대표로 하는 국가를 건설하고 대륙회의에 대표를 보낼 수 있도록 하겠다"고까지 제안했다.

그러나 결과적으로 이것은 백인-인디언 관계의 역사상 가장 불성실한 약속이 되고 말았다. 애국자들은 별다른 지원을 하지 않았으며, 이주

얻은 것은 독립만이 아니었다
아메리카의 백인들에게 독립전쟁은 영국으로부터의 독립만이 아니라 아메리카 원주민들에게서 광활한 서부 영토를 빼앗는 계기를 마련해주었다. 본격적인 서부 팽창은 18세기부터 전개되지만 이미 전쟁 중에 식민지인들은 애팔래치아를 넘어 서부로 가기 시작했다. 그림은 서부의 개척자로 알려진 대니얼 분이 쇼니족에게서 자기 딸을 구하는 장면이다.

민들은 인디언들을 보호하기는커녕 우호적인지 아닌지도 구별하지 않고 보는 대로 괴롭혔다. 인디언을 싫어하는 변방 개척자들이 우호적인 쇼니족 인디언 네 명을 볼모로 억류했다가 살해하는 사건이 일어나자 쇼니족은 주변의 호전적인 부족들——밍고족, 마이애미족, 웬다트족, 치퍼와족, 오타와족, 키카푸족——편으로 돌아 영국을 지지했다.

남쪽에서는 체로키족이 아메리카 백인들의 혁명전쟁과는 별개로 자체적인 혁명전쟁을 전개했다. 헨리 스튜어트라는 영국 관리가 1776년 체로키족을 찾아갔을 때 부족은 버지니아와 캐롤라이나 사람들이 자신들의 영토에 진출하는 것에 어떻게 대처할 것인지를 놓고 갑론을박을 벌이고 있었다. 젊은 전사들은 즉각 항전을 지지했다. "숨죽이고 사느니 차라리 사나이답게 죽겠다"는 게 그들의 주장이었다. 그러나 체로키족의 원로들은 신중한 대처를 선호했다. 그들은 스튜어트에게 젊은 강경론자들은 '게으른 풋내기'일 뿐이니 그 말을 들을 필요가 없다고 말했다. 그러나 전사들은 원로들을 "사냥할 기력도 없는 노인들"이라고 반박했다. 고향 땅에 대한 위협은 체로키 사회에 커다란 시련을 안겨주었다.

결국 전사들의 입장이 우세했다. 1776년 여름 분노한 체로키족의 젊은이들은 국경지대의 백인 거주지를 여러 차례 습격했다. 그러나 시기가 몹시 나빴다. 애국자들은 찰스턴에서 영국군의 공격을 막 물리친 터였고 그 일대에서 다른 위협도 없었으므로 전 지역의 병력을 모아 체로키족을 상대할 수 있었던 것이다. 영국과의 전쟁을 위해 훈련을 받고 동원된 6천 병력은 인디언들을 향해 진격했다. 사우스캐롤라이나의 애국자였던 데이비드 램지는 체로키족과의 그 전투가 혁명전쟁을 위한 훈련장이었다고 설명한다.

체로키 거주지로의 원정은 전투라기보다 주민들 사이에서 사업을 하는 듯한 분위기였다. 그 원정은 군대로서 필요한 기술을 가르쳤고 전쟁을 수행하는 경험을 주었다. …… 그것을 계기로 주 전역에서 온 온순한 주민들, 즉 농부, 상인, 기계공들이 훈련받은 유능한 병력으로 변모했다.

이 전쟁은 특히 남쪽에 집중되었다. 설리번의 이로쿼이족 원정에서처럼 목적은 인디언들을 기아로 내몰아 복종하게 하려는 데 있었다. 하지만 복종을 받아낸 뒤에는 일부 인디언들을 노예로 부리기도 했다. 사우스캐롤라이나 애국자들의 지도자인 윌리엄 H. 드레이턴은 체로키족의 원정에 나선 병사들에게 이렇게 지시했다. "지혜의 말을 한마디 하겠다. 그대들은 도상의 모든 장애를 제거해야 한다. 즉 모든 인디언 농토를 쑥밭으로 만들고 모든 인디언 촌락을 불태워라. 사로잡은 인디언은 잡은 자의 노예가 될 것이다." 그러나 인디언 포로를 노예로 삼는 문제에 대해서는 논란이 분분했다. 그렇다면 인디언도 백인 포로들을 노예로 삼을 것이기 때문에 결국 그 방안은 철회되었다. 백인들은 노예로 삼으려 했던 인디언들을 내놓아야 했지만, 그래도 초토화 작전은 체로키족의 영토를 완전히 파괴한다는 소기의 성과를 거두었다. 사우스캐롤라이나 군대의 사령관인 앤드루 윌리엄슨 대령은 드레이턴에게 다음과 같은 말로 임무 완수를 보고했다. "체로키 전선에서 중부 거주지까지 모든 촌락을 불태웠고 모든 농작물을 파괴했습니다."

이 원정으로 체로키족은 치명타를 입었다. 원로들은 토지 500만여 에이커(뉴저지에 해당하는 면적)를 포기하고 적대를 중지한다는 조약에 서명했지만, 분쟁을 시작했던 젊은 전사들은 단념하지 않았다. 그들은 남쪽과 서쪽으로 이주하여 저항을 계속하겠다고 다짐했다. 새 근거지의 이름을 따서 치카모가족이라고 불리게 된 이들은 체로키족 원로들이 체결한 조약을 준수하지 않겠다고 버텼다. 그리하여 이로쿼이족처럼 체로키족도 미국혁명에 대한 대응방식의 차이로 분열을 빚었다.

애팔래치아 산맥에서 미시시피 강에 이르는 방대한 지역에 살던 모든 인디언 부족들에게 혁명전쟁은 영국군이 패배를 선언한 한참 뒤에까지도 진행되었다. 오히려 그들에게는 그 뒤의 다툼이 더 중요했다. 전쟁 이전에 영국은 백인 아메리카인들이 서부로 이동하지 못하도록 금지했다. 그러나 종전 후 그 금지가 풀리자 이주민들은 무서운 속도로 산맥을 넘어 인디언 영토를 차지했다. 유럽계 아메리카인들이 애팔래치아 산맥과 대서양 사이의 좁고 긴 해안 지역에 정착하기까지는 한 세기 반이나 걸렸지만, 산맥 서쪽의 방대한 땅으로 영역을 확장하는 데는 10여 년밖에 걸리지 않았다. 바로 혁명전쟁 덕분이었다.

이런 공세에도 불구하고 인디언의 저항은 위축되지 않았다. 남부에서는 크리크족, 촉토족, 체로키족, 치카모가족의 일파가 범인디언 연합을 결성하여 자신들의 땅을 침탈하는 백인들과 싸우기로 했다. 그들은 당시 미시시피 강 어귀와 그 남서쪽의 영토를 장악하고 있던 스페인에서 무기를 구해 무력으로 대항했다. 그 결과 백인들의 서부 진출은 속도가 느려졌으나 중단되지는 않았다. 백인 아메리카인들은 서부의 영토를 소유했다고 여겼지만 많은 인디언들의 생각은 달랐다. 크리크족의 피를 절반 물려받은 알렉산더 맥길리브레이(Alexander McGillivray)는 범인디언 연합의 메시지를 미국 의회에 전달했다.

우리 크리크족, 촉토족, 체로키족의 족장들과 전사들은 우리의 땅, 거주지, 사냥터에 관해 아메리카 의회가 내세우는 어떤 주장이나 요구에도 항의할 것임을 엄숙하게 맹세하는 바이다. 영국의 왕과 아메리카의 주들 사이에 강화조약이 체결되었다고 하지만, 우리는 조약 당사자가 아니므로 영국의 협상자들이 제멋대로 땅에 선을 그어 아메리카의 주들에게 양도한 조치에 따를 의무가 전혀 없다. 아메리카인들은 물론 아메리카 사태와 관련이 있는 사람이라면 누구나 영국의 왕이 앞의 조약을 통해 양도했다는 우리의 영토가 애초에 영국이 매입하거나 정복한 땅이 아니라는 사실을 잘 알고 있다.

…… 아메리카인들은 …… 우리 영토를 마치 자신들의 땅인 것처럼 군과 주로 분할했다. …… 우리는 캐롤라이나와 조지아 주에 그런 침탈 행위를 중지하라고 거듭 경고했다. …… 항의에 대해 우리는 우호적인 응답을 받았지만, 그들은 우리를 친구와 형제라고 부르며 짐짓 아첨을 떨면서도 우리에게서 자연권을 박탈하고 시간이 생긴 이래 우리 조상들 대대로 물려져 내려온 재산을 빼앗았다.

북부에서는 5대호 일대에 사는 인디언 부족들 ─ 밍고족, 마이애미족, 웬다트족, 치퍼와족, 오타와족, 키카푸족, 쇼니족, 델라웨어족 ─ 이 여전히 저항을 계속했다. 캐나다의 영국군은 인디언들을 공식적으로는 지원하지 않았지만 그들에게 무기를 제공하거나 우호적인 조건으로 통상을 해주는 등 비공식적인 지원은 중단하지 않았다. 1790년에 마이애미 인디언 부족은 미군 초대 총사령관인 조시아 하머가 지휘하는 군대의 공세를 물리쳤다. 1791년 대규모 백인 민병대가 오하이오 일대로 진군했을 때 북부의 인디언들이 주력을 이루는 전사들은 침략자들과 싸워 워배시 강둑에서 벌어진 단 한 번의 전투에서 630명의 적을 죽였다.

인디언들의 이런 항전은 잘 알려져 있지 않다. 그 반면에 백인들의 승리는 잘 알려져 있을 뿐 아니라 찬양되기도 한다. 미국의 역사 교과서들은 대부분 폴런팀버스의 전투 이야기를 싣고 있다. 워싱턴이 앤소니 웨인과 미군 병사 2,600명을 보내 인디언 2천 명과 싸우게 했다는 이야기다. 아메리카 원주민들이 미국 정부를 상대로 가장 다양한 구성의 가장 대규모 병력으로 맞선 전투였는데, 결과는 인디언들의 패배였다.

"누가 서부에서 이주민들을 지켜주었는가?"

5대호에서 멕시코 만까지, 북아메리카 대륙의 1/3에 해당하는 지역에서 20년 동안이나 독립을 위한 전쟁은 끊이지 않았다. 인디언들의 관점에서 보면 혁명전쟁은 그들의 세계와 가까운 모든 사람들이 관련된 세계 전쟁이었으며, 승리한 전쟁이 아니었다.

오늘날의 교과서들은 혁명전쟁을 그렇게 바라보지 않는다. 대부분은 이로쿼이족 출신으로 영국군에 가담하여 다문화적 측면을 보여준 조지프 브랜트(Joseph Brant 모호크 인디언의 족장이었다가 그리스도교 선교사가 되었고, 미국 독립전쟁 중에는 영국군 장교로 참전한 인물)의 사례를 간단히 싣고 있다. 그러나 전국사회과목협의회 2002년 대회에 제출된 초등학교, 중학교, 고등학교 교과서 열세 종 가운데 미국혁명을 정복전쟁으로 서술한 교과서는 전혀 없다.

우리는 어떤 역사를 이야기하고 싶은가? 서부에서의 미국혁명에 관한 다음 두 가지 이야기를 살펴보자.

1) 1778년 여름과 겨울에 조지 로저스 클라크(George Rogers Clark)는 200명 남짓한 변방 개척자들을 거느리고 오하이오 강에서 미시시피 유역까지 내려갔다. 이 소규모 애국자 집단은 미시시피 강과 워배시 강 연안에 있는 방어가 취약한 영국군 요새 세 곳을 점령했다.

2) 1779년 여름에 대륙회의는 영국과 결탁한 이로쿼이 4개 부족이 점령한 지역을 빼앗기 위해 4,500명의 병력을 파견했다. 존 설리번 장군이 지휘하는 이 원정군은 1779년 대륙군이 전개한 유일한 대규모 작전이었다. 원정군은 이로쿼이족의 마을 40군데를 파괴했고 상당량의 식량을

빼앗았다. 이듬해 겨울(1779~1780년의 '엄혹한 겨울') 대륙군이 모리스타운에서 항전할 때 많은 이로쿼이족이 굶거나 얼어 죽었다.

둘 중 하나는 19세기 이래로 미국혁명을 말해주는 핵심적인 이야기로 간주되었고, 다른 하나는 교과서에서 거의 볼 수 없는 이야기다. 소규모 변방 개척자 집단이 식량을 구하러 황야로 들어간 사실보다는 당연히 대륙회의의 명령으로 그보다 스무 배나 되는 대규모 병력—당시 아메리카 직업군인의 1/4이 넘는 병력—의 대륙군이 원정을 간 사실이 더 중요하다고 봐야 할 것이다. 그런데 그렇지 않았다. 전통적인 혁명전쟁의 이야기에서 조지 로저스 클라크는 주요 영웅으로 취급되는 반면 설리번의 원정은 무시되는 게 보통이다. 1890년에서 1955년까지 발간된 교과서 스물세 종에 클라크는 빠짐없이 나왔지만 설리번이 언급된 책은 그 중 세 종뿐이었다. "클라크의 북서부 원정과 뱅센의 점령은 세계 최고의 군사 작전 중 하나로 꼽힌다." 1923년에 간행된 『고등학교용 우리나라 역사』에서는 이렇게 자랑했다.

이야기의 관점에서 볼 때 클라크의 이야기가 설리번의 이야기보다 선호되는 것은 당연하다. 클라크는 희박한 승산을 이겨낸 다윗에 견줄 수 있다. 즉 군대가 소규모였다는 사실이 바로 그의 이야기가 지닌 매력이다. 클라크와 그의 병사들은 용감하게도 한겨울에 불어난 강을 건너 뱅센의 영국군 사령관인 헨리 해밀턴을 깜짝 놀라게 했다. 수적으로 적은 아메리카인들은 함성을 지르고 지그재그로 진격함으로써 적에게 실제보다 큰 규모인 듯한 착각을 주었다. 그 수법은 멋지게 통했고 해밀턴은 항복했다. "클라크는 양식 있는 사람들이 불가능하다고 단정한 임무를 끈기로

인디언들의 생존 전쟁
미국인들이 자유를 얻고자 나섰던 '혁명전쟁'은 북아메리카 인디언들에게는 생존을 위협하는 전쟁이었다. 백인들의 위협 앞에 잠시 분열되기도 했던 인디언들은 연합을 이루어 저항했지만, 결과는 참혹했다. 그림은 인디언들이 가장 대규모 병력으로 백인들과 맞섰던 폴런팀버스 전투 장면이다.

써 완수한 뛰어난 재능의 소유자였다." 1934년에 널리 사용된 교과서 저자인 데이비드 새빌 머지(David Saville Muzzy)가 한 말이다. 1942년의 교과서 저자들은 다음과 같이 자랑스럽게 말했다. "이 위업의 최종적 성과는 미국이 현재의 오하이오, 일리노이, 인디애나, 미시간, 위스콘신에 해당하는 영토를 얻었다는 데 있었다." 이 이야기의 핵심은 소수 병력, 즉 '인원은 적지만 유능한 변방 소총수들'로 커다란 과업을 완수했다는 점이다. 1919년에 윌리엄 배커스 귀토(William Backus Guitteau)는 "클라크의 승리로 미국인들이 대륙을 횡단할 수 있는 길이 열렸다"고 썼다.

그에 비해 설리번의 이야기는 별로 매력이 없다. 설리번의 원정군은 민간인들을 상대로 테러 작전을 벌인 것이었다. 오늘날에도 교과서 필자들은 미국 정부의 대량살상 정책을 도외시한 채 용감한 변방 개척자들의 낭만적 이미지를 내세운다. 전국사회과목협의회 2002년 대회에 제출된 초등학교와 중학교 교과서 여섯 종은 모두 설리번은 빼고 클라크만 다루었다. 고등학교 교과서 일곱 종 중 다섯 종은 클라크의 이야기를 수록했고, 대륙회의가 허가한 설리번의 초토화 작전은 일절 언급하지 않았다.

현대의 교과서들도 인디언을 혐오하고 고문하고 머릿가죽을 벗긴 조지 로저스 클라크의 진짜 이야기를 은폐하고 있다. 뱅센 외곽에서 인디언들을 사로잡은 클라크와 그의 부하들은 그들을 도끼로 죽여 강물에 던져버렸다. 훗날 그는 "남편과 아버지를 잃은 사람들이 내 손을 통해 피의 복수를 하고자 한다"고 말했다. 설리번처럼 클라크도 인디언의 식량 자원을 조직적으로 파괴했으며, 부하들이 인디언 무덤을 파헤쳐 귀중품이나 머릿가죽을 탈취하는 것을 허락했다.

이는 교과서에서 묘사된 인물과는 사뭇 다르다. 조이 해킴은 『미국의 역사』에서 클라크가 '서부의 워싱턴'으로 불렸다고 말한다. 하커트(Harcourt)의 『지평선』(미국의 교육 관련 서비스 회사인 하커트 학교 출판부에서 발간하는 일종의 단계별 학습지)의 필자들은 "조지 로저스 클라크는 많은 아메리카 이주민들이 요구한 변방의 땅을 보호하는 데 기여했다"고 썼다. 그 뒤 학생들이 초점을 놓치지 않도록 하기 위해 그들은 '복습' 부분에서 이런 문제를 수록했다. "누가 서부에서 이주민들을 지켜주었는가?" 이 한 질문으로 정복전쟁의 측면은 완전히 사라졌다.

그렇다고 우리가 아예 모르는 것은 아니다. 초급대학 교재 세 종은 모두 설리번의 원정을 섬뜩하리만큼 상세하게 설명하고 있으며, 조지 로저스 클라크의 활약을 언급하는 것은 한 종뿐이다. 이 교과서들은 진실을 포장하지 않는다. 로아크(James L. Roark) 등이 쓴 『미국의 약속』에 의하면 "존 설리번 장군이 지휘하는 대륙군 병사들은 예정된 테러와 파괴 작전을 수행했다. …… 인디언 마을 마흔 곳이 완전히 파괴되었고, 병사들은 마구잡이로 약탈하고 밭과 과일나무에 불을 놓았다. 여자들과 아이들을 살해하기도 했다." 이런 솔직한 태도는 훌륭한 것이지만 의문을 불러일으키기도 한다. 만약 실제로 그런 일이 벌어졌다면 왜 대학에서 역사를 전공하는 20여 세의 젊은이들만 그 사실을 아는 걸까? 이것은 우리 민족 유산의 중요한 일부다. 우리는 분명히 독일 어린이들이 대학에 들어가기 한참 전에 유태인 대학살을 배워야 한다고 생각한다. 그런데 왜 미국의 어린이들은 그렇게 하지 말아야 할까?

"우리는 그 땅을 갖고 싶다"

초기 교과서들은 혁명을 정복전쟁으로 취급하는 것을 회피하지 않았다. 조지 로저스 클라크는 '북서부의 정복자'라고 당당하게 불렸다. 교과서 저자들은 아메리카인들(물론 백인들)이 정당할 뿐 아니라 대륙 정복의 도덕적 의무를 지니고 있었다고 말했다. 1899년 당대에 가장 인기 있는 저자 중 한 사람이었던 D. H. 몽고메리는 『미국사 입문』에서 이렇게 썼다.

> 조지 로저스 클라크 장군은 …… 누구보다도 서부를 획득하고자 애쓴 인물이었다. …… 클라크가 승리함으로써 미국인들은 디트로이트 서쪽의 황야 전역을 차지하게 되었다. 혁명전쟁이 끝났을 무렵 영국은 우리에게 대서양 연안의 13개 주 이외에 아메리카의 어느 부분도 주려 하지

않았다. 그러나 우리는 미시시피 서쪽 전역이 우리 땅이라고 말했다. 우리는 그 땅을 차지하기 위해 싸웠고, 마침내 차지했고, 요새에 우리의 깃발을 내걸었다. **우리는 그 땅을 갖고 싶다.** 그리고 우리는 실제로 가졌다. (강조는 원문)

오늘날에는 이런 노골적인 징고이즘(호전적 국가주의로 광신적 애국주의를 뜻하는 쇼비니즘과 거의 같은 말로 쓰인다)이 매우 조잡해 보이지만, 비록 겉으로 표방하지는 않는다 해도 여전히 존재하는 것은 사실이다. 현행 교과서들은 모두 혁명전쟁에 관한 장에 '서부 개척'을 설명하는 짤막한 절을 포함시키고 있다. 영국이 파리조약에서 서부를 양도하자 이주민들이 자신들의 땅을 찾아 애팔래치아 산맥을 넘었다는 것이다. 1785년의 토지법령에서 의회는 토지의 사유를 용이하게 하기 위해 미국이 새로 정복한 모든 땅을 장방형으로 분할하라는 명을 내렸다. 또 2년 뒤에는 이주민들이 새로 주를 형성할 수 있는 절차를 확립했다. 이 1785년과 1787년의 법령은 "북서부 영토에 안정적이고 질서 있게 이주할 수 있는 길"을 열어주었다. 이 조치는 혁명과 헌법 제정 사이의 시기에 의회가 이룬 주요한 업적이라고 간주된다. 조이 해킴은 이렇게 쓴다. "연방법 아래 의회가 유명무실했다고 생각한다면 그것은 오해다. 의회는 몇 가지 사안을 제대로 처리했는데, 그 중 하나가 북서부 법령이었다."

그러나 인디언의 관점에서 본 이야기는 전혀 다르다. 혁명이 미국 역사상 백인과 인디언의 가장 큰 충돌이었다면 1785년의 법령은 가장 중요하고 해악적인 입법이었다. 그 법령으로 인해 공간이 지도 위의 선으로 구분되었고, 땅을 이리저리 떼고 붙여 팔고 사는 일이 시작되었던 것이다. 1783년에 조인된 파리조약에서 영국은 인디언의 영토에 대한 권리를 무시하고 미국의 '경계'가 미시시피 강까지 확장되었다고 말했다. 또한 2년 뒤에는 미국인들도 인디언의 권리를 도외시한 채 모든 땅을 측량하고 이름붙여 백인들에게 분배하는 작업에 착수했다. 결국 혁명의 '해피엔딩'은 원주민들에게 파멸만 가져왔다.

그런데 인디언들은 의회의 토지법안으로 자신들의 운명이 결정되는 이 중대한 시기에 묘하게도 표준판 이야기에서 사라져버린다. 초등학교, 중학교, 고등학교의 현행 교과서 열세 종 가운데 혁명전쟁 이후 백인들의 팽창에 대해 인디언들이 연합하여 저항한 이야기를 다룬 교과서는 없다. 뒷부분에서 19세기에 생존을 위한 필사적인 투쟁을 전개할 때 인디언들이 다시 등장하지만, 미국이 건국될 무렵, 그들의 권리가 무시되고 그들의 땅이 백인 이주민들에게 분배된 그 중대한 시기에 관해서는 단 한마디도 언급되지 않는다. 그 이유는 물론, '우리'가 혁명을 성공시킨 뒤 자유롭게 서부로 이주하고 영토를 확장했다는 기본적인 이야기의 줄거리에 저촉되기 때문이다.

현행 교과서들은 혁명을 정복전쟁으로 간주하지 않기 때문에 혁명이 인디언에게 미친 영향을 제대로 이해하지 못한다. 19세기나 20세기 초와는 달리 요즘 미국인들은 미국이 더 온화하고 부드러운 분위기에서 탄생했다고 믿고 싶어한다. 그러나 애국자들은 인디언들에게 온화하거나 부드럽지 않았으며, 오히려 그들의 땅을 탐냈다.

혁명의 주요 목적 가운데 하나는 애팔래치아 산맥 서쪽으로 유럽계 아메리카인들이 이주할 수 있도록 하는 것이었다. 그것이 바로 조지 워싱턴, 토머스 제퍼슨, 패트릭 헨리 등 많은 유명한 애국자들이 영국의 지배에 도전할 때 마음에 품은 구상이었다. 워싱턴은 측량기사로 일한 적이 있었으므로 땅의 가치를 잘 알았다. 1767년에 그는 이렇게 썼다. "이 식민지에서 우리가 가진 최대의 자산은 …… 비옥한 토지를 아주 낮은 가격에 매입함으로써 형성되었다. 당시 헐값이었던 그 토지는 지금 우리가 소유한 가장 값비싼 땅이 되었다." 워싱턴 본인도 그런 식으로 돈을 벌었다. 그는 프렌치-인디언 전쟁에 참전한 데 대한 '보상'으로 3만 5천 에이커의 토지를 요구했으며, 동료 퇴역군인들에게서 싼 값으로 8천 에이커를 더 사들였다. 또한 그는 버지니아의 명망가들과 함께 미시시피 토지회사에 투자하여 애팔래치아 산맥 서쪽의 땅 250만 에이커를 매입했다.

하지만 영국 정부는 서부의 땅을 부유한 식민지인들에게 양도하는 문제에 관해 다른 우려를 품고 있었다. 아메리카의 투자자들이 애팔래치아 산맥 너머의 땅을 소유할 수 있게 되어 이주민들이 그 땅을 매입하기 위해 대거 이동한다면 인디언들이 저항할 게 뻔했다. 그렇다면 백인들의 이익을 보호하기 위해 영국군이 필요할 텐데, 이 때문에 잠재적으로 막대한 비용이 들 터였다. 게다가 서부는 영국의 통제권을 훨씬 벗어난 먼 곳이었다. 그래서 이미 1763년에 국왕은 애팔래치아 서쪽의 토지 분배를 일체 금지했다. 당시 워싱턴은 이것이 "인디언들의 저항을 무마하기 위한 일시적인 조치"라고 여겼지만, 영국 정부는 1768년에 현재의 켄터키 주에 해당하는 지역을 체로키 인디언에게 내주는 하드레이버 조약을 체결하여 그 정책에 더욱 박차를 가했다. 버지니아 하원은 만장일치로 항의했다. 그도 그럴 것이, 버지니아의 투자자들은 양도받은 토지 600만 에이커에 대한 예비 인가를 확보하고 있었던 것이다. 많은 투자자들——워싱턴, 제퍼슨, 헨리도 포함되었다——은 자신들의 이익을 관철시키기 위해 계속해서 논쟁의 대상이 되는 지역의 토지를 대량으로 사들였다.

그러나 영국의 정책은 변하지 않았으므로 투자자들의 이해관계는 왕실이나 의회와 충돌할 수밖에 없었다. 서부의 토지를 획득하려면 영국 정부와 싸워야 했다. 백인 이주민들은 투자자들처럼 결국 그 점을 깨달았다. 1760년대에 토지 불법 점유자들은 금지선을 무시하고 마음대로 이동했다. 그러나 1774년에 퀘벡법이 제정됨으로써 그 땅은 새로운 법의 지배를 받게 되었다. 이제 구분선을 넘은 백인들은 정부로부터 외국인 및 가톨릭교도로 간주되었다. 다수에게 퀘벡법은 마지막 지푸라기였다. 아메리카 반란 세력은 영국의 지배를 거부하고, 그때까지 그들이 차지한 땅이 모두 자신들의 소유라고 주장했다.

땅에 굶주린 아메리카 애국자들은 영국만이 아니라 인디언들과도 충돌했다. 백인들은 인디언을 적법한 토지 소유자로 보지 않고 자신들이 이주하는 데 걸림돌이라고 여겼다. 백인들은 자신들이 우월한 문명을 지녔으므로 토지에 대한 권리를 보유했다고 가정했다. 인디언은 땅을 최대한으로 활용할 줄 모르는 '야만인'에 불과했다.

보스턴 차 사건에서도 그랬듯이 애국자들은 자신들의 필요를 위해서 '야만인'의 이미지를 마음대로 악용했다. 그들은 저열한 인종이라는 관념을 이용하여 북아메리카 원주민을 복속시키려는 자신들의 의지를 정당화했다. 혁명 세대의 사고방식이 요약되어 있는 독립선언은 이렇게 불평했다. "국왕 조지 3세는 우리 변방의 주민들로 하여금 남녀노소를 무시하고 오로지 살상과 파괴를 일삼는 잔혹한 인디언 야만인들의 위협에 노출시켰다." 1777년 영국의 장군 존 버고인이 뉴욕을 침략하자 애국자 지휘관들은 병력을 동원하기 위해 제인 매크레이라는 백인 여성이 살해되어

머릿가죽이 벗겨졌다고 주장했다. 사실 매크레이는 왕당파에 속한 약혼자를 만나러 가던 도중에 살해되었고 누가 그녀를 죽였는지도 알려지지 않았으나, 한 백인 여성이 야만적인 죽음을 당한 사건은 애국자들을 흥분시키기에 충분했다.

혁명 이후에도 그런 관점은 사라지지 않았다. 존 밴덜린(John Vanderlyn)은 그 사건을 소재로 삼아 1804년에 「제인 매크레이의 죽음」이라는 그림을 그렸다. 그는 우람한 근육에 거의 벌거벗은 인디언 두 명이 요염한 백인 여성의 머릿가죽을 벗기려는 장면을 화폭에 담았다. 19세기 초의 교과서들은 학생들에게 "인디언은 희생자의 비명을 듣기를 좋아한다"고 가르쳤다(1804). 그들은 "잔학한 행위를 즐겼고"(1831), "악마와도 같은 피의 굶주림"(1815)을 보였으며, '살상 행위의 욕망'을 거부하지 못했다(1815). 이런 관점은 20세기를 넘어서까지도 변하지 않았다. 시어도어 루스벨트는 『서부의 획득』(1924)에서 "궁극적으로 가장 정의로운 전쟁은 야만인을 상대로 한 전쟁"이라고 썼다. 루스벨트가 보기에 정의란 백인종의 우월성에서 비롯되는 것이었다. "백인이 인디언 땅을 정복하고 이주하는 것은 백인종의 위대함과 문명화된 인류의 행복을 위해 반드시 필요한 일이었다." 1927년에 가장 널리 사용된 교과서의 저자인 데이비드 새빌 머지도 마찬가지로 주장했다. "인디언들은 어떤 백인보다도 둔하고 어리석기 때문에 결코 야만성을 탈피할 수 없다."

이런 인종주의적 비방은 물론 지금은 사라졌다. 현행 교과서들은 대부분 아무리 초급 수준이라 해도 백인-인디언 갈등을 균형 잡힌 시각으로 다룬다. 이를테면 이제는 콜럼버스가 아메리카를 '발견'했다고 말하지 않고, 아메리카·유럽·아프리카의 세 문화가 500년 전 서반구에서

인디언의 야만성?
백인들에게 인디언은 문명화되지 않은 미개인 즉 야만적인 종족이었다. 서부 침략이라 불러야 마땅할 행위를 그래서 그들은 '서부 개척'이라 부른다. 19세기 초에 밴덜린이 그린 위의 그림 「제인 매크레이의 죽음」은 백인들이 생각하는 인디언들의 야만성이 어떤 것인지 실감나게 드러낸다. 하지만 21세기에 보는 그의 그림 속 인디언은 더도 덜도 아닌 미국의 얼굴, 그것이다.

만나 섞이는 과정으로 설명한다. 서부 팽창을 다루는 대목에서도 백인 정복자들의 위선과 잔인함을 숨기지 않는다. 표면상으로 보면 현대의 교과서들은 아메리카 원주민의 관점을 공정하게 반영하는 듯하다.

그러나 미국혁명을 서술하는 대목에서는 그렇지 않다. 여기에는 인디언의 관점이 전혀 보이지 않는다. 혁명전쟁은 다른 모든 이야기를 압도하는 강력한 면책특권을 가진다. 우리가 국가로서 탄생한 그 순간에 잔인하고 경박한 정복자의 이미지를 보이고 싶지는 않은 것이다. 혁명가들을 아메리카 원주민의 억압자로 묘사하면, (백인) 애국자들이 억압을 받은 탓에 반란을 일으켰다는 기본 줄거리와 모순을 빚게 된다.

우리는 혁명이 서부로의 확장을 유발했다고 말한다. 애국자들은 독립을 쟁취한 뒤 아직 정복하지 않은 영토를 향해 '질서 있는' 팽창을 준비했다. 이 원대한 행진에 바로 뒤이어 새 헌법이 제정되었다. 혁명 세대의 이 세 가지 위업—독립, 팽창의 청사진, 활력소와 같은 헌법—이 길을 닦아준 것이다. 후대에 일부 사람들은 잠시 길을 잃고 헤매기도 했다. 인디언을 거칠게 다루거나, 노예제를 온존시키려 애쓰거나, (일시적으로) 부패한 정부가 들어선 것이 그런 경우다. 하지만 그것은 미국이 나아갈 참된 길에서 일탈한 것뿐이다. '건국 시조들'이 닦아놓은 그 길 자체는 결코 잘못되지 않았다. 그런데 그 길은 정복의 권리를 인정하고 심지어 포용했다. 팽창의 청사진은 지배의 특권을 내주었다. 건국 이후 거의 2세기 동안 대다수 미국인들은 자신들의 문명이 우월하기 때문에 충분히 다른 민족을 정복하고 그들의 땅을 빼앗을 권리가 있다고 생각했다. 신이 위탁한 명령, 첨단 기술, 공화정부를 바탕으로 팽창주의자들은 자신들의 정복이 정당하고 필요한 것이라고 믿었다.

2차 대전 이후 식민주의가 힘을 잃으면서 이런 뻔뻔한 쇼비니즘은 비난을 받았다. 이제 더 이상 교과서에서 학생들에게 미국인이 저개발 사회를 정복할 권리를 위임받았다고 가르치는 일은 없다. 그러나 기본 줄거리는 여전히 은연중에 '명시적인 운명'의 메시지를 전달한다. 혁명 세대가 기본 노선을 정한 뒤 후대의 미국인들은 그 길을 충실히 걸어 오늘날 이 위치에까지 도달했다. 혁명의 이야기가 요크타운에서 '해피엔딩'으로 끝났듯이 '미국의 역사'라는 거대한 이야기도 긍정적으로 끝난다. 오늘날 우리의 교과서들은 미국이 자유세계의 지도자이며, 세계 최강대국이자 자유와 민주주의를 위해 헌신하는 국가라고 가르친다. 미국이 걸어온 이야기는 완벽한 원의 형태를 취한다. 즉 처음에는 초라하게 출발했다가 위대한 민족, 위대한 국가로 발돋움했다. 최종적인 결과, 즉 모두의 해피엔딩은 바로 지금 여기의 우리다. 무엇보다도 우리가 세계 유일의 초강대국으로 존재한다는 사실이 곧 미국의 역사를 가치 있게 만드는 것이다.

아메리카 인디언들은 세계가 어떻게 생겨났는지, 다람쥐가 어떻게 자기 꼬리를 잡았는지, 인간이 어떻게 불을 얻었는지를 이야기한다. 우리도 그런 이야기를 하는데, 그것을 역사라고 부른다. 이를테면 미국이 어떻게 독립을 이루었는지, 노예제가 어떻게 폐지되었는지가 우리의 역사다. 그 이야기가 통하는 이유는 우리가 누구인지를 명료하게 밝혀주기 때문이다. 하지만 그 이야기는 우리가 원치 않는 부분은 감춘다. 대륙을 횡단하는 과정에서 '미국인'은 거치적거리는 사람들을 모두 힘으로 밀어붙였다. 이런 행태는 17세기 초부터 19세기 말까지 존속했으며, 혁명 시기에는 절정에 달했다.

미국인들은 처음부터 깡패인 동시에 민주주의자였다. 엘리트의 망설임에도 불구하고 건국 시기에 대다수 애국자들은 보통 사람들이 스스로를 다스릴 자격이 있고 그럴 만한 능력이 충분하다고 믿었다. 그들은 또한 열등하다고 간주되는 사람들에게 자신들의 의지를 강요할 수 있는 권리와 의무를 가졌다고 믿었다. 이 두 가지 중요한 믿음은 미국의 역사와 미국인의 특성을 이해하기 위해 중요하다. 따라서 우리가 이것을 모른 체 한다면 우리 자신과 우리나라를 제대로 이해하지 못한다는 뜻이 된다.

"나라의 희망인 젊은이들이 매년
혁명전쟁을 기념하면서 자라도록 하자."

「미국의 독립, 1859」, 익명 작가의 석판화.

결론_동화 속의 나라

역사를 통틀어 가장 폭넓은 정치적 격변의 하나로 꼽히는 미국혁명은 무엇보다 국민주권의 개념을 크게 부각시켰다. 18세기 후반 북아메리카 대륙의 동해안에서는 유럽 계몽주의 정치사상이 각광을 받았다. 18세기 내내 철학자들은 정부의 권위가 오로지 국민에게 있다고 주장했으나, 스위스를 제외한 구세계의 국가들은 아직 그 이론에 따라 군주나 귀족의 권력을 폐지하지 못하고 있었다. 그런데 미국은 그것을 해냈다.

하지만 정황으로 볼 때 미국혁명의 진보적인 성과들은 편협하고 민족주의적인 해석에 의해 침해될 소지가 있었다. 과연 미국의 경험과 특성을 규정하는 데 기여한 19세기의 혁명적 신화는 국민주권의 개념보다 미국의 우월함을 찬양했다. 그래서 혁명으로부터 끌어낸 교훈도 모든 민족은 자치를 할 권리를 가진다는 것이 아니라 특정한 나라가 다른 나라보다 낫다는 것이었다.

혁명의 이야기들은 수십만 미국인의 집단적인 노력을 내세우기보다 소수의 신화적 영웅들을 만들어냈고 그들의 개인적인 업적을 강조했다. 그 과정에서 미국혁명의 혁명적인 요소들은 모조리 파괴되었고 혁명 전체의 핵심이 사라져버렸다. 왜 이렇게 되었을까? 참된 혁명에 관한 국민적인 기억이 왜 동화 같은 형식으로 축소되어버린 걸까?

과거를 이용하라

우리의 역사 교과서는 이주민들이 혁명전쟁의 경험을 공유함으로써 '미국인'이 되었다고 가르치고 있지만 그것은 전혀 사실이 아니다. 군인과 민간인, 북부인과 남부인, 백인과 흑인, 이들은 혁명전쟁을 각기 다르게 경험했으며, 끝으로 갈수록 미국인으로서 한 몸이 되는 것에 열의를 보이지 않았다. 우리의 매혹적인 출발은 이미 과거에 사라졌으나 이 과거는 곧 되살아나서 자체의 생명력을 지니게 되었다. 재발견된, 혹은 재구성된 과거는 국가의 형성에 역동적인 요소가 되었다. 모든 미국인들이 공유한 통일적인 민족적 경험은 혁명 자체가 만들어낸 게 아니라 혁명의 이미지를 조작한 결과였다.

혁명 시기를 산 사람들은 혁명을 '기억' 하기 위해 우선 혁명을 잊을 줄 알아야 했다. 역사가 존 샤이(John Shy)는 이렇게 쓴다. "혁명전쟁이라고 불리는 사건의 많은 부분은 매우 고통스럽고 기억하기 싫은 것이었다. 오로지 그 결과만이 유쾌한 것이었다. 그런 경우 으레 그렇듯이 기억이 사건을 조작하기 시작했다." 하루아침에 이루어진 일은 아니었다. 과거가 과거로 되려면 시간이 필요했다. 그래야만 긍정적인 분위기에서 기억들을 취사선택해 민족적 전통을 위한 기반을 만들 수 있었다.

전쟁의 아픈 기억에도 불구하고 애국적 미국인들은 한 가지 분명한 즐거움을 공유했다. 그것은 바로 독립선언이었다. 다른 전쟁 이야기들은 오랜 시간을 거치면서 정제되어 최종적인 형태를 취하게 되었지만, 독립선언의 특별한 기억은 처음부터 쓰임새가 많았다. 매년 미국인들은 그 기념일을 맞아 당시의 기억을 회상했다.

존 애덤스는 미국인들이 어떻게 건국을 기념하게 될지에 관해 매우 명확한 견해를 가지고 있었다. 의회가 독립을 가결한 바로 다음날인 1776년 7월 3일, 그는 아내인 애비게일에게 이런 편지를 썼다.

1776년 7월 2일은 아메리카의 역사상 가장 인상적인 날이 될 것이오. 내 생각에 후손들은 매년 이 날을 중요한 축일로 기념하게 될 거요. 이 날은 전능하신 신께 엄숙하게 기도를 드림으로써 구원을 얻은 날로 경축되어야 마땅하오. 앞으로 영원히 이 날에는 대륙의 이쪽 끝에서 저쪽 끝까지 웅장한 행진이 벌어지고, 온갖 볼거리, 게임, 스포츠가 열리고, 축포와 종소리, 화톳불, 화려한 조명이 이어질 거요.

애덤스의 생각은 확실히 옳았으나 그가 잡은 날짜는 틀렸다. 나중에 공식 기록이 바뀌어 역사의 연대표가 변경되리라는 것을 그로서는 알 수 없었던 것이다. 존 애덤스처럼 대륙회의의 다른 사람들도 국가적 기념일이 되리라는 생각을 가지고 있었다. 그래서 그들은 경축할 만한 일을 만들어내기로 했다. 이듬해 봄에 공식 기관지인 『대륙회의 회보』를 발간하는 위원회는 임의로 7월 4일을 독립선언의 '서명'이 이루어진 날로 정했다. 그로 인해 7월 19일(뉴욕 대표들이 최종적으로 동의한 날)과 8월 2일(핸콕 의장 이외에 대표들이 처음으로 「독립선언문」에 서명하기 시작한 날)은 자연히 묻혀버렸다. 이렇게 공식 기록을 꾸며냈기 때문에 '13개 주의 만장일치 선언'은 뉴욕 대표들까지 서명하여 실제로 만장일치가 이루어지기 15일 전이 되어버렸다. 이 독창적인 발명으로 인해 미국인들은 7월 4일을 기념일로 삼게 되었다.

정식으로 작성된 「독립선언문」이 서명을 위해 제출된 날은 8월 2일이었다. 대륙회의의 구성원들은 대부분 그날에 서명했고, 당시 자리에 없었던 사람들과 새로 선출된 대표들은 그 뒤 몇 달 동안에 걸쳐 선언문에 서명했다. 1776년 7월 4일 당시 현장에 있지도 않았던 적어도 열네 명의 대표들이 『대륙회의 회보』에는 당일에 서명한 것으로 발표되었다. 심지어 그 가운데 여덟 명(뉴햄프셔의 매튜 손턴, 코네티컷의 윌리엄 윌리엄스, 메릴랜드의 찰스 캐럴, 펜실베이니아의 벤저민 러시, 조지 로스, 제임스 스미스, 조지 클리머, 조지 테일러)은 아직 대표로 선출되기도 전이었다. 코네티컷의 올리버 울컷은 대륙회의를 떠나 자기 주의 민병대를 지휘하고 있었으며, 루이스 모리스와 필립 리빙스턴은 영국군이 뉴욕을 침략하려 한다는 소식을 듣고 고향으로 돌아간 상태였다. 노스캐롤라이나의 윌리엄 후퍼, 메릴랜드의 새뮤얼 체이스, 버지니아의 조지 위스는 각자 주 정부를 구성하는 일을 돕고 있었다. 나중에 이들은 대륙회의로 돌아와 서명했지만 일부는 그 해 가을까지도 서명하지 않았다. 델라웨어 대표 토머스 매킨은 이듬해에 '공식' 회보가 조작된 뒤에까지도 서명하지 않았다.

독립선언 서명은 역사가 게리 윌스(Garry Wills)의 말을 빌리면 '하룻밤에 전통'을 의식적으로 만들어내기 위해 조작된 사건이었다. 국가 건설을 위해 '과거'가 발명된 격이었다. 윌스는 이렇게 쓴다. "7월 4일에 일어났다는 일들은 다른 날에 일어났거나 아예 일어나지 않았다. 오랜 세월 7월 4일에서 나온 거대한 불빛은 실제로 1776년 7월 4일 언저리에 활동했던 사람들에게는 보이지 않았다. 그것은 사후에 피워올린 불빛이었다."

모든 게 교활한 술책이었다. 독립 10주년을 맞은 1786년, 주요 도시의 7월 4일 행사에서는 이미 전통적인 색채가 뚜렷했다. 아침 일찍 종이 울리거나 축포가 축제의 시작을 알렸다. 민병대 혹은 자원군이 행진했고, 시민들이 성대한 행렬을 이루어 공식 연설 장소로 향했다. 그곳에서는 저명한 시민이 세속의 복음을 설교했는데, 때로는 그 내용이 인쇄되어 베스트셀러로 팔리기도 했다. 연설이 끝난 뒤 사람들은 교구민들처럼 함께 찬송가를 불렀다. 이렇게 7월 4일은 성스러운 날로 경축되었다. 당대의 어떤 사람은 '우리의 자유를 위한 안식일'이라고 말할 정도였다.

공식 행사가 끝나면 사람들은 식당이나 술집으로 자리를 옮겨 빵을 먹고 술을 마셨다. 각 집단마다 토스트를 열세 개씩 구워 모인 사람들과 국가, 민족, 국민주권의 공화적 이념을 찬양했다. 식사를 마친 뒤에 애국심과 술에 취한 사람들은 거리로 쏟아져나와 흥청거리면서 화톳불을 피우고 폭죽을 터뜨렸다.

18세기 말에 이 '성스러운 축일'(holy day)은 정식 휴일(holiday)이 되었다. 처음으로 어떤 종교와도 무관하게 노동자들은 하루의 휴일을 얻은 것이다. 나라의 탄생을 축하하는 날에 미국인들은 일도 하지 않았고 교회에도 가지 않았다. 7월 4일은 연중 가장 활기찬 날이 되었다.

초창기의 7월 4일에 치른 행사를 보면 미국의 특성을 엿볼 수 있다. 연시들은 공화 정부와 '공공 가치관'의 '우수한 장점'을 부각시킨 반면에 행진과 축제는 '미국적' 경험의 군사적 측면을 강조했다. 1786년에 한 작가는 『인디펜던트 가제티어』에 적절한 기념 관습에 관해 다음과 같이 언급했다.

나라의 희망인 젊은이들이 매년 혁명전쟁을 기념하면서 자라도록 하자. …… 젊은이들이 가사를 떠나 전쟁의 분위기에서 공공 정신을 불태울 수 있는 기회를 많이 만들어주자. 젊은이들이 무기 사용법을 익히고 훌륭한 시민들을 보고 배울 수 있도록 하자. 시민들 앞에서 그들로 하여금 조국을 사랑하고 법을 존중한다는 맹세를 하게 하자.

세월이 흐르면서 혁명전쟁은 점차 과거의 일이 되었지만 매년 7월 4일이면 민병대가 행진하고, 축포를 발사하고, 순국선열을 기리고, 민족의 순교자를 만들어냈다. 보스턴의 시인 바너버스 비니(Barnabas Binney)는 이런 시를 썼다. "피로써 대의를 감싸고 / 목숨으로써 조국의 법을 구하리니."

과거를 기림으로써 미국인들은 현재 번영하는 조국에 대한 충성을 다짐했다. 7월 4일은 조국에게 짧지만 당당한 '역사'를 주었다. 그것은 조국의 출발점이었다. 그 역사를 치장하고 기록해서 이야기로 만들면 모든 미국인들이 배울 수 있을 터였다.

예상할 수 있듯이 초창기 7월 4일 기념식장의 두 연사—윌리엄 고든과 데이비드 램지—는 혁명 이야기를 기록으로 남긴 최초의 미국인이었다. 고든은 1788년에 『미국의 성장, 진보, 독립의 역사』라는 제목의 네 권짜리 방대한 학술서를 펴냈다. 또 그 이듬해에 데이비드 램지는 두 권짜리 『미국혁명의 역사』를 발간했다. 고든과 램지는 둘 다 정치적 의도를 가지고 책을 썼다. 독립투쟁의 과정을 정리함으로써 고든은 자신의 공화적 이념을 퍼뜨리고자 했으며, 적극적인 연방주의자였던 램지는 역사의 공유를 통해 '미국적' 정체성을 개발함으로써 국민들을 통합하고자 했다. 램지는 이렇게 썼다. "손과 발을 합치고 …… 한마음을 이루면 그 강력한 밀집대형에서 나오는 힘과 자원으로 독단적인 권력이 들어서지 못하도록 막을 수 있다."

당대의 다른 역사가들도 마찬가지 사명감에서 책을 썼다. 존 마셜(『조지 워싱턴의 생애』, 1804~1807)은 1790년대 버지니아의 대표적인 정치인이자 1801년부터 30여 년 동안 미국 대법원 판사를 지낸 인물이었다. 고집스런 연방주의자였던 마셜은 지역적 차이를 최소화하고 더 강력한 민족적 자긍심을 촉진하고자 했다. 이를 위해 그는 워싱턴을 단결의 상징으로 삼았다. 머시 오티스 워런(『미국혁명의 발단, 진행, 종결의 역사』, 1805)은 연방주의를 강력하게 반대하는 입장이었으며, 역시 목적의식을 가지고 책을 썼다. 그녀의 오빠인 제임스 오티스와 남편인 제임스 워런은 유명한 매사추세츠의 애국자였고, 머시 본인도 혁명가로서 활발한 활동을 전개했다. 지금도 애국자로 간주되는 워런은 혁명 이후 세대에게 공공선(公共善)을 가르치려 했다.

혁명시대의 저명한 역사가들은 세 가지 점에서 닮은꼴이었다. 첫째, 그들은 '진실'만을 추구하겠다고 공언하면서도 시민적 가치관을 의식적으로 선전했다. 워런과 고든은 공공 가치관을 중시했고 램지와 마셜은 국가를 강조했지만 그들의 목적에는 분명한 일치점이 있었다. 네 사람 모두 '미국'을 공화적 이념의 구현체로 간주했다. 또한 그들은 함께 혁명전쟁의 일관적인 이야기를 위한 토대를 놓았다. 하지만 그들이 구성한 미국의 기원에 관한 거친 밑그림에는 아직 이 책에 소개된 이야기들이 포함되지 않았다. (고든이 말하는 새뮤얼 애덤스, 워런이 말하는 제퍼슨의 천재성과 포지 계곡에서의 '고통의 감내'는 예외다.)

독립을 찬미하라
남북전쟁이 끝난 뒤인 1876년 독립선언 100주년 기념을 맞아 미네소타에서 독립선언서를 낭독하는 장면이다. 링컨의 시대에 이르러 미국은 한 세기 전의 독립에 특히 각별한 의미를 부여하기 시작했는데, 아마 연방이 분열의 위기를 맞았던 후유증을 치유하기 위해서였을 것이다.

둘째, 그들은 모두 그 전에 영국인들이 발간한 문헌으로부터 폭넓게 차용했다. 혁명시대 전반에 걸쳐 영국 의회의 공식 간행물인『연간 회보』는 반란을 일으킨 식민지에서 일어난 사건들을 연례 보고 형식으로 정리했다. 마침 다행히도 이 시기에『연간 회보』는 에드먼드 버크(Edmund Burke)가 편집을 맡았고 상당수의 기사도 직접 쓰고 있었다. 노골적인 휘그당원인 버크의 관점은 아메리카 애국자들이 받아들이기 쉬웠다. 그는 영국 정부가 이주민들을 억압하기 위해 채택한 방침이 경솔하고 자멸적인 것이라고 주장했다.

아메리카인들 중에『연간 회보』를 읽는 사람은 드물었지만 그래도 굳이 찾아서 보는 사람은 정성을 들여 읽었다. 특히 역사가들은 자구 그대로를 베껴야 했으니까 누구보다도 숙독했다. 고든, 램지, 마셜, 워런의 저작에는 『연간 회보』의 내용이 문장, 문단, 쪽까지도 그대로 등장한다. 1789년에 강력한 애국적 간행물인 『컬럼비언』은 버크의 『연간 회보』를 대량으로 도용하여 '지난 아메리카 전쟁의 약사'를 출간하면서 "그 구성이 워낙 뛰어난 탓에 그대로 복제했다"는 변명을 덧붙였다. 1899년에 오린 리비(Orin Libby)라는 학자는 그것이 '표절'이라고 폭로했지만, 혁명 시대에는 지적 재산이 그다지 보호를 받지 못했고 인용자들도 자유롭게 문헌의 출처를 밝혔다.

셋째, 초창기 역사가들은 누구도 자신이 바라는 만큼 성공을 거두지 못했다. 오직 기본적인 이야기를 이미 알고 있는 지식인들만이 그들의 두꺼운 책을 사주었을 뿐 저자들이 정작 자기 책을 읽어주기를 바라는 대중은 관심을 보이지 않았다. 그 방대한 저작들을 읽은 사람은 거의 없었고, 애국자들의 빛나는 업적은 입에서 입으로 전해졌다. 7월 4일의 행사는 모두에게 친숙한 방식으로 과거를 기념했지만, 역사 기록이 일반적인 미국인들에게 다가가려면 더 아래로 내려와야 했다.

낭만화된 혁명

순회 설교사이자 서적상인 메이슨 로크 윔스도 자신보다 더 학식이 많고 유명한 학자들과 마찬가지로 사람들의 애국심을 고취하고 싶었다. 그런데 그는 미국인의 성향을 정확히 꿰뚫고 있었다. 윔스는 설교와 연설만이 아니라 바이올린까지 연주하면서 사람들의 관심을 모았다. 30년 동안 그는 동해안 일대를 돌아다니며 일종의 '이동도서관'을 열었다. 뉴욕에서 조지아까지 그는 군중이 모인 곳이면 어디서나 부흥회를 열었다. 그러면서 처음에는 필라델피아의 출판업자인 매튜 케리의 책들을 팔았으나, 나중에는 자신의 책들──조지 워싱턴, 벤저민 프랭클린, 윌리엄 펜, 프랜시스 매리언의 전기──을 팔았다.

메이슨 웜스는 독자 대중에게 그들이 원하는 것──고결한 영웅, 생생한 문체, 값싼 책──을 주었다. 1797년에 그는 명성을 가져다줄 수 있는 기본 전략을 케리에게 다음과 같이 밝혔다.

> 나는 경험을 통해 깨달은 게 있습니다. 아무리 1/4달러짜리 값싼 책이라해도 사람들의 호기심을 자극하는 내용의 책을 대량으로 인쇄하여 적절히 유포하면 신중하고 부지런한 업자에게 큰 돈을 벌어다준다는 겁니다. 웨인, 퍼트넘, 그린처럼 용기와 능력을 갖춘 사람들, 애국심과 공적으로 미국인들의 사랑과 존경을 받은 사람들의 생애를 얇은 책으로 꾸미고 표지에 아주 흥미로운 그림을 넣어 인쇄하면 틀림없이 엄청나게 팔 수 있을 것입니다.

이와 같은 자신의 방침에 따라 웜스는 곧 집필에 착수했다. 1799년 봄에 조지 워싱턴의 건강이 나빠지기 시작했을 때 웜스는 케리에게 이렇게 제안했다.

> '워싱턴의 장점들'이라는 제목의 책을 인쇄에 부칠 준비가 거의 다 되었습니다. …… 전부 다 해야 전지로 넉 장밖에 안 되고 가격은 아마(亞麻)

의 씨앗처럼 1/4달러가 될 겁니다. 그것으로 내가 당신에게 돈과 명성을 안겨드리지요.

워싱턴이 넉 달 뒤에 사망하자 웜스는 즉각 케리에게 이런 편지를 보냈다. "수백만이 워싱턴에 관한 책을 읽고 싶어합니다. 내가 거의 다 준비해놓았지요." 실제로 1800년 2월에 웜스는 조지 워싱턴의 전기 1판을 간행했다. 그것은 80쪽 분량의 소책자였고 당시 파종기를 맞은 아마의 씨앗처럼 팔려나갔다.

그 뒤 한동안 웜스는 자신의 '이동도서관'에서 자신의 책자를 팔았다. 또한 그는 존 마셜의 근간 『조지 워싱턴의 생애』도 구입을 예약했다. 그런데 마셜이 공들여 쓴 그 책이 발간되자 예매자들은 그 책이 역사만 상세하게 말하고 워싱턴에 관해서 알려주는 것은 적다고 투덜댔다. 웜스는 그 불평을 주의깊게 들었다. 그는 알맞은 가격에 신과 조국을 제공하고 싶었으나 자신의 소책자로는 완전한 전기의 역할을 대신할 수 없다는 것을 알았다. 그래서 그는 더 많은 자료를 모으고 발명하는 작업에 착수했다. 1806년에 나온 5판에서 그는 워싱턴이 벚나무를 잘라낸 이야기, 즉 '난 거짓말을 할 수 없어요'를 꾸며냈고, 1808년의 6판에서는 책자를 늘려 정식 책으로 만들어 우리의 조국과 혁명전쟁의 아버지를 모든 미국인들에게 자세히 소개했다(『조지 워싱턴의 생애: 그 자신에게 명예롭고 젊은 동포들에게 본보기가 되는 흥미로운 일화들을 곁들여』).

자신의 이야기에 신빙성을 부여하기 위해 메이슨 웜스는 책의 표지에 자신의 신분을 '마운트버넌 교구의 전직 목사'라고 밝혔다. 사실 마운트버넌 교구란 애초에 존재하지 않았고, 가끔 선교사가 워싱턴이 오래 전

"난 거짓말은 할 수 없어요"
메이슨 웜스가 꾸며낸 조지 워싱턴의 벚나무 일화 내용은 이렇다. 어느날 아버지에게 선물받은 도끼가 잘 드는지 시험해보고 싶었던 꼬마 워싱턴은 벚나무를 잘라봤고, 나중에 잘린 나무를 본 아버지가 누구 짓이냐며 엄청나게 화를 내서 집안 사람들이 모두 벌벌 떨었다고 한다. 그 살벌한 분위기에도 어린 워싱턴은 이렇게 말했다고 한다. "난 거짓말은 할 수 없어요, 제가 그랬어요……."

에 다녔다고 추측되는 포히크 교회에서 설교한 적이 있었는데, 웜스는 아마 그 점에 착안했을 것이다. 필경 지역의 민담에서 그 이야기를 들었겠지만, '웜스 목사'(현재 그는 그렇게 불린다)는 원하는 결과를 얻기 위해 아무리 조그만 단서만 주어져도 선뜻 이야기를 만들어냈다.

웜스의 의도는 워싱턴을 그림책에서처럼 생생하면서도 위풍당당한 인물로 표현하는 것이었다. 윌리엄 고든은 터무니없는 글 때문에 독자들은 워싱턴이 '마치 짙은 화장을 한 매춘부와 함께 있었던 것처럼' 여길

거라며 언짢아했다. 만약 그렇다면 웜스는 무분별한 작가로 간주될 터였다. 하지만 그는 환상적이고 과장된 이미지를 불러냄으로써 자신이 설교하면서도 스스로 즐거워했다. 한 세기 뒤, 시드니 피셔(Sydney Fisher)는 이렇게 썼다. "그는 성서, 호메로스, 베르길리우스, 황야의 유쾌한 혼합이다. 모든 것이 몰아치고 굽이치고 돌진하고 갈라진다." 예를 들어보자.

그러다가 갑자기 무시무시한 공격이 개시되었다! 그들은 목숨을 건 전사들처럼 모두 한꺼번에 등자에 높이 올랐다! 그들의 칼은 쉴새없이 섬광을 번득였다. 사방에는 온통 피를 뒤집어쓴 머리와 팔, 모자, 몸통 등이 널브러져 있었다.

웜스는 기준을 설정했고 다른 사람들은 그 기준을 따랐다. 전기는 중요한 것이었으므로 규칙이 명확해야 했다. 우선 전쟁 영웅이나 유명한 혁명적 정치가를 선택한 뒤 그의 나쁜 점은 숨기고 미덕을 살리면서 무엇보다도 재미있게 서술하는 것이었다. 이리하여 1800년대 초반에 사라져가던 혁명의 기억은 다시금 미국인들의 마음 속에 부활했다. 패트릭 헨리, 토머스 섬터(싸움닭), 프랜시스 매리언(늪의 여우)의 전기는 독자들에게 즐거움과 감동을 주었다. 데이비드 램지도 이 분야에 뛰어들어 워싱턴의 전기를 썼는데, 이 책은 그의 역사서보다 더 많이 팔렸다. 1820년대에는 존 샌더슨이 『독립선언 서명자들의 전기』라는 아홉 권짜리 연작을 펴냈다. 이 책들은 모두 고결한 정서에 힘입어 베스트셀러가 되었다. 영웅들의 전기는 젊은 세대에게 도덕적 교훈을 주었으며, 아직 신생국인 미국이 지역주의의 원심력을 극복하고 급속한 서부 팽창을 통제하는 데 필요한 국가적 정체성을 촉진했다.

    1812년 전쟁은 미국 문화의 군국주의를 반영하는 동시에 그것을 더욱 조장했다. 혁명전쟁의 노병들은 한때 경멸을 받았으나 갑자기 찬사의 대상이 되었다. 포지 계곡을 중심으로 하는 '고통의 감내'라는 신화도 이 무렵에 생겨났다. 1817년에 윌리엄 워트는 패트릭 헨리의 연설을 재현함으로써 군사적 가치관을 촉진했다. 미국은 전쟁을 통해 탄생했으므로 군사적 가치관은 곧 애국심과 동의어가 되었다.

    유명인의 전기를 열광적으로 선호하고 군사적 측면을 강조하는 풍조로 인해 역사는 주인공 개인과 단순한 줄거리로 이루어진 각기 다른 이야기들의 연속이 되어버렸다. 전투는 시작과 끝이 분명하므로 누구도 영웅과 악한을 혼동하지 않았다. 사건도 집단행동이 아니라 개인의 용기 있는 행동으로 이루어졌다. 개별적인 장면—그 시대에 어울리는 용어로 말하면 '일화'—들을 이어주는 것은 그 안에 담긴 도덕성이었다. (어떤 책은 뻔뻔하게도 '일화를 통해서 본 혁명의 완벽한 역사'라는 제목을 달고 있었다.) 대표적인 등장인물들은 미국의 젊은이들에게 모델의 역할을 하기 위해 신격화되었다. 한마디로 혁명은 모든 다양한 차원들을 잃어버리고 일차원화되었다.

    혁명을 책으로 만들기 위해 신격화된 영웅을 찾게 되면서 자연히 「독립선언문」에 서명한 대륙회의의 쉰여섯 명 대표들이 좋은 후보로 떠올랐다. 사실 독립선언은 정장을 입고 가발을 쓴 대표 개인들이 아니라 13개 주가 승인했으며, 그 대표들은 각자 자신의 유권자들에게서 구체적인 지시를 받고 행동했다. 그러나 대중의 눈에는 당시 필라델피아에 모인 그 용감한 애국자들이 나라의 운명을 어깨에 짊어진 것으로 보였다. 각 지역에서 수많은 애국자들이 저마다 자신의 목숨과 명예를 걸고 활동했음에도 불구하고 이들과 이들이 몸담았던 단체들은 그 '서명자들'로 인해 빛이 바래고 잊혀졌다.

그런 분위기에 자극받아 학자들과 대중서 저자들은 국민들의 통합을 위해 의도적으로 과거를 바꾸었다. 나중에 하버드 대학교 총장을 지내게 되는 제어드 스파크스(Jared Sparks)는 1833년에서 1849년까지 『미국 전기 문고』라는 스물다섯 권짜리 책을 엮었다. 그는 또한 워싱턴의 글을 모아 열두 권짜리 책으로 펴내고 학문적인 서론을 덧붙였다. 마침내 대중에게 통하는 진지한 저작이 나온 것이다. 스파크스는 이 책을 50여만 권이나 팔았다. 이 책에서 그는 비록 온건한 어조를 사용하지만 대중에게 혁명의 신전을 보여주려는 의도는 여전했다. 스파크스는 태연하게 문헌을 고쳐 거슬리는 자료나 품위 없는 표현을 삭제했다. 이를테면 워싱턴과 같은 위인은 '벼룩도 물지 않을 인물'이라는 식의 속된 말로 표현되어서는 안 된다고 여겼다.

역사가 시정잡배의 이야기로 바뀌었다면 공공교육도 마찬가지였다. 이미 1790년대에 노아 웹스터는 "우리의 공화국에서 정부는 국민의 손에 있으므로 지식은 공립학교를 통해 모든 곳에 보급되어야 한다"고 강력하게 주장했다. 실제로 19세기 초반에 공공교육은 예외적인 게 아니라 일반적인 제도로 자리잡았다. 교양 있는 시민층을 육성하려면 읽기, 쓰기, 셈하기와 더불어 역사 교육이 필요했기 때문에 어린 학생들의 교과서에서도 미국혁명이 초보적으로 소개되었다. 그 중 하나인 『고대 역사의 양식으로 쓴 미국혁명』은 성서의 언어를 차용해서 핵심인물들에게 성서의 이름을 붙였다.

1820년에 미국 언어 및 순수문학 협회는 가장 훌륭한 미국사 교과서에 상금 400달러와 순금 메달을 수여하겠다고 제안했다. 이 상을 받은 샐머 헤일은 자기 책의 목적을 다음과 같이 개괄했다.

우리 조상들이 선언했고 싸워서 쟁취한 정치적 자유와 종교적 자유의 원칙을 선명하게 제시한다. 조상들의 빛나는 인내, 용기, 애국심을 보여주는 많은 사례들을 기록한다. 도덕적 반성보다는 이야기의 방식으로 독자의 마음에 고결하고 애국적인 인상을 심어준다.

헤일의 책을 비롯한 많은 책들은 4×6인치 혹은 그보다 작은 판형으로 간행되었으므로 기계공의 앞치마나 작업복의 주머니에 들어갈 만큼 작았다. 대량으로 인쇄되어 염가에 팔린 그 책들은 어린이만이 아니라 글을 잘 모르는 사람들도 사서 읽었다. 그 책들은 신생국의 어린 학생과 성인 시민을 대상으로 인물과 국가관을 두루 튼튼하게 확립하도록 하는 데 기여했다.

미국혁명을 다룬 책들은 헤일의 책처럼 진퇴양난에 처했다. 영국으로부터의 결별은 찬양해야 했지만 그렇다고 연장자에게 복종해야 하는 어린이들에게 반란을 미덕이라고 가르칠 수는 없었던 것이다. 이것은 사실 당시 미국인들 대다수가 느끼는 문제점이기도 했다. 혁명전쟁 이후 수십 년 동안 프랑스와 아이티에서 격변과 대학살극이 벌어진 탓에 혁명이라는 말 자체가 좋지 않은 인상을 가지게 되었다. 독립전쟁 시기에 유행한 '혁명'(revolution)이라는 말은 원래 기존의 질서를 타도하는 게 아니라 '사태의 전환'(revolving turn)을 뜻했다. 구체적으로 혁명이란 1688

년 영국의 명예혁명을 가리키는 용어였다. 그렇기 때문에 식민지 엘리트들은 '혁명가'라고 자칭할 수 있었다. 19세기 초에 그 말의 의미가 바뀌자 보수파는 미국혁명을 탈혁명화해야 할 필요성에 직면했다. 폴 앨런은 1819년에 애국자들을 '반란자'라고 불러서는 안 된다고 주장했다. 그들은 '마그나 카르타에 보장된 권리'를 위해 싸운 것이므로 고대의 법과 전통을 지키고자 했을 뿐이라는 것이었다. 스파크스를 비롯한 여러 사람이 수집한 민담 자료와 유명한 지도자들의 편지에 의거하여 대중서 저자들은 청결한 혁명의 이미지를 제시했는데, 이를테면 용감한 행위를 보여주는 단순한 도덕 이야기와 위인들의 업적을 혼합한 것이었다. 이때부터 매사추세츠의 1774년 혁명, 불온한 전례가 된 그 민중봉기는 혁명의 무용담에서 사라지기 시작했다.

19세기 중반에 작가이자 화가인 벤슨 로싱은 그 우상숭배와 일화에 가득 찬 역사에 구체적인 형태를 부여했다. 그는 장장 1만 3천 킬로미터에 걸쳐 독립 당시의 13개 주와 캐나다를 순례하면서 '독립전쟁의 역사, 전기, 풍경, 유물, 전통'을 찾기 위해 '전쟁으로 인해 중요해진 모든 곳'을 방문했다. 그의 목적은 "혁명의 생생한 흔적들이 썩어버리거나, 쟁기에 갈려 없어지거나, 황금에 눈먼 자들에 의해 팔려버리기 전에" 되살려놓으려는 것이었다. 또한 로싱은 역사적인 이야깃거리를 찾기 위해 어렸을 때 혁명에 직접 참여한 사람들이 하는 말을 듣고 자란 수많은 노인들의 이야기를 들었다. 그는 그런 구술과 장소의 느낌을 결합시켰다. 가는 곳마다 현지 사람들은 이제는 풀밭으로 변해 유령이 배회할 듯한 전적지로 그를 안내했다.

1851년과 1852년에 로싱은 민담들을 모으고 1천여 장의 삽화를 덧붙여 『그림으로 보는 혁명의 현장』을 두 권으로 펴냈다. 이 인상적인 책에서 로싱은 독자들을 역사 유적의 관광객으로 만들어주었다. 그는 평범한 지리적 원칙 이외에 다른 원칙은 전혀 적용하지 않았다. 그래서 이야기는 그가 여행한 궤적을 따라 전개되었다. 이는 당시에 성행하던 역사를 '골동품'처럼 여기는 방식과 일치했다. 즉 유물과 영웅담을 통해 현재에 살아 있는 과거를 바라보는 관점이었다.

그런 상황에서 조지 밴크로프트가 등장했다. 열여섯 살에 하버드를 졸업한 천재였던 그는 북아메리카의 영국령 식민지와 독립전쟁의 역사를 진지하고 포괄적으로 연구하기 시작했다. 밴크로프트는 학자와 작가로서의 재능이 뛰어났고 정치 활동도 활발했다. 그는 문헌과 구술로 전해지는 전설을 집중적으로 연구했으며, 학자와 일반인이 모두 이해할 수 있도록 역사를 서술했다. 섬세한 부분을 감지하는 안목이 탁월했던 그는 당대의 여느 작가들처럼 영웅에게 길고 화려한 찬사를 바쳤다. 그러나 그는 일차 문헌을 결코 소홀히 하지 않았다. 전기를 집대성한 제어드 스파크스, 신문기사와 공식 기록을 수집한 피터 포스처럼 밴크로프트는 식민지 시대와 혁명기에 관한 방대한 자료를 모았다. 하지만 스파크스나 포스와는 달리 그는 그 자료를 종합하여 명확한 관점으로 일관된 이야기를 만들어냈다. 무려 170만 단어짜리 책을 쓰면서 밴크로프트는 한 가지 관점을 고수했다. 그것은 바로 식민지 시대 처음부터 이주민들은 독립을 지향했다는 관점이었다. 아메리카는 약속의 땅이었고 드디어 제 시대를 맞았다. 유럽의 군주들과 귀족들은 늙고 부패한 반면 젊고 활기찬 아메리카는 인류 최고의 희망이었다. 아메리카인들이 발전시킨 자유와 민주적 가치는 무조건 훌륭한 것이었고, 아메리카를 억압하는 사람은 누구든 악인이었다.

밴크로프트는 아메리카의 경험을 아메리카인들만의 것으로 한정했다. 1834년에서 1875년까지 발간된 그의 역사서는 철저히 애국적인 관점에서 미국의 건국 이야기를 서술했다. 훗날 학식 있는 교수들은 그가 지나쳤다고 비판했으나 그가 주창한 강력한 민족주의는 지금도 우리의 대중문화에 깊숙이 침투해 있다. 밴크로프트는 튼튼한 씨줄과 날줄로 화려한 모자이크를 만들어 완벽한 아메리카의 상을 짜냈다.

그러나 물론 이견도 있었다. 밴크로프트와 같은 시대 사람인 리처드 힐드레스는 그와 관점이 달랐다.

100주년 기념 설교와 7월 4일 기념 연설들은 역사를 표방한 것이든 위장한 것이든 좀 지나친 내용이 많다. 우리의 조상들과 우리 자신을 위해, 진실과 철학을 위해 우리는 역사의 무대에서 우리 미국의 건국자들을 애국심으로 치장하지 않고 온갖 평계와 변명의 질 좋은 천으로 포장하지 않은 채 있는 그대로 보여줄 필요가 있다. …… 그들의 노력은 찬사로서는 충분하지만 이야기를 있는 그대로 말해주지는 못한다.

힐드레스는 상업적 성공을 거두지 못했다. 꼼꼼하지만 건조한 그의 문체는 독자들을 흥분시키지 못했다. 대중은 아무래도 '질 좋은 천'으로 포장된 역사를 선호했던 것이다. 그러나 학계에서 힐드레스는 따뜻한 환영을 받았다. 19세기 후반의 '과학적' 역사가들은 밴크로프트의 과장보다 힐드레스의 절제된 어조를 더 좋아했다. 1884년에 창립된 미국역사학회는 '역사를 위장한 7월 4일 기념 연설' 따위가 필요 없다고 여겼다. 역사학자들은 값싼 애국심을 멀리 하고자 했다. '그 시대의 밴크로프트'라고 불렸던 존 피스크는 다른 학문처럼 역사학의 과제도 "수많은 하찮은 것들에 가려져 있는 원인과 결과의 관계를 분명히 드러내는 것"이라고 말했다.

하지만 평범한 시민들은 원인과 결과에는 관심이 없었다. 그들은 주로 개인적인 이유에서, 이를테면 구체적인 유산을 통해 과거와의 연관을 지으려 한다거나, 전통적인 감정을 섞어 현재를 보완하려는 목적으로 역사를 바라보았다. 1876년 독립 100주년 기념행사를 계기로 동부 주들의 역사에 대한 관심은 벤슨 로싱의 구체적이고 현장을 중시하는 관점으로 돌아왔다. 이후 혁명과 관련된 도시들은 자체적인 역사학회를 창립하고 과거의 유물과 전통을 보존하려 애썼다. "조지 워싱턴이 여기서 묵었다"는 이야기는 추상적인 원인에 대한 학술적 토론보다 훨씬 반향이 컸다. '과학적 역사'에 대한 대중적인 대안은 1890년에 설립된 '미국혁명의 딸들'이 밝힌 첫째 '목적'에 분명히 제시되어 있다.

미국의 독립을 달성한 사람들의 기억과 정신을 영원히 보존하는 것을 목적으로 한다. 이를 위해 역사 유적을 찾아 보호하고 기념물을 세운다. …… 각종 문헌과 유물, 혁명의 병사들과 애국자들의 활약을 말해주는 기록을 보존한다. 모든 혁명 기념일을 경축하는 관습을 촉진한다.

대중 역사와 학술 역사는 서로 결별했다. 학자들은 대중 역사를 '향수'(鄕愁)라고 일축했으며, 대중은 학술 연구를 좋게 말해 부적절하고 나쁘게 말해 불손하다고 여겼다. 이 시기 학계의 핵심적 쟁점—혁명의 원인을 특정한 사람들의 악행으로 볼 것인가, 아니면 제국 체제의 근본적

결함으로 볼 것인가—에 대해 학술권 바깥에서는 아무런 관심도 보이지 않았다. 얼마 전에 남북전쟁과 재건을 겪은 미국인들은 독립 시기에 남부와 북부가 미국의 탄생을 위해 협력했다는 사실을 되새길 필요가 있었다. 건국 시조들의 '영웅시대'로부터, 즉 '그리스와 로마처럼 흥미롭고 웅장한 시대' 부터 영감을 얻어야 할 시기였다. 어느 잡지 편집자의 말에 따르면 혁명은 "묘하게 감정을 고양시키고 고결한 행동을 유발하며······ 민족적 가치를 다시금 북돋는 데 필요한 영광스러운 기억의 보고(寶庫)가 되었다." 그 편집자의 말은 다음과 같이 이어진다.

> 설사 워싱턴이 그리 현명하지 않았고, 워런이 그리 용감하지 않았고, 퍼트넘이 그리 대담하지 않았고, 벙커힐 전투가 그리 대단하지 않았다고 하더라도 그렇게 말하는 데서 어떤 정치적 효용을 찾을 수 있겠는가? 우리는 회의주의에서 벗어나야 하며, 무절제한 비판을 근절해야 한다. 우리에게 중요한 것은 역사의 중심에 들어가서 민족적 사고의 양식을 형성하는 데 도움이 되는 믿음이다. 그런 믿음을 저버리는 것은 민족적 정신을 분산시키는 해독적인 행위다.

변형된 혁명

19세기 말에 건국에 관한 낭만적인 이야기는 잘 다듬어져서 미국 문화의 주류에 편입되었다. 이 책에 소개된 것을 포함하여 많은 혁명적 신화들은 징고이즘의 분위기를 진작시키는 데 기여했다. 그런 이야기들은 전쟁을 고결한 경험으로 묘사하면서 혁명군 병사를 특별히 용맹하다고 찬양했다. 패트릭 헨리의 연설 '자유냐 죽음이냐'는 그가 죽은 지 한참 뒤에 되살아나 미국의 젊은이들로 하여금 조국을 위해 싸우겠다는 결의를 다지게 했다. 또 애국자들은 적의 눈에서 흰자위를 보았다. 포지 계곡에서는 혁명의 대의를 지키고 지도자에게 충성하면서 고통을 감내했다. 군사적 가치를 반영하기 위해 재구성된 혁명전쟁의 이야기는 미국인들에게 과도한 민족주의의 논리와 언어를 가르쳤다. 전쟁을 벌이고 승리하면 그만큼 더욱 강력해진다는 것이다.

그 이야기들은 군국주의를 강조하고 전쟁을 미화했지만 미국혁명의 혁명적 성격을 올바로 평가하지는 못했다. 무릇 혁명은 개인이 아니라 집단의 활동이며, 이 점에서는 우리의 혁명도 마찬가지다. 애국자들의 행동은 원래 협력을 중심으로 했으며, 궁극적인 목적은 정부를 집단의 손, '민중 자체'에게 맡기는 것이었다. 하지만 보스턴 차 사건을 제외한 대부분의 혁명 이야기는 그 점을 무시하고, 개인의 업적을 낭만적으로 설명했다. 농부들이 영국의 지배를 무너뜨렸던 1774년의 매사추세츠 혁명은 사라지고 1775년의 전쟁 발발 때 폴 리비어가 홀로 말을 달려 농부들을 잠에서 깨어나게 했다는 내용만이 남았다. 또한 혁명 이야기는 보스턴의 방대한 애국적 저항 조직을 말하지 않고 샘 애덤스라는 카리스마적 지도자를 두드러지게 묘사했다. 여러 주에서 동시다발적으로 독립선언들이 나왔다는 사실은 쏙 들어가고 토머스 제퍼슨이라는 창조적 재능을 가진 천재가 독립선언이라는 신성한 문안을 '그 자신의 깊숙한 곳에서' 쥐어짜냈다는 사실만을 강조했다.

그런 이야기에 따르면 미국이 건국된 것은 일부 특별한 사람의 지혜와 용기 덕분이다. 이 엘리트 집단은 일종의 훈타(junta 쿠데타가 성공한 뒤 정식 정부가 수립되기 전에 국가를 지도하는 혁명위원회)를 구성했다. 미국인들은 그런 용어를 사용하지 않았지만 건국자들은 (지금까지도) 그런 인상으로 비쳐진다. 즉 소수의 핵심 지도자들이 한 집단을 이루어 서로 긴밀한 연관 속에서 활동한 결과 국가의 운명이 결정된 듯한 느낌이다. 그러나 그들은 진공 속에서 활동한 게 아니다. 공식 영역의 바깥에서 수많은 지역 활동가들이 각종 위원회를 구성하고 부지런히 신생국의 업무를 돌보았다. 또한 대륙군에 속한 빈민과 소년 병사들은 지역 민병대와 함께 영국군의 진격을 잘 막아냈다. 이른바 건국자들은 그런 민중의 열기를 만들어낸 게 아니라 그것을 대변했을 따름이다. 애국심을 표방하는 이야기들은 보통 사람들이 혁명에 대거 참여했다는 사실을 무시하거나 경시함으로써 국민주권의 본질을 훼손하고 국가의 존재 근거를 무너뜨렸다. 더 나쁜 것은 소수의 위인들에 대한 존경심을 고취함으로써 수동적인 시민상을 조장했다는 점이다. 그 이야기들은 미국인들에게 혁명기에 그랬던 것처럼 능동적으로 정치에 참여하는 대신 지도자를 따르라고 가르쳤다.

착각이든 오해이든 그런 이야기들은 오늘날까지도 존속하고 있다. 게다가 그것들은 역사의 심층 연구를 통해 조작되었음이 밝혀졌고 19세기 민족주의를 조장하려 한 의도가 뻔함에도 불구하고 여전히 미국혁명 이야기의 표준이 되어 있다. 그 결과 오늘날 21세기의 미국은 혁명기 애국자들의 세계보다 19세기의 민족주의자들의 세계와 더 유사하다.

혁명기의 아메리카인들은 권력의 집중을 두려워했다. 애국자들은 상비군이 평화기에 민간인의 위에 군림할 수 있다는 이유에서 상비군의 존재를 억압의 표시로 간주했다. 그들은 힘센 정부가 힘센 기업에게 베푸는 특혜를 못마땅하게 여겼다. 이를테면 동인도회사에 차를 판매하는 독점권을 부여한 것이 보스턴 차 사건의 기폭제가 되었고 결국 혁명의 도화선이 된 것이었다. 대륙회의가 「독립선언문」에 서명하기 전에 지역별로 나온 독립선언에서 애국자들은 아무리 전국 정부라 해도 각 주의 '내부' 문제에 간섭하면 안 된다고 주장했다. 군사, 경제, 정치 분야에서 권력의 집중은 혁명의 기본 목적과 배치되는 것으로 간주되었다. 즉 국민은 스스로의 운명을 통제할 수 있어야 했다. 따라서 상비군, 독점기업, 중앙정부의 간섭은 모두 국민주권의 실현을 저해하는 요소들이었다.

하지만 19세기에 이런 관념들은 힘을 잃었다. 미국은 자체 상비군을 육성했고 경제와 정치의 권력은 계속 집중되었다. 그런 현상에 반대하는 많은 미국인들은 '비(非)미국인'이라는 낙인이 찍혔다. 급기야 세기 말에 이르자 이주민, 노동조합 활동가, 급진적 평등을 옹호하는 사람들은 미국적 생활방식에 대한 위협으로 간주되었다. 또한 노선이 수정되어 영웅 숭배와 징고이즘에 기반을 두게 됨에 따라 군사, 기업, 정치권력의 집중을 저해하는 요소들이 제거되었다. 현 상태를 지지하는 사람들은 미국혁명의 특징을 연상케 하는 일체의 기억을 억압했다.

오늘날 대다수 미국인들은 과거에 못마땅하게 여겼던 상비군의 존재, 기업의 경제적 지배, 강력한 중앙정부의 권한을 암묵적으로 수용한다. 그에 따라 건국의 공식 이야기도 그런 제도에 위배되지 않도록 변형되었다. 우리가 말하는 이야기에는 급진적인 견해가 없고, 그저 지도자들을 존경하고 국가에 충성할 것만 강조되고 있다. 이 표백되고 세뇌된 이야기는 미국혁명 같은 사건이 재현되는 것에 반대한다. 우리는 동화책 속의 나라에 안주하고픈 것이다.

진실을 속이는 이야기

정치나 애국심과는 무관하게, 이 책에 소개된 다양한 이야기들은 이야기로서 기능하기 때문에 계속 존재한다. 그것들은 전통적인 서구식 이야기 방식에 바탕을 두고 있으므로 재미있고 흥미롭다. 또한 그 이야기들은 기존의 권위에 큰 위협을 주지 않으면서 미국의 탄생을 동화 같은 사건으로 묘사한다. 이 점은 반드시 이해할 필요가 있다. 지나치게 좋은 이야기는 대체로 진실을 감추기 때문이다.

건국에 관한 우리의 이야기에는 대부분 우리가 귀중하게 여기며 가지고 싶어하는 속성들의 본보기가 되는 영웅들이 등장한다. 이 이야기들이 역사인 것처럼 가장할 때 사람들을 속이게 마련이다. 흔치 않은 자질을 지닌 그 영웅들은 평범한 사람들을 대표한다. 역사는 그 시대에 전형적이지 않은 사람들의 이야기를 통해 드러난다. 우리는 영웅으로 선택된 소수의 경험을 통해 다수에 관해 배우지만 우리가 사용하는 언어는 우리의 의도를 제대로 전하지 못한다. 우리는 영웅들을 '실제보다 더 큰 거인'으로 여긴다. 그들의 업적은 "믿을 수 없을 만큼 놀랍다". 우리는 "그 전이나 그 후에나 그런 사람은 다시 없었다"고 말한다. 하지만 묘하게도 우리는 그 사람들이 역사의 흐름을 '대표'한다고 주장한다. 조지 워싱턴, 벤저민 프랭클린, 토머스 제퍼슨, 이 훌륭한 사람들을 우리는 혁명가라고 여기며, 그들이 다른 모든 혁명가들을 대표한다고 말한다. 방금 전에 그들이 다른 사람들과 다르다고 공언했음에도 불구하고.

우리 문장의 구성은 우리 이야기의 구조와 마찬가지로 역사의 개인주의적인 곡해로 이어진다. 능동태의 문장에는 주어가 필요하듯이 이야기에는 주인공이 필요하다. 그런데 문제는 우리 문장의 주어가 정확히 무엇인지 우리가 늘 알지는 못한다는 점이다. 한동안은 혼합식으로도 충분하지만 마냥 그럴 수는 없다. 그래서 '반대하는 공화파' 혹은 '요구하는 반란자'라는 말을 쓰기 지겨워지면 우리는 의인화된 표현으로 말을 살짝 바꾸어 "공화파의 대변인이 반대했다"든가 "반란 지도자가 요구했다"는 식으로 말한다. 이런 주어들도 여전히 포괄적이기는 하지만 적어도 추상적인 집단이 아닌 개인을 가리키는 것은 사실이다. 우리는 그것을 좋아하고 무의식적으로 따른다. 그것은 말하자면 역사 서술의 기본값이다. '반란자'와 '반란 지도자'는 마치 전혀 차이가 없는 것처럼 혼용된다.

그러나 '지도자'라는 말을 아무렇지도 않게 사용하면 위험한 결과를 빚을 수 있다. 지도자가 있다면 나머지 모든 사람은 추종자가 될 것이다. 소수의 요인들이 일을 진행하고 나머지는 그저 따라만 간다. 소수가 대본을 쓰면 나머지는 단지 대본대로 행동하기만 한다. 이런 기본 법칙을 확장하여 역사 저술가는 '지도자들'을 자기 문장의 주어이자 자기 이야기의 주인공으로 캐스팅한다.

이야기의 저자들은 언어의 편리함을 악용하여 역사를 거꾸로 뒤집는다. 문장에는 주어가 필요하고 이야기에는 주인공이 필요하므로 집단의 지도자로써 집단을 나타내고 대표하도록 만드는 것이다. 현실에서 그 지도자는 대중 속에서 나오고 대중이 지지하는 견해를 표현함으로써 영향력을 획득한다. 하지만 역사 이야기에서는 지도력의 근원이 쉽게 잊혀진다. 역사 이야기는 언어의 장난과 이야기의 구조에 의해 왜곡되며, 대중을 능동적인 역할로, 스스로 행동하는 존재로 묘사하지 못한다.

대중판 역사 이야기에서는 지도자만이 역사의 행위자로 역할한다.

지도자는 추동력이므로 그가 아니면 어떤 일도 일어날 수 없다. 우리는 그 유명한 건국자들이 미국혁명을 일으켰다고 배우지 않았던가? 그들은 이념을 만들어냈고, 끊임없이 말하고 글을 썼으며, 다른 사람들을 설득하여 추종자로 끌어들였다. 그러나 지도자를 미국 독립의 설계자로 기리는 것은 린든 존슨을 민권의 설계자로 기리는 것과 같다. 두 경우 모두 권력자가 최종적인 결정을 내렸지만 그 결정을 제안하고 추진한 것은 다른 사람들이었다.

트리클다운(trickle-down 경제 규모가 성장하면 물이 흘러넘치듯 자연히 모든 구성원들에게 분배가 이루어진다는 논리) 경제학에서처럼 트리클다운 역사에서도 밑바닥 사람들의 관심은 통상적으로는 설명되지 않는 수수께끼의 과정을 통해 이해된다. 명료하게 분석해보면 그 과정은 전혀 납득할 수 없다. 그 한 가지 모델은 보스턴에서 소수의 사람들이 도시 군중을 선동하고 그 소요 사태가 시골에까지 퍼졌고, 샘 애덤스가 이끄는 서른일곱 명이 미국혁명을 일으켰다는 이야기다. 이런 식으로 역사를 읽으면 그 수많은 혁명가들은 단지 남들이 하라고 해서 목숨을 걸고 독립투쟁을 열심히 한 게 된다.

또 다른 모델은 모든 인간을 여섯 가지 집단으로 분류한다. 즉 위대한 사상가, 위대한 제자, 위대한 전파자, 하위 전파자, 참여하는 시민, 정치적 무기력자의 여섯 가지다. 정책은 한 집단에서 다음 집단으로 흘러가서 맨 밑바닥에 이른다. 미국혁명에서 위대한 사상가는 유럽 계몽주의 철학자들이다. 위대한 제자는 토머스 제퍼슨, 벤저민 프랭클린, 톰 페인이고, 위대한 전파자는 샘 애덤스와 패트릭 헨리 같은 지역의 정치 조직가들이다. 또 하위 전파자는 연락위원회 같은 지역 정치 조직의 지도자이며, 참여하는 시민은 그 집단의 구성원들이다. 정치적 무기력자는 애국자도 왕당파도 아닌 모든 사람들을 가리킨다. 정책은 군대의 명령처럼 이 지휘 사슬을 따라 내려가서 많은 사람들이 기꺼이 혁명에 동참하도록 만든다. 이 모델에는 사다리를 거슬러오르는 경우가 없다. 보통 시민들은 그저 수동적인 수용자일 뿐이다. 이 모델은 혁명가들이 품은 목적과 모순을 빚는다. 혁명가들은 정부의 구성이 아래로부터 위로, 즉 시민들로부터 그들이 뽑은 대표들로 이루어져야 한다고 여겼기 때문이다.

　이 두 가지 전파 모델에서는 일종의 예언자 같은 소수의 특별한 사람들이 허공에서 정책을 끌어낸다. 하층민들이 행사하는 사회, 정치, 경제의 영향력 같은 것은 없다. 역사가 항상 위로부터 아래로 진행한다고 믿는 작가들은 압도적인 다수의 대중을 역사적으로 무의미하다고 치부해버린다. 전파 이론은 비록 알고 보면 우습지만 그래도 역사 서술의 기본이라고 간주된다. 교과서와 대중 역사서의 저자들은 깊이 생각하지도 않고 선뜻 그 유명한 혁명가들 —새뮤얼 애덤스, 톰 페인, 토머스 제퍼슨— 이 다른 사람들을 자기 명령에 따르도록 '설득'했다고 말한다. 그들은 처음부터 다른 사람들의 위에 있었다는 것이다. 작가들은 이야기를 쉽게 풀어나가기 위해 소수의 능동적인 행위자들을 등장시키지만, 그런 방법은 우리나라의 건국을 민주적인 견지에서 보여주지 못하며, 역사가 실제로 전개된 과정을 정확히 설명하지 못한다.

어린이의 눈을 통해

소수의 개인들이 역사를 이끌었다는 이 단순화된 모델은 어린이에게 잘 먹힌다. 마침 어린이들은 자기 나라의 건국 이야기를 듣는 첫번째 청중이다. 미국인들은 보통 5학년 때 미국혁명에 관해 처음 배운다. 그 뒤에는 대다수 학생들이 그 주제를 제대로 공부하지 않는다. 중학교와 고등학교 교과과정에서는 최근의 역사에 초점을 맞추기 때문에 혁명시대의 역사에 관해서는 간단히 넘어가는 게 보통이다.

이 허술한 교과과정은 어떻게 보면 다행이고 어떻게 보면 불행이다. 5학년생이 학습 곡선의 정점에 있다는 점에서 보면 혁명은 황금시간대의 프로그램에 해당하는 셈이다. 열 살짜리 어린이는 학습 능력이 뛰어나다. 무엇이든 잘 읽고 똑똑하게 말할 뿐더러 호기심이 무척 강하고 아직 사춘기의 시련에 빠져들지는 않은 나이다. 열 살짜리 아이를 포지 계곡이나 미니트맨 국립역사공원에 데려가면 쉽게 몰입하지만, 열여섯 살짜리 아이는 무척 따분해한다. 교육적인 측면에서 보면 5학년생이 가장 적합하다는 것을 누구나 안다.

그 반면에 5학년생은 복잡한 사고를 하지 못하는 것도 사실이다. 아무리 똑똑한 아이라 해도 세속적 지식이 많지 않고 추상적인 추론에 약하다. 그래서 미국혁명, 프랑스혁명, 러시아혁명을 비교하기란 쉽지 않다. 다행인지 불행인지 모르지만 5학년생은 아직 과거와 현재의 정치적 사안들에 내포된 복잡한 권력투쟁을 이해할 만한 경험이 부족하다.

그러면 열 살짜리 아이들에게 어떻게 미국혁명을 가르칠 것인가? 이야기를 효과적으로 전달하려면 몇 가지 기본 요소가 필요하다. 지혜로운 영웅이 있어야 하고, 선과 악 혹은 다윗과 골리앗이 대결하는 전투도 필요하며, 해피엔딩은 기본이다.

어린이를 대상으로 한 역사는 여전히 '특별하다'고 여겨지는 인물들에 대한 학습에 치중하고 있다. 초등학교 5학년 교과서는 이야기의 가닥을 다소 포함하면서도 역사란 중요한 인물들의 생애가 혼합된 결과물이라는 인상을 아이들에게 준다. 이는 사실 우연이 아니라 의도적인 것이다. 주인공이 없는 이야기는 교과서가 그렇듯이 재미없고 따분하기 때문에 저자들은 공간이 허락하는 한 짧은 분량의 전기들을 가급적 많이 삽입하려 한다.

'표준 목차'가 정해진 주에서는 학생들에게 반드시 혁명의 '중요' 인물들을 가르친다. 네바다 주에서는 조지 워싱턴과 벤저민 프랭클린의 이름만 나오며, 조지아 주의 역사 교육에는 유명한 애국자 여덟 명, 영국군 지도자 세 명, 프랑스인 한 명, 아프리카계 아메리카인 한 명, 배신자 한 명, 여성 한 명, 상상의 여성 한 명을 가르친다. 펜실베이니아의 어린이들은 정치 지도자로 존 애덤스와 토머스 제퍼슨, 군사 지도자로 조지 워싱턴과 헨리 녹스, '문화와 상업의 지도자'로 폴 리비어와 필리스 휘틀리를 배운다. 리비어는 문화나 상업의 분야에서 명성을 얻지 않았고 필리스 휘틀리는 혁명의 주요 '지도자'로 분류되지 않음에도 불구하고, 교육학자들은 이 특별한 개인들의 생애를 공부하지 않으면 미국혁명의 역사를 이해할 수 없다는 결론을 내린 것이다.

조지 워싱턴과 벤저민 프랭클린, 존 애덤스와 토머스 제퍼슨, 새뮤얼 애덤스와 패트릭 헨리, 이 건국의 아버지들은 매우 현명한 사람들로 간주된다. 어린이에게 '아버지'란 각별한 의미를 지닌다. 아버지는 모르는 게 없다. 아이들에게는 영웅이 필요하다면 바로 아버지 같은 사람이다. 나라를 세우고 이끈 위대하고 존경스러운 사람들이야말로 영웅에 적합한 인물이다.

역사 교육은 사회화의 일환이지만 윤리적인 측면도 지닌다. 건국 시조들은 지혜롭고 선량하지만 우리의 적인 조지 3세는 악의 화신이다. 조지아 주의 교육부가 편성한 핵심 교과과정 계획안을 보자.

학생들은 혁명전쟁의 대의와 국왕이 법과 세금으로 이주민들을 소외시킨 과정을 배운다. 학생들은 「독립선언문」을 검토하고 모의 법정을 진행하여 영국 왕에게 공식적으로 '범죄자'라는 낙인을 찍는다. 마지막으로 영국 왕의 현상 포스터를 제작한다.

이 방침은 교육 대상으로 정한 열 살짜리 아이에게 직접적이고 구체적으로 다가간다. 아이들은 모의 역사에 참여하여 역사를 선과 악의 싸움으로 인식하고 스스로 올바른 편에 가담하는 법을 배운다.

역사적 갈등의 가장 구체적인 표현인 전투는 아이들도 쉽게 이해할 수 있다. 전투에서는 편이 분명히 갈리고(어떤 아이들은 '팀'이라고 말한다) 승자와 패자도 확실하다. 정치적 긴장은 추상적으로 여겨지겠지만 이것이 전투로 연결되면 아이들도 금방 이해한다. 교과서에 나오는 지도에는 반드시 군대가 진행한 방향을 가리키는 화살표가 그려져 있고 그 옆에 미국과 영국의 장군들 이름이 표기되어 있다.

혁명전쟁의 전투는 아이들을 크게 매료시킨다. 어린 꼬마가 덩치 큰 심술쟁이를 물리치는 내용이기 때문이다. 보잘것없는 처지였지만 영리하고 자신들의 대의에 충실했던 미국인들은 중과부적의 열세를 딛고 환상적인 붉은색 군복을 입은 자만에 빠진 영국군을 물리쳤다. 아동용 책들은 예외 없이 미국혁명을 다윗과 골리앗의 싸움으로 묘사한다. 2002년에 나온 『증언: 미국혁명』의 표지에는 "소수의 용감한 애국자들이 어떻게 대영제국과 싸웠는지 알아보라"는 글귀가 있다. 모든 교과서들이 이 주제를 답습한다.

다행히 미국인들은 전쟁에서 이겼고 그 뒤 영원히 행복하게 살았다. 어린이들에게는 결말이 중요한데, 혁명은 가장 행복한 결말이다. 신생국, 바로 우리나라가 탄생했기 때문이다.

전통적인 미국혁명의 이야기는 먼저 어린이들을 대상으로 하지만 우리의 대중문화에도 자주 등장한다. 성인을 대상으로 하는 이야기도 형식과 패턴은 마찬가지다. 언제 어디서 미국의 건국에 관해 배우든 상관없이 우리는 늘 현인에게 집착하고 우리 자신을 다윗으로 여기며 해피엔딩을 가정한다. 미국의 탄생에 관한 가정은 모두 그 이야기에서 나오며, 그 이야기는 매력적인 구성요소를 지닌다. 우리는 완벽한 미국을 말하는 완벽한 이야기를 만들어냈다. 그러나 그 이야기는 사실에 바탕을 둔 것이 아니다.

역사를 곡해하는 것은 그 자체로도 나쁘지만 그 결과는 더욱 나쁘다. 역사를 보는 관점은 과거와 현재의 정치 과정에 대한 인식을 형성한다. 어린이들은 역사 공부를 통해 정치와 권력에 관해 처음 알게 된다. 캘리포니아의 학생들은 4학년 때 주의 역사를 배우고, 5학년에 미국 역사, 6학년에 세계 고대사, 7학년에 근대사, 8학년에 19세기 미국사를 공부한다. 9학년 때 잠시 역사에서 관심을 돌려 운전하는 법을 배운 뒤 11학년 때 다시 미국 현대사를 배운다. 다른 주에서도 사정은 대동소이하다. 이렇게 권력투쟁을 벌인 여러 인물과 사회 집단에 관해 7년 동안이나 배운 뒤 고등학교 고학년이 되어 '정치와 정부'를 공부한다. 학생들은 이미 정치 사건을 이해하는 데 필요한 '문법'을 배우고 내면화시킨 상태다.

그렇다면 역사 공부는 학생들에게 정치와 권력에 관해 무엇을 가르쳐주는가? 교과과정이 전통적인 이야기 구조에 바탕을 두고 있는 한, 학생들은 개별적이고 직선적인 정치적 문법을 개발하게 된다. 즉 역사의 행위자들이 맥락과 유리되어 자유의지를 가지고 자율적으로 기능한다고 생각하게 된다. 캘리포니아 공립학교의 역사 및 사회과학 표준에 따르면 교사는 '중요 인물들의 견해, 생애, 영향력'에 관해 설명하게 되어 있으며, 애리조나 주에서도 '중요 인물들의 영향력'을 학생들에게 가르친다. 학생들은 인물이 사건에 영향을 주었다는 것을 배우지만 사건이 인물에게 영향을 준 것은 배우지 않는다. 영향력의 방향은 늘 일방적이다. 한 인물이 친구들에게서 거의 도움을 받지 않고 아이디어를 생각해낸 뒤 그것을 이용하여 역사를 만들어나가는 식이다.

이렇게 정치 역학이 인물로 대체되고 단순해지면 미래의 시민들은 권력이 실제로 작용하는 과정을 이해하지 못하게 된다. 그래서 다음과 같은 아주 중요한 문제들을 조사하려 하지 않는다. 일부 사람들이 다른 사람들의 운명을 결정하는 일이 어떻게 가능할까? 사람들이 모여서 지배를 거부하고 자신의 이익을 옹호하는 일이 어떻게 가능할까? 역사에는 이런 문제들에 답을 줄 만한 교훈들이 많이 있지만, 정치를 움직이는 힘이 개인의 업적을 칭찬하고 선전하기 위한 이야기에 의해 감춰진 채 비밀리에 작동한다면 그 교훈들을 배울 수 없다.

위에서부터 아래로 접근하는 방식의 역사에서는 선택된 소수의 경험이 다수를 대변하는 것처럼 설명하지만 실은 그렇지도 않고 그럴 수도 없다. 우선 주인공을 발탁하는 데는 항상 편견이 개재한다. 게다가 더 중요한 것은 주인공의 업적이 집단 과정의 역학을 제대로 반영하지 못한다는 점이다. 역사는 다양한 사람들이 소통하고 상호작용함으로써 진행된다. 사람들은 함께 일하는 가운데 다양한 의견과 활동을 교환하면서 계획을 개발하고 그것을 정치 무대에서 추진한다. 그 과정에서 부각되는 개인들, 즉 '지도자'에만 초점을 맞추면, 원래 공적이고 공유되는 속성을 지닌 정치 활동의 본질을 올바로 이해할 수 없다.

건국에 관해 우리가 배우는 방식이 그 적절한 예가 된다. 건국 이야기에 의하면 소수의 특별한 사람들이 미국의 자유를 구상했으므로 그들의 노력에 우리는 영원히 감사해야 한다. 이런 입장은 미국혁명의 본질을 오해할 뿐 아니라 실제 사실과도 모순된다. 우리나라는 헌신적인 애국자들의 집단이 힘을 합쳐 정치 활동을 전개한 덕분에 탄생할 수 있었다. 식민지가 반란을 일으켰을 때 시민들은 지역 위원회, 각종 집회, 민병대 조직을 결성하여 영국 행정기관을 타도하고 자치를 실현했다. 이 혁명 활동은 평범한 시민들의 집단적인 정치 참여를 보여주는 좋은 모델이 된다. 이 모델에 초점을 맞추는 이야기는 미국 애국주의의 원래 의미, 즉 정부는 국민의 의지를 토대로 한다는 점을 표현한다. 또한 그런 이야기는 다수결주의에 치우친 민주주의에 내재한 위험을 보여준다. 이를테면 이견을 억압하거나 징고이즘을 이용하여 권력을 지지하고 굳히려는 태도가 그런 위험에 속한다. 그 이야기는 실제로 일어난 일을 반영하며, 정치투쟁의 역학을 숨기지 않고 드러낸다.

그 반면에 다른 방식으로 만들어진 이야기에는 우리나라의 건국에서 중요한 민주주의적 본질이 감춰진다. 영웅이 집단의 행동보다 앞서고, 소수가 다수를 대신한다. 이런 식의 이야기에서는 실제 역사와 미국 민주주의의 의미를 볼 수 없다.

끝없는 이야기

역사는 과거를 올바로 재현할 수 없다. 과거의 사람들은 사태가 어떻게 될지 알지 못했다. 지금 우리는 그것을 안다. 아무리 달리 생각하려 노력해도 우리는 결과를 이미 알기 때문에 언제나 역사를 역방향으로 읽게 마련이다. 그 때문에 과거와 현재 사이에는 넘을 수 없는 장벽이 생긴다. 뿐만 아니라 문화나 상황의 차이 같은 다른 장벽들도 있다. 게다가 늘 혼란스러운 사건의 다양성도 역사를 깔끔하게 정리하려는 우리의 노력을 불가능하게 만든다.

역사를 단순하고 이해 가능하며 처음과 끝이 분명한 이야기들의 연속으로 환원하고 싶어하는 마음이 드는 것은 사실 당연하다. 우리는 과거의 섬세하고 복잡한 사정을 모두 이해할 수는 없겠지만 죽은 것을 이용하여 산 것을 알 수는 있다. 오늘날까지 살아 있는 관념들을 찾아내면 역사의 인물들을 상징적인 아이콘으로 만들 수 있다.

이것은 이해할 수 있을 뿐 아니라 인간의 본질적인 측면이기도 하다. 어느 문화권에서나 과거의 사건에 관한 이야기는 있으며, 여기에는 칭찬할 만한 덕을 갖추고 그 사회의 이념을 대변하는 영웅이 등장한다. 문제는 이야기를 꾸며내는 행위에 있는 게 아니라 이야기의 목적과 한계를 인식하지 못하는 데 있다. 그 이야기는 살아 있는 우리를 위한 것이다. 우리가 역사 이야기를 하는 이유는 우리 자신을 위해서일 뿐, 역사적 사건에 반드시 일치시키기 위해서도 아니고 실제로 일어난 일을 사실적으로 묘사하기 위해서도 아니다.

역사 이야기를 무비판적으로 대하는 태도, 즉 그것이 실제의 사건을 있는 그대로 표현한다고 믿는 태도는 마치 미술관의 그림을 사진이라고 여기는 것과 같다. 화가의 손과 마음을 인정하지 않는다면 우리는 허구와 사실을 혼동하게 된다. 그러면 위험할 정도로 자기중심적이 될 수 있다. 그저 들어서 기분이 좋은 이야기들만 선택함으로써 과거에 살아 숨쉬었고 풍부한 삶의 궤적을 남겼던 사람들을 한낱 허수아비로 만들어버리는 것이다. 그렇게 과거를 왜곡할 수 있다는 착각을 한 대가는 톡톡히 치러야 한다.

간혹 그런 착각은 정치적으로 이용되기도 한다. 영웅 숭배는 19세기 초반에 역사라고 간주되면서 민족주의를 앙양하는 데 기여했다. 역사 이야기는 그 자체로 역사적 의미를 가진다. 공유된 혁명의 이야기는 국민들을 '미국인'으로 느끼게 해주는 것이다.

지금도 사정은 마찬가지다. 오히려 지금은 어느 때보다도 더 정치적인 목적에서 공공 기록이 변조되는 경우가 많다. 전문적인 마케팅 담당자들은 세련된 기법을 이용하여 모든 사건을 바람직스러운 방향으로 바꾼다. 이야기는 예술이 아니라 과학이 되며, 뻔뻔스럽게도 여론을 조작하는 데 사용된다. 광범위한 영향력을 가진 매스미디어는 그런 마케팅 전략에 날개를 달아준다. 이야기를 날조하고 공적 사건을 자기중심적으로 해석하는 것은 단지 색다르거나 일회적인 취미에 그치는 게 아니라 민주주의의 기능을 저해하는 행위다. 민주주의는 정확하고 복잡한 정보가 자유로이 이동해야만 존립할 수 있는 제도이기 때문이다.

우리는 모든 이야기에 경계를 늦추지 말아야 하지만 다른 것들보다 특별히 더 수상쩍은 이야기도 있다는 것을 알 필요가 있다. 경험으로 미루어보면 그럴듯한 이야기일수록 더욱 경계해야 한다. 어떤 이야기는 증거와 무관하게 하기에도 좋고 듣기에도 좋다. 그런 이야기가 무수히 반복되면 비판에도 점차 면역이 생긴다. 우리는 이런 이야기를 특히 조심해야 한다.

더 정직한 이야기를 하고자 한다면 토론과 비판을 허용하는 방식을 도입해야 한다. 토론과 논쟁은 기계적 암기보다 민주 사회의 기능에 더 적합하다. 혁명시대에는 보통 사람들도 각 지역의 술집이나 공회당에서 그날 그날의 중대한 사안들에 관해 토론했다. 오늘날 우리는 그 풍요하고 자유분방한 유산을 반영하여 역사를 이야기해야 한다.

이야기를 통제하는 사람은 역사를 통제한다. 이것은 강력한 메시지다. 이야기를 무시하는 사람은 다른 사람들의 조작을 끝내 알지 못한다. 그러나 이야기를 아는 사람은 미국혁명의 주체들처럼 지나친 권위에 도전할 수 있고 자신의 운명을 통제할 수 있다.

참고문헌

Abbot, W. W., and Dorothy Twohig, eds.(1883). *Papers of George Washington*, Charlottesville: University Press of Virginia.

Adams, Charles Francis, ed.(1850). *The Works of John Adams*, Boston: Charles Little and James Brown.

_____, ed.(1875). *Familiar Letters of John Adams and His Wife Abigail Adams, during the Revolution*, Boston: Houghton Mifflin.

Adams, James Truslow, Charles Garrett Vannest(1935). *The Record of America*, New York: Charles Scribner's Sons.

Alexander, John(2002). *Samuel Adams: America's Revolutionary Politician*, Lanham, Boulder, and New York: Powman and Littlefield.

Allen, Paul(1819). *A History of the American Revolution: Comparing All the Principal Events Both in the Field and in the Cabinet*, Baltimore: John Hopkins.

American Heritage(1999). *Great Minds of History: Interview with Roger Mudd*, New York: Wiley.

Appleby, Joyce, et al.(2002). *The American Vision*, N. Y.: Glencoe McGraw-Hill.

_____(2003). *The American Republic to 1877*, N. Y.: Glencoe McGraw-Hill.

Ashley, Roscoe Lewis(1907). *American History, for Use in Secondary Schools*, New York: Macmillian.

Bailey, Thomas A., and David M. Kennedy, eds.(1994). *The American Spirit: United States History as Seen by Contemporaries*, Lexington, M.A.: D.C. Heath and Co..

Bancroft, George(1879). *History of the United States of America, form the Discovery of the Continent*, Boston:Little, Brown and Company.

Basset, John Spencer(1917). *The Middle Group of American Historians*, New York:Macmillan.

Bates, Issachar(1960). *The Revolutionary War*, Old Chatham, N.Y.:Shaker Museum Foundation.

Beach, Stewart(1965). *Samuel Adams: The Fateful Years, 1764~1776*, New York:Dodd, Mead, and Co..

Beard, Charles A., and Mary R. Beard(1927). *The Rise of American Civilization*, New York:Macmillian.

Becker, Carl(1948). *The Declaration of Independence:A Study in the History of Political Ideas*, New York:Alfred A. Knopf.

Beeman, Richard(1974). *Patrick Henry:A Biography*, New York:McGraw-Hill.

Bell, J. L.(2001). "Behold, the Guns Were Gone!" a paper presented in the Boston Area Early American History Summer Seminars, Massachusetts Historical Society, July 26.

Bernstein, Vivian(1977). *America's History:Land of Liberty, Beginning to 1877*, Austin:Steck-Vaughn.

Berson, Michael J., ed.(2003). *United States History:Beginnings*, Orlando: Harcourt.

Betts, Edwin Morris, ed.(1976). *Thomas Jefferson's Farm Book*, Virginia: University Press of Virginia.

Birnbaum, Louis(1986). *Red Dawn at Lexington*, Boston:Houghton Mifflin.

Bobrick, Benson(1997). *Angel in the Whirlwind: The Triumph of the American Revolution*, New York:Simon and Schuster.

Bodle, Wayne(2002). *The Valley Forge Winter:Civilians and Soldiers in War*, University Park:Pennsylvania State University Press.

Boleslaw, Mastai, and Marie-Louise D'Otrange Mastai(1973). *The Stars and the*

Stripes: The American Flag as Art and History, New York: Alfred A. Knopf.

Boller Jr., Paul F., and John George(1989). *They Never Said It*, New York: Oxford University Press.

Boorstin, Daniel J., and Brooks Mather Kelly(2002). *A History of the United States*, Upper Saddle River, N.J.: Prentice Hall.

Bourne, Henry Eldridge, and Elbert Jay Benton(1913). *A History of the United States*, Boston: D.C. Heath and Co..

Bowman, Allen(1943). *The Morale of the American Revolutionary Army*, Port Washington, N.Y.: Kennikat Press.

Boyd, Julian P., ed.(1950). *Papers of Thomas Jefferson*, Princeton: Princeton University Press.

Boyer, Paul(2003). *American Nation*, Austin: Holt, Rinehart and Winston.

Boyle, Joseph Lee(2000~2005). *Writings from the Valley Forge Encampment of the Continental Army*, 5 vols., Maryland: Heritage Books.

Brown, Richard(1970). *Revolutionary Politics in Massachusetts: The Boston Commitee of Correspondence and the Town, 1772~1774*, New York: W. W. Norton.

Brown, William Wells(1867). *The Negro in the American Rebellion: His Heroism and His Fidelity*, Boston: Lee and Shepard.

Buchanan, John(1997). *The Road to Guillford Courthouse: The American Revolution in the Carolinas*, New York: John Wiley and Sons.

Burnham, Tom(1975). *Dictionary of Misinformation*, New York: Crowell.

Burstein, Andrew(2001). *America's Jubilee*, New York: Alfred A. Knopf.

Callcott, George(1970). *History in the United States, 1800~1860: Its Practice and Purpose*, Baltimore: Johns Hopkins Press.

Calloway, Colin(1994). *The World Turned Upside Down: Indian Voices from Early America*, Boston: St. Martin's Press.

_____(1995). *The American Revolution in Indian Country: Crisis and Diversity in Native American Communities*, New York: Cambridge University Press.

Carretta, Vincent(1996). *Unchained Voices: An Anthology of Black Authors in the English-Speaking World of the Eighteenth Century*, Lexington: University of Kentucky Press.

Carter, Clarence, ed.(1931). *Correspondence of General Thomas Gage*, New Haven: Yale University Press.

Cashin, Edward(1989). *The King's Ranger: Thomas Brwon and the American Revolution on the Southern Frontier*, Athens: University of Georgia Press.

Caughey, John(1938), *McGillivray of the Creeks*, Norman: University of Oklahoma Press.

Clark, George Rogers(2001). *The Conquest of the Illinois*, Milo Milton Quaffe, ed., Carbondale and Edwardsville:Southern Illinois University Press.

Cohen, Charles(1981), "The 'Liberty or Death' Speech:A Note on Religion and Revolutionary Rhetoric," *William and Mary Quarterly*, 3rd Ser., Vol. 38, No. 4, October, pp.702~717.

Cohen, Lester(1980). *The Revolutionary Histories: Contemporary Narratives of the American Revolution*, Ithaca: Cornell University Press.

Commager, Henry Steele, and Richard B. Morris(1958). *The Spirit of Seventy-Six: The Story of the American Revolution as Told by Participants*, Indianapolis and New York: Bobbs-Merrill.

Cook, Frederick, ed.(1887). *Journals of the Military Expedition of Major General John Sullivan against the Six Nations of Indians in 1779*, Auburn, N.Y.:Knapp, Peck, and Thomson.

Cushing, Harry Alonzo, *The Writings of Samuel Adams*, New York:G.P. Putnam's Sons.

Dann, John(1990). *The Revolution Remembered:Eyewitness Accounts of the War of Independence*, Ann Arbor:University of Michigan Press.

Danzer, Gerald A., et al.(2003). *The Americans*, Evanston:McDougal Littell.

Davidson, James West(2003). *The American Nation:Beginnings through 1877*, Upper Saddle River, N.J.:Prentice Hall.

Davidson, Philip(1941). *Propaganda and the American Revolution*, Chapel Hill:University of North Carolina Press.

De Pauw, Linda Grant(1979). "Politicizing the Politically Inert," *The American Revolution: Changing Perspectives*, William M. Fowler Jr. and Wallace Coyle, eds., Boston: Northeastern University Press.

_____(1981). "Women in Combat: The Revolutionary War Experience," *Armed Forces and Society*, Vol. 7, No. 2, Winter, pp. 209~226.

_____(1998). *Battle Cries and Lullabies: Women in War from Prehistory to the Present*, Norman, O.K.: University of Oklahoma Press.

De Pauw, Linda Grant, and Conover Hunt(1976). *Remeber the Ladies: Women in America, 1750~1815*, New York: Viking.

Detweiler, Philp F.(1962). "The Changing Reputation of the Declaration of Independence: The First Fifty Years," *William and Mary Quarterly*, 3rd Ser., Vol. 19, No. 4, October, pp. 557~574.

Divine, Robert A., et al.(2003). *America: Past and Present*, New York: Longman.

Downes, Randolph(1968). *Council Fires on the Upper Ohio: A Narrative of Indian Affairs in the Upper Ohio Valley until 1795*, Pittsburgh: University of Pittsburgh Press.

Draper, Lyman(1881). *King's Mountain and Its Heroes*, Cincinnati: Peter G. Thomson.

DuBois, William Edward Burghardt(1924). *The Gift of Black Folk: The Negroes in the Making of America*, Boston: Stratford Co..

Eggleston, Edward(1888). *A History of the United States and Its People, for the Use of Schools*, New York: D. Appleton and Co..

_____(1904). *The New Century History of the United States*, New York: American Book Company.

_____(1913). *The Ultimate Solution of the American Negro Problem*, Boston: Gorham Press.

Ellet, Elizabeth(1969). *The Women of the American Revolution*, New York: Haskell House.

Ellis, Joseph(1997). *American Sphinx: The Character of Thomas Jefferson*, New York: Alfred A. Knopf.

_____(2001). *Founding Brothers: The Revolutionary Generation*, New York: Alfred A. Knopf.

Elson, Ruth Miller(1964). *Guardians of Tradition:American Schoolbooks of the Nineteenth Century*, Lincoln: University of Nebraska.

Ekirch, A. Roger(1985). "Whig Authority and Public Order in Backcountry North Carolina," *An Uncivil War: The Southern Backcountry during the American Revolution*, Ronald Hoffman, Thad W. Tate, and Peter J. Albert, eds., Charlottesville: University Press of Virginia.

Faragher, John Mack, et al.(2003). *Out of Many: A History of the American People*, Upper Saddle River, N.J.: Prentice Hall.

Faulkner, Harold Underwood and Tyler Kepner(1934). *America: Its History and People*, New York: Harper and Brothers.

Feer, Robert(1988). *Shays's Rebellion*, New York: Garland.

Ferling, John(2000). *Setting the World Ablaze: Washington, Adams, Jefferson, and the American Revolution*, New York: Oxford University Press.

Fischer, David Hackett(1994). *Paul Revere's Ride*, New York: Oxford University Press.

_____(2000). "The Patriot is to History as Godzilla Was to Biology," *Minneapolis Star Tribune*, July 4.

Fisher, Sydney(1912). "Legendary and Myth-making Process in Histories of the American Revolution," *American Philosophical Society Proceedings*, Vol. 51, No. 2, April-June, pp.53~75.

Fiske, John(1891). *The American Revolution*, Boston and New York: Houghton Mifflin.

Fitzpatrick, John, ed.(1944). *The Writings of George Washington from the Original Manuscript Sources*, Washington, D.C.: United States Government Printing Office.

Fleming, Thomas(1997). *Liberty! The American Revolution*, New York: Viking.

Forbes, Esther(1942). *Paul Revere and the World He Lived In*, Boston: Houghton Mifflin.

Force, Peter(1972). *American Archives, Fourth Series: A Documentary History of the English Colonies in North America from the King's Message to Parliament of March 7, 1774, to the Declaration of Independence by the United States*, New York: Johnson Reprint Corporation.

Ford, Paul Leicester, ed.(1899). *Writings of Thomas Jefferson*, New York: G.P. Putman's Sons.

Fradin, Dennis(2002). *The Signers: The Fifty-six Stories Behind the Declaration of Independence*, New York: Walker and Company.

Franklin, John Hope(1947). *From Slavery to Freedom: A History of American Negroes*, New York: Alfred A. Knopf.

Freeland, George Earl, and James Truslow Adams, *America's Progress in Civilization*, New York: Charles Scribner's Sons.

Freeman, Douglas Southall(1952). *George Washington: A Biography*, New York: Charles Scriber's Sons.

Frey, Sylvia(1991). *Water from the Rock:Black Resistance in a Revolutionary Age*, Princeton: Princeton University Press.

Frost, John(1838). *History of the United States of North America*, London: Charles Tilt.

Frothingham, Richard(1903). *History of the Siege of Boston, and of the Battles of Lexington, Concord, and Burker Hill*, Boston: Little, Brown and Company. [Reprint edition, Cambridge, M.A.:Da Capo Press, 1970.]

Galloway, Joseph(1780). *Historical and Political Reflections on the Ride and Progress of the American Revolution*, London: G. Wilkie.

Garcia, Jesus, et al.(2002). *Creating America:A History of the United States, Beginnings through Reconstruction*, Evanston: McDougal Littell.

Garraty, John A., and Mark C. Carnes, eds.(1999). *American National Biography*, New York: Oxford University Press.

Gibbes, R.W., ed.(1857). *Documentary History of the American Revolution*, New York: D. Appleton.

Goldfield, David, et al.(2001). *The American Journey:A History of the United States*, Upper Saddle River, N.J.: Prentice Hall.

Goodrich, Charles(1823). *A History of the United States of America*,

Hartford : Barber and Robinson.

Gordon, William(1788). *The History of the Rise, Progress, and Establishment of the Independence of the United States of America*, Philadelphia : R. Aitken and Son. [Reprint edition, Freeport, N.Y. : Books for Libraries Press, 1969.]

Greene, Robert Ewell(1984). *Black Courage, 1775~1783 : Documentation of Black Participation in the American Revolution*, Washington, D.C. : Daughters of the American Revolution.

Guitteau, William Backus(1919). *Our United States : A History*, New York : Silver, Burdett, and Co..

Hakim, Joy(2003). *A History of US*, New York : Oxford University Press.

Hale, Salma(1830). *History of the United States, from their First Settlement as Colonies, th the Close of the War with Great Britain in 1815*, New York : Collins and Hannay.

Hall, Abbott(1950). "Custom House Report, December 31, 1784," *Paper of Thomas Jefferson*, Julian P. Boyd, ed., Princeton : Princeton University Press.

Hall, Edward Hagaman(1932). *Margaret Corbin : Heroine of the Battle of Fort Washington, 16 November 1776*, New York : American Scenic and Historic Preservation Society.

Hallahan, William(2000). *The Day the American Revolution Began*, New York : William Morrow.

Halleck, Reuben Post(1923). *History of Our Country, for Higher Grades*, New York : American Book Co..

Hamm, William A.(1942). *The American People*, Boston : D.C. Heath and Co..

Hamm, William A., Henry Eldridge Bourne, and Elbert Jay Benton(1932). *A Unit History of the United States*, Boston : D.C. Heath and Co..

Hample, Judy(1977). "The Textual and Cultural Authenticity of Patrick Henry's 'Liberty or Death' Speech," *Quarterly Journal of Speech*, Vol. 63, No. 3, October, pp. 298~310.

Harlow, Ralph Volney(1975). *Samuel Adams : Prometer of the American Revolution*, New York : Farrar, Strauss and Giroux.

Hartman, Gertrude(1946). *America: Land of Freedom*, Boston: D.C. Heath and Co..

Harvey, Robert(2001). *A Few Bloody Noses: The American War of Independence*, London: John Murray.

Hately, Tom(1993). *The Dividing Paths: Cherokees and South Carolinians through the Era of Revolution*, New York and Oxford: Oxford University Press.

Haw, James, Francis F. Beirne, Rosamond R. Beirne, R. Samuel Jett(1980). *Stormy Patriot: The Life of Samuel Chase*, Baltimore: Maryland Historical Society.

Hazelton, John(1906). *The Declaration of Independence: Its History*, New York: Dodd, Mead and Co..

Hendricks, J. Edwin(1979). *Charles Thomson and the Making of a New Nation, 1729~1824*, Rutherford, N.J.: Fairleigh Dickinson University Press.

Hildreth, Richard(1972). *The History of the United States of America*, 6 vols., St. Clair Shores, Michigan.: Scholarly Press.

Hill, Geroge Canning(1858). *American Biography: General Israel Putnam*, Boston: E.O. Libby and Co..

Holton, Woody(1997). "Rebel Against Rebel: Enslaved Virginians and the Coming of the American Revolution," *Virginia Magazine of History and Biography*, Vol. 105, No. 2, Spring, pp.157~192.

_____(1999). *Forced Founders: Indians, Debtors, Slave and the Making of the American Revolution in Virginia*, Chapel Hill: University of North Carolina Press.

Hosmer, James(1885). *Samuel Adams*, Boston and New York: Houghton Mifflin.

Humphreys, David(1788). *An Essay on the Life of the Honorable Major Israel Putnam*, Hartford: Hudson and Goodwin.

Hunter, Ann Arnold(1991). *A Century of Service: The Story of the DAR*, Washington, D.C.: National Society Daughters of the American Revolution.

Hutchinson, Thomas(1936). *The History of the Colony and Province of Massachusetts-Bay*, Cambridge: Harvard University Press.

Jaffe, Irma(1976). *Trumbull:The Declaration of Independence*, New York: Viking.

Jameson, J. Franklin(1940). *The American Revolution Considered as a Social Movement*, Princeton:Princeton University Press.

Jefferson, Thomas(1955). *Notes on the State of Virginia*, Chapel Hill:University of North Carolina Press.

Jesen, Merrill(1968). *The Founding of a Nation:A History of the American Revolution, 1763~1776*, New York:Oxford University Press.

Johnston, Arthur(1908). *Myths and Facts of the American Revolution*, Toronto: William Briggs.

Kammen, Michael(1978). *A Season of Youth:The American Revolution and the Historical Imagination*, New York:Alfred A. Knopf.

Kellogg, Louise P., ed.(1916). *Frontier Advance on the Upper Ohio, 1778~1779*, Madison:State Historical Society of Wisconsin.

Ketchum, Richard, and Francis Russell(1963). *Lexington, Concord, and Bunker Hill*, New York:Harper and Row.

Klaver, Carol(1994). "An Introduction to the Legend of Molly Pitcher," *Minerva:Quarterly Report on Woman and the Military*, Vol. 12, No. 2, Summer, pp.35~61.

Kraus, Michael, and Davis D. Joyce(1985). *The Writing of American History*, Norman:University of Oklahoma Press.

Kulikoff, Allan(1983). "Uprooted Peoples:Black Migrants in the Age of the American Revolution, 1790~1820," *Slavery and Freedom in the Age of the American Revolution*, Ira Berlin and Ronald Hoffman, eds., Charlottesville: University Press of Virginia.

Laffin, John(1967). *Women in Battle*, London and New York:Abelard-Schuman.

Landis, John(1905). *A Short History of Molly Pitcher, the Heroine of Monmouth*, Carlisle, P.A.:Patriotic Sons of America.

_____(1911). "Investigation into American Tradition of Woman Known as Molly Pitcher," *Journal of American History*, Vol. 5, No. 1, January, pp.83~94.

Langguth, A. J.(1988). *Patriots: The Men Who Started the American Revolution*, New York: Simon and Schuster.

Leary, Lewis(1984). *The Book Peddling Parson*, Chapel Hill: Algonquin Books.

Leckie, Robert(1992). *George Washington's War: The Saga of the American Revolution*, New York: HarperCollins.

Lincoln, Charles, ed.(1906). *Naval Documents of the American Revolution*, Washington D.C.: Government Printing Office.

Lincoln, William, ed.(1838). *The Journals of Each Provincial Congress of Massachusetts in 1774 and 1775, with an Appendix Containing the Proceedings of the Country Conventions*, Boston: Dutton and Wentworth.

Lindop, Edmund(1987). *Birth of the Constitution*, Hillside, N.J.: Enslow Publishers.

Lossing, Benson(1851). *Pictorial Field-Book of the Revolution*, New York: Harper and Brothers.

Ludlum, David(1966). *Early American Winters, 1604~1820*, Boston: American Meteorological Society.

_____(1984). *The Weather Factor*, Boston: Houghton Mifflin.

Mackesy, Piers(1965). *The War for America, 1775~1783*, Cambridge: Harvard University Press.

Maier, Pauline(1980). *The Old Revolutionaries: Political Lives in the Age of Samuel Adams*, New York: Alfred A. Knopf.

_____(1997). *American Scripture: Making the Declaration of Independence*, New York: Vintage.

Main, Jackson Turner(1954). "The One Hundred," *William and Mary Quarterly*, 3rd Ser., Vol. 11, No. 3, July, pp.354~384.

Malone, Dumas, ed.(1948). *Dictionary of American Biography*, New York: Scribner's.

Marshall, John(1969). *The Life of George Washington*, New York: AMS Press.

Martin, Joseph Plumb(2001). *A Narrative of a Revolutionary Soldier*, New York: Signet.

Mason, F. Van Wyck(1953). *The Winter at Valley Forge*, New York: Random House.

Massay, George(1997). "The Limits of Antislavery Thought in the Revolutionary Lower South:John Laurens and Henry Laurens," *Journal of Southern History*, Vol. 63, No. 3, August, pp.495~530.

Mayer, Henry(1986). *Son of Thunder*, New York:Franklin Watts.

Mayer, Holly(1996). *Belonging to the Army:Camp Followers and Community during the American Revolution*, Columbia:University of South Carolina Press.

McCants, David(1979). "The Authenticity of William Wirt's Version of Patrick Henry's 'Liberty or Death' Speech," *Virginia Magazine of History and Biography*, Vol. 87, No. 2, April, pp.387~402.

McCullough, David(2001). *John Adams*, New York:Simon and Schuster.

_____(2002). "The Argonauts of 1776," *New York Times*, July 4.

McDonnell, Michael(2001). "National Identity and the American War for Independence:A Reappraisal," *Australasian Journal of American Studies*, Vol. 20, No. 1, July, pp.3~17.

McGlone, Robert(1998). "Deciphering Memory:John Adams and the Authorship of the Declaration of Independence," *Journal of American History*, Vol. 85, No. 2, September, pp.411~438.

Meade, Robert(1957). *Patrick Henry:Patriot in the Making*, Philadelphia and New York:J.B. Lippincott Co..

Merrell, James(1987). "Declaration of Independence:Indian-White Relations in the New Nation," *The American Revolution:Its Character and Limits*, Jack P. Greene, ed., New York:New York University Press.

Middlekauff, Robert(1982). *The Glorious Cause:The American Revolution, 1763~1789*, New York:Oxford University Press.

Miller, John(1936). *Sam Adams:Pioneer in Propaganda*, Stanford:Stanford University Press.

Mitchell, Broadus(1974). *The Price of Independence:A Realistic View of the American Revolution*, New York:Oxford University Press.

Montgomery, David Henry(1891). *The Leading Fact of American History*, Boston:Ginn and Co., 1891.

_____(1897). *The Student's American History*, Boston:Ginn and Co..

_____(1899). *The Beginner's American History*, Boston:Ginn and Co..

Morgan, Edmund Sears, ed.(1961). *Paul Revere's Three Accounts of His Famous Ride*, Boston:Massachusetts Historical Society.

Moultrie, William(1802). *Memoirs of the American Revolution*, New York: David longworth.

Murray, Charles(2003). *Human Accomplishment: The Pursuit of Excellence in the Arts and Sciences, 800 B.C. to 1950*, New York:HarperCollins.

Muzzey, David Saville(1911). *An American History*, Boston:Ginn and Co..

_____(1933). *The United States of America*, Boston:Ginn and Co..

_____(1934). *History of the American People*, Boston:Ginn and Co..

Nash, Gary(1981). "Thomas Peters:Millwright and Deliver," *Struggle and Survival in Colonial America*, David G. Sweet and Gary Nash, eds., Berkeley:University of California Press.

_____(1986). *Race, Class, and Politics: Essays on American Colonial and Revolutionary Society*, Urbana:University of Illinois Press.

_____(1990). *Race and Revolution*, Madison:Madison House.

_____(1999). "The Concept of Inevitability in the History of European-Indian Relations," *Inequality in Early America*, Carla Gardina Pestana and Sharon V. Salinger, eds., Hanover:University Press of New England.

_____(2005). *The Unknown American Revolution: The Unruly Birth of Democracy and the Struggle to Create America*, New York:Viking.

Nash, Gary, and Julie Roy Jeffrey(2001). *The American People: Creating a Nation and a Society*, New York:Addison-Wesley.

Neimeyer, Charles Patrick(1996). *America Goes to War: A Social History of the Continental Army*, New York:New York University Press.

Nell, William(1885). *Colored Patriots of the American Revolution*, Boston: Rovert F. Wallcut. [Reprint edition, New York:Arno Press and New York Times, 1968.]

Norris, Michael(1998). "Army Awards Veterans Who Stopped My Lai Massacre," *Army News Service*, March 11.

Norton, Mary Beth, et al.(2000). *A People and a Nation: A History of the United States*, Boston: Houghton Mifflin.

O'Leary, Cecelia Elizabeth(1999). *To Die For: The Paradox of American Patriotism*, Princeton: Princeton University Press.

Oliver, Peter(1961). *Origin and Progress of the American Rebellion*, Stanford: Stanford University Press.

Olsen, Stephen(1976). "A Study in Disputed Authorship: The 'Liberty or Death' Speech," Ph.D. dissertation, Pennsylvania: Pennsylvania State University.

Peckham, Howard(1974). *The Toll of Independence: Engagements and Battle Casualties of the American Revolution*, Chicago: University of Chicago Press.

Phillips, Kevin(1999). *The Cousins' Wars: Religion, Politics, and the Triumph of Anglo-America*, New York: Basic Books.

Purcell, Sarah(2002). *Sealed with Blow: War, Sacrifice, and Memoery in Revolutionary America*, Philadelphia: University of Pennsylvania Press.

Pybus, Casandra(2003). "Negotiating Freedom in the Post-Revolutionary Atlantic World," a paper presented in the conference on "Class and Class Struggles in North America and the Atlantic World, 1500~1820," Montana State University, September 18~21.

Quarles, Benjamin(1961). *The Negro in the American Revolution*, Chapel Hill: University of North Carolina Press.

Ramsay, David(1785). *History of the Revolution in South Carolina*, Trenton: Isaac Collins.

_____(1789). *The History of the American Revolution*, Philadelphia: R. Aitken and Son. [Reprinted by Liberty Classics in 1990.]

Raphael, Ray(1993). *Little White Father: Redick Mckee on the California Frontier*, Eureka, C.A.: Humbolt Country Historical Society.

_____(2002). *A People's History of the American Revolution: How Common People Shaped the Fight for Independence*, New York: HarperCollins.

_____(2003). *The First American Revolution: Before Lexington and Concord*, New York: The New Press.

Resch, John(1999). *Suffering Soldiers:Revolutionary War Veterans, Moral Sentiment, and Political Culture in the Early Republic*, Amherst:University of Massachusetts Press.

Rice, Franklin(1882). *Worchester Town Records from 1753 to 1783*, Worchester: Worchester Society of Antiquity.

Richter, Daniel(2001). *Facing East from Indian Country*, Cambridge:Harvard University Press.

Riegel, Robert E., and Helen Haugh(1953). *United States of America:A History*, New York:Charles Scribner's Sons.

Roark, James, et al.(2002). *The American Promise:A History of the United States*, Boston:Bedford/St. Martins.

Royster, Charles(1979). *A Revolutionary People at War:The Continental Army and the American Character, 1775~1783*, Chapel Hill:University of North Carolina Press.

Rugg, Harold, and Louise Krueger(1936). *The Building of America*, Boston: Ginn and Co..

Rush, Benjamin(1948). *Autobiography of Benjamin Rush*, George W. Corner, ed., Princeton:Princeton University Press.

Schreeven, William J., Robert L. Scribner, and Brent Tarter, eds.(1983). *Revolutionary Virginia:The Road to Independence, a Documentary Record*, Charlottesville:University Press of Virginia.

Schutz. John A., and Douglas Adair, eds.(1966). *The Spur of Fame:Dialogues of John Adams and Benjamin Rush, 1805~1813*, San Marino, C.A.: Huntington Library.

Shy, John(1990). *A People Numerous and Armed:Reflections on the Military Struggles for American Independence*, Ann Arbor:Univ. of Michigan Press.

Smith, William Raymond(1966). *History as Argument:Three Patriot Historians of the American Revolution*, The Hague:Mouton and Co..

Snowden, Richard(1793). *The American Revolution Written in the Style of Ancient History*, Philadelphia:Jones, Hoff and Derrick.

Stanton, Lucia(2002). *Free Some Day:The African American Families of*

Monticello, Chapel Hill: University of North Carolina Press.

Stevenson, Augusta(1986). *Molly Pitcher: Young Patriot*, New York: Macmillan.

Stryker, William(1927). *The Battle of Monmouth*, Princeton: Princeton University Press.

Stuckey, Sterling, and Linda Kerrigan Salvucci(2003). *Call to Freedom*, Austin: Holt, Rinehart and Winston.

Tassel, David D. Van(1960). *Recording America's Past: An Interpretation of the Development of Historical Studies in America, 1607~1884*, Chicago: University of Chicago Press.

Taylor, Alan(1995). "'To Man Their Rights': The Frontier Revolution," *The Transforming Hand of Revolution: Reconsidering the American Revolution as a Social Movement*, Ronald Hoffman and Peter J. Albert, eds., Charlottesville: University of Virginia.

Taylor, Robert J., ed.(1977). *Papers of John Adams*, Cambridge: Harvard University Press.

Thompson, D. W., and Merri Lou Schaumann(1989). "Goodbye. Molly Pitcher," *Cumberland County History*, Vol. 6, No. 1, Summer, pp.3~26.

Travers, Len(1997). *Celebrating the Fourth: Independence Day and the Rites of Nationalism in the Early Republic*, Amherst: University of Massachusetts Press.

Treese, Lorett(1995). *Valley Forge: Making and Remaking a National Symbol*, University Park, Pa.: Pennsylvania State University Press. [www.nps.gov/vafo/treese/treeset.htm]

Trumbull, James(1902). *History of Northampton, Massachusetts, from Its Settlement in 1654*, Northampton: Gazette Printing Co..

Tryon, Rolla, and Charles R. Lingley(1927). *The American People and Nation*, Boston: Ginn and Co..

Tyler, John(1986). *Smugglers and Patriots: Boston Merchants and the Advent of the American Revolution*, Boston: Northeastern University Press.

Tyler, Moses Coit(1887). *Patrick Henry*, Boston: Houghton Mifflin.

Tyne, Claude Halstead Van(1905). *The American Revolution, 1776~1783*,

New York: Harper and Brothers.

Upton, L.F.S., ed.(1965). "Proceeding of Ye Body Respecting the Tea," *William and Mary Quarterly*, 3rd Ser., Vol. 22, No. 2, April, pp.287~300.

Walker, James W. St. G.(1976). *The Black Loyalists: The Search for a Promised Land in Nova Scotia and Sierra Leone, 1783~1870*, New York: Africana.

Warren, Charles(1945). "Fourth of July Myths," *William and Mary Quarterly*, 3rd Ser., Vol. 2, No. 3, July, pp.237~272.

Warren, Mercy Otis(1805). *History of the Rise, Progress and Termination of the American Revolution, Interspersed with Biographical, Political and Moral Observations*, Boston: E. Larkin. [Reprinted by Liberty Classics in 1988.]

Webster, Noah(1790). *A Collection of Essays and Fugitiv Writings*, Boston: I. Thomas and E.T. Andrews. [Reprint edition, Delmar, N.Y.: Scholars' Facsimiles and Reprints, 1977.]

_____(1833). *History of the United States*, New Haven: Durrie and Peck.

Weems, Mason(1962). *The Life of Washington*, Cambridge: Belknap Press.

Weir, Robert(1985). "'The Violent Spirit': The Reestablishment of Order, and the Continuity of Leadership in Post-Revolutionary South Carolina," *An Uncivil War: The Southern Backcountry during the American Revolution*, Ronald Hoffman, Thad W. Tate, and Peter J. Albert, eds., Charlottesville: University Press of Virginia.

Wells, William(1969). *The Life and Public Services of Samuel Adams*, Freeport, N.Y.: Books for Libraries Press.

Weslager, C.A.(1972). *The Delaware Indians: A History*, New Brunswick, N.J.: Rutgers University Press.

West, Ruth, and Willis Mason West(1935). *The Story of Our Country*, Boston: Allyn and Bacon.

West, Willis Mason(1913). *American History and Government*, Boston: Allyn and Bacon.

White, John Todd(1977). "The Truth about Molly Pitcher," *The American Revolution: Whose Revolution?*, James Kirby Martin and Karen R. Stubaus. eds., Huntington, N.Y.: Robert E. Krieger.

White, Richard(1991). *The Middle Ground: Indians, Empires, and Republic in the Great Lakes Region, 1650~1815*, Cambridge and New York: Cambridge University Press.

Williams, George(1883). *History of the Negro Race in America, from 1619 to 1880*, New York: G.P. Putnam's Sons. [Reprint edition, New York: Arno Press, 1968.]

Wills, Garry(1978). *Inventing America: Jefferson's Declaration of Independence*, New York: Doubleday.

Wilson, Ellen Gibson(1976). *The Royal Blacks*, New York: Capricorn.

Wirt, William(1818). *Sketches of the Life and Character of Patrick Henry*, Philadelphia: James Webster.

Wish, Harvey(1960). *The American Historian: A Social-Intellectual History of the Writing of the American Past*, New York: Oxford University Press.

Wood, Gordon(2001). "The Greatest Generation," *New York Review of Books*, March 29.

_____(2002). *The American Revolution: A History*, New York: Modern Library.

Wood, Peter(1978). "'Taking Care of Business' in Revolutionary South Carolina: Republicanism and the Slave Society," *Southern Experience in the American Revolution*, Jeffrey J. Crow and Larry E. Tise, eds., Chapel Hill: University of North Carolina Press.

Woodson, Carter(1922). *The Negro in Our History*, Washington: Associated Publishers.

Young, Alfred(1999). *The Shoemaker and the Tea Party*, Boston: Beacon Press.

_____(2003). "Liberty Tree: Made in America?" Newberry Library Seminar in Early American History, September 25.

_____(2004). *Masquerade: The Life and Times of Deborah Sampson, Continental Soldier*, New York: Alfred A. Knopf.

Zeamer, Jeremiah(1905). "Molly McCauley Monument," *Carlisle Herald*, April 5.

_____(1907). "Molly Pitcher Story Analyzed," *Carlisle Volunteer*, February 20.

찾아보기

【ㄱ】

강제법(Coercive Acts) 92
건국 시조들(Founding Fathers) 161~180
『건국의 형제들』(Founding Brothers) 164
게이지(Gage, Thomas) 32, 94
『고대 역사의 양식으로 쓴 미국혁명』(The American Revolution Written in the Style of Ancient History) 319
고든(Gordon, William) 24, 102, 129, 148, 248, 276, 310
— 의 독립전쟁에 대한 언급 248
— 의 리비어에 대한 언급 24
— 의 매사추세츠 정부법에 대한 서술 103
— 의 샘 애덤스에 대한 언급 74~75
굿리치(Goodrich, Charles) 103, 132, 150
그린(Greene, Nathanael) 124, 245, 264
『그림으로 보는 혁명의 현장』(Pictorial Field-Book of the Revolution) 28, 50, 223, 322
깁슨(Gipson, William) 246

【ㄴ】

넬(Nell, William) 223
노바스코샤(Nova Scotia) 236
노예의 영국측으로의 탈주 227, 228, 234
— 에 대한 교과서 서술 230~231
『노예제에서 자유까지』(From Slavery to Freedom) 228
노예제와 미국혁명의 모순 222
노예제 폐지론자(abolitionist) 223
노예 징집 219
뉴버그(Newburgh) 음모 118
뉴햄프셔(New Hampshire) 애국자 100

【ㄷ】

대니얼스(Daniels, Bruce) 212
대륙군(Continental Army) 113, 115, 117, 143, 173, 174
— 과 대륙회의 130
— 의 폭동 116~120

대륙회의(Continental Congress) 262, 284
— 와 대륙군 113, 130
— 와 인디언 284
『대륙회의 회보』(Congressional Journal) 307, 308
더글러스(Douglas, Stephen) 152
던모어(Dunmore)의 자유선언 217, 226
델라웨어족(Delaware Indians) 283, 285
도스(Dawes, William) 23, 36, 38
독립기념일 307~309
— 과 존 애덤스 307
— 초창기의 행사 309~313
「독립선언문」(Declaration of Independence) 139, 144
— 을 둘러싸고 벌인 존 애덤스와 토머스 제퍼슨의 언쟁 151
— 이전의 선언문들 141~147
독립선언 서명일 307~308
『독립선언 서명자들의 생애』(Lives of the Signers of the Declaration of Independence) 150
『독립선언 서명자들의 전기』(Biography of the Signers of the Declaration of Independence) 150, 317
독립 시기 저명한 역사가들의 공통점 311
독립전쟁(War of Independence) 205
— 과 내전 244
— 과 노예 219, 229
— 과 세계 전쟁 269~275
— 과 프랑스의 지원 266
— 에 대한 흑인 역사가들의 서술 226
— 에서의 종군부의 역할 59
— 참가 병사들의 증언 202~204
— 후 인디언 항전에 대한 교과서 언급 297
인디언 관점에서의 — 282

두 보이스(Du Bois, W. E. B.) 227~228
드레이턴(Drayton, William H.) 287~288

【ㄹ】

램지(Ramsay, David) 25, 129, 130, 148, 248, 276, 287
랭거스(Langguth, A. J.) 63, 105, 262
러들럼(Ludlum, David M.) 121
레키(Leckie, Robert) 255
렉싱턴과 콩코드 전투(Battles of Lexington and Concord) 12, 25, 74, 89
— 와 민중혁명 91~97
『렉싱턴의 붉은 새벽』(Red Dawn at Lexington) 72
로렌스(Laurens, Henry) 268
로싱(Lossing, Benson) 28, 133, 223, 321
— 과 몰리 피처 이야기 50
— 과 포지 계곡 133
로킹엄(Rockingham, Lord) 264, 273
롱펠로(Longfellow, Henry Wadsworth) 19, 29
— 와 「혁명의 전령 폴 리비어」 19~20
— 의 왜곡 30, 31
리버티(Liberty) 호 나포 사건 78
리비어(Revere, Paul) 19, 21, 22, 39
— 에 대한 독립 시기 역사가들의 언급 24, 25
— 와 「혁명의 전령 폴 리비어」 29, 30, 35
— 의 전령활동 23
— 이야기에 대한 교과서 및 역사서의 언급 35~38
— 이야기에 대한 피셔의 재구성 31~34
영국군에 체포당한 — 23~24

링컨(Lincoln, Abraham) 13, 152
　—과 제퍼슨 152~157

【ㅁ】

마셜(Marshall, John) 25, 129, 149, 276
마이어(Maier, Pauline) 76
마틴, 벤저민(Martin, Benjamin) 217, 221
마틴, 조지프 플럼(Martin, Joseph Plumb) 47, 116, 118, 123, 203
매사추세츠 정부법(Massachusetts Government Act) 92~96, 102, 104
매사추세츠 주의회 89
매사추세츠 혁명 91~109
　—에 대한 교과서 서술 105
　—에 대한 역사가들의 탐구 103~106
매컬러(McCullough, David) 163, 173
매콜리(McCauly, Mary Ludwig Hays) 42, 45, 46, 55, 56
매크레디(McCrady, Edward) 245
매크레이(McCrae, Jane) 299, 300
맥길리브레이(McGillivray, Alexander) 289
맥밀런의 '유명한 미국인 열전'(Macmillan's "Famous Americans Series") 43~44
메이슨, 와이크(Mason, F. Van Wyck) 111
메이슨, 조지(Mason, George) 140, 144
모리스(Morris, Richard B.) 281
모리스타운(Morristown)
　—의 폭동 126
　—의 혹한 121~125
몬머스 전투(Battle of Monmouth) 41, 42, 47
몰리 대장(Captain Molly) 49, 51, 52, 60
　—의 전설 49~53

몰리 피처(Molly Pitcher) 13, 53~55
　—이야기 41~42
　—이야기에 대한 역대 교과서와 역사서의 서술 42~44
　—이야기에 대한 오늘날 역사서의 서술 58
　—이야기에 대한 화가들의 그림 53
　—이야기와 마거릿 코빈 48, 52, 57
　—이야기와 메리 루드비히 헤이스 매콜리 42, 45, 46, 55, 56
　—이야기와 몰 다이아몬드 피처 48
　—이야기와 사라고사의 처녀 이야기 49
　—이야기의 진실 45~48
몽고메리(Montgomery, Richard) 135
『미국 국가 전기』(American National Biography) 58
『미국사 입문』(Beginner's American History) 295
미국-스페인 전쟁(Spanish-American War) 55
『미국 역사학 회보』(The American Journey) 55~56
『미국의 성장, 진보, 독립의 역사』(The History of the Rise, Progress, and Establishment of the Independence of the United States of America) 310
『미국의 약속』(The American Promise) 295
『미국 전기 문고』(The Library of American Biography) 319
『미국혁명에서의 흑인』(The Negro in the American Revolution) 228
『미국혁명의 군사 일지』(Military Journal of the American Revolution) 53
미국혁명의 딸들(Daughters of the American Revolution) 57

『미국혁명의 발단, 진행, 종결의 역사』
(History of the Rise, Progress, and Termination of the American Revolution) 311
『미국혁명의 유색인종 애국자들』
(The Colored Patriots of the American Revolution) 223
『미국혁명이 시작된 날』(The Day the American Revolution Began) 71
민병대(minuteman) 98, 99
밀러(Miller, John) 80

【ㅂ】

반연방주의자(Anti-Federalist) 149
밴덜린(Vanderlyn, John) 300
밴크로프트(Bancroft, George) 210, 322
　―의 몰리 피처에 대한 언급 53
　―의 민중혁명에 대한 언급 104
　―의 새뮤얼 애덤스에 대한 언급 70, 74
　―의 영국군의 잔인함에 대한 언급 251
　―의 요크타운 전투 이후에 대한 언급 277
　―의 폴 리비어에 대한 언급 28
「버지니아 권리선언문」(Virginia Declaration of Rights) 140, 144, 148
버크(Burke, Edmund) 312
번바움(Birnbaum, Louis) 72
범인디언 연합 289
벙커힐 전투(Battle of Bunker Hill) 65, 204~207
베이츠(Bates, Issachar) 204, 206
벨크냅(Belknap, Jeremy) 27
보브릭(Bobrick, Benson) 105, 211
보스턴 시 대표자 회의 83
보스턴 차 사건(Boston Tea Party) 72, 91

보스턴 코커스(Boston Caucus) 69, 82
보스턴 포위전(Siege of Boston) 205
보스턴 학살(Boston Massacre) 22, 72
보스턴 항구법(Boston Port Bill) 92, 102
뷰캐넌(Buchanan, John) 245
브라운(Brown, Thomas) 246, 248, 251
브랜트(Brant, Joseph) 291
비걸로(Bigelow, Timothy) 142
비어드(Beard, Charles) 104

【ㅅ】

사라고사(Zaragoza)의 처녀 49
사우스캐롤라이나(South Carolina)
　―의 노예탈주 217, 223, 234
　―의 독립혁명과 노예 154, 219
　―의 애국자들과 인디언의 전투 287
사회계약(social contract) 140, 147
상비군(standing army) 114, 327
『상식』(Common Sense) 157, 174
새러토가(Saratoga) 265, 270
　―전투 127
샌더슨(Sanderson, John) 150, 317
『샘 애덤스 : 선전의 선구자』(Sam Adams: Pioneer in Propaganda) 80
샤이(Shy, John) 114, 306
서부 개척 296
『서부의 획득』(Winning of the West) 300
설리번(Sullivan, John) 284, 291
　―의 초토화 작전 284, 291, 294
세상을 뒤흔든 총성 89
세인츠 전투(Battle of the Saints) 273
셰이스의 반란(Shays's Rebellion) 79, 108
쇼니족(Shawnee Indians) 283, 285, 286
숙영법(Quartering Act) 96

스노든(Snowden, Ricahrd) 103
스미스소니언 협회(Smithsonian
Institution) 222
스파크스(Sparks, Jared) 319
스프링필드(Springfield) 애국자들의 법정
폐쇄 93

【ㅇ】

『아메리칸 스핑크스』(American Sphinx)
140
알리(Ali, Hyder) 273
애국자(Patriot) 15
『애국자들: 미국혁명을 시작한 사람들』
(Patriots: The Men Who Started the
American Revolution) 105, 262
애덤스, 새뮤얼(Adams, Samuel) 63, 105,
143, 178, 334
    —에 대한 리처드 실베스터의 증언 69
    —에 대한 조지 뱅크로프트의 언급 70
    —와 렉싱턴 전투 74~75
    —와 보스턴 차 사건 72~74
    —와 보스턴 학살 72
    —와 인지세법 폭동 81
    —와 토리당 정적들 66~70
    —의 폭동과 반란에 대한 반대 79
    —의 혁명 71~80
    독립의 설계자— 75
    샘 애덤스 이야기 13, 64, 65, 66
애덤스, 애비게일(Adams, Abigail) 41,
177, 178
애덤스, 존(Adams, John) 63, 143, 161
    —가 벤저민 러시에게 보낸 편지 176
    —와 독립기념일 307
    —와 독립선언 151, 173, 178

앤드루스(Andrews, John) 69, 94
앨런(Allen, Paul) 103
앱세커(Aptheker, Herbert) 225
엄혹한 겨울 121
에머슨(Emerson, Ralph Waldo) 90
엘리스(Ellis, Joseph) 140, 164, 169, 171
『역사의 위대한 지성들: 로저 머드의 인터
뷰』(Great Minds of History: Interviews
with Roger Mudd) 167
『연간회보』(Annual Register) 312, 313
연락위원회(Committees of
Correspondence) 83, 98
「연방주의 문건」(The Federalist Papers)
148
연방주의자(Federalist) 149
『영국군의 원정과 파괴에 관한 기록』(A
Narrative of the Excursion and Ravages of
the King's Troops) 24, 89
영국군 주둔병력 266
영국-프랑스 전쟁 269, 271
오티스(Otis, James Jr.) 67, 84, 311
올리버(Oliver, Peter) 66, 68
왁스호스 사건(Waxhaws incident) 201,
244, 255
요크타운(Yorktown)의 항복 261
요크타운 전투 261, 262
    —에 대한 교과서 서술 278
    —에 대한 독립혁명 세대 역사가들의 서
    술 275~276
우드(Wood, Gordon) 163, 167
우드슨(Woodson, Carter G.) 227
우스터(Worcester) 94, 98, 108, 142
워런, 머시 오티스(Warren, Mercy Otis)
25, 84, 129, 149, 250, 276
워런, 제임스(Warren, James) 78, 83
워런, 조지프(Warren, Joseph) 23, 64, 106

워싱턴(Washington, George) 19, 42, 47
　—과 대륙군 113, 118, 128
　—과 벚나무 일화 276, 315, 316
　—과 요크타운 전투 후 261, 264, 298
　—과 포지 계곡의 신화 116, 120, 131
　—에 대한 제어드 스파크스의 언급 319
　건국 시조로서의 — 14, 161
　윔스의 — 전기 314~315
『워싱턴의 생애』(Life of Washington) 130
워트(Wirt, William) 185
웰스(Wells, William V.) 74, 104
웹스터(Webster, Noah) 12, 276
위스키 반란(Whiskey Rebellion) 79
윌스(Wills, Garry) 308
윔스(Weems, Mason) 19, 130, 276, 313
이글스턴(Eggleston, Edward) 225
　—의 흑인 열등론 225
이로쿼이족(Iroquois Indians) 283, 285
인디언(Indians)
　—부족 간의 분열 283, 285, 286, 288
　—에 대한 미국인들의 공격 193, 194, 287, 295, 296
　—의 노예화 287~288
　—의 항전 289~290
　—전쟁 282
　존 설리번의 — 초토화 작전 284, 291
『인디펜던트 가제티어』(Independent Gazetteer) 309
인지세법(Stamp Act) 71, 81

【ㅈ】

『자유!』(Liberty!) 63, 105, 139
"자유가 아니면 죽음을 달라" 183
자유의 아들(Sons of Liberty) 37, 82

재판운영법(Administration of Justice Act) 96
저메인(Germain, George) 266
"적의 흰자위가 보일 때까지 발포하지 말라"의 의미 200
『적의 흰자위 : 육박전』(The Whites of their Eyes: Close-Quarter Combat) 213
정당방위의 신화 90, 98
「정부에 관한 두번째 논문」(Second Treatise of Government) 141
제퍼슨(Jefferson, Thomas) 13, 143
　—과 「독립선언문」 139~159
　—과 링컨 152~157
　—과 버지니아 권리선언 144
　—에 대한 에즈라 스타일스의 언급 148
조지(George, David) 236
조지 3세(George III) 261, 262
『조지 워싱턴의 생애』(The Life of George Washington) 130, 315
『조지 워싱턴의 전쟁』(George Washington's War) 211
종군부(camp Follower) 42, 43, 59, 60
『증언 : 미국혁명』(Eyewitness: The American Revolution) 211
『지평선』(Horizen) 294
지하철도(Underground Railroad) 234

【ㅊ】

참을 수 없는 법(Intolerable Acts) 92, 96
1785년의 토지법령 296
1812년 전쟁(War of 1812) 131
체로키족(Cherokee Indians) 283
　—과 영국 관리 헨리 스튜어트 286
　—원정 287~288

【ㅋ】

카우펜스 전투(Battle of Cowpens) 241
『컬럼비언』(*Columbian*) 313
코네티컷(Connecticut) 전선의 폭동 120
코미저(Commager, Henry Steele) 281
코빈(Corbin, Margaret) 48, 52, 57
콘월리스(Cornwallis, Charles) 261, 265
「콩코드 찬가」(Concord Hymn) 90
퀄스(Quarles, Benjamin) 228
클라크(Clark, George Rogers) 292, 294
　―의 북서부 원정 291
클린턴(Clinton, Henry) 265, 266
킹(King, Boston) 235~236
킹스마운틴 전투(Battle of King's Mountain) 245, 251

【ㅌ】

탈턴(Tarleton, Banastre) 241, 244, 251
토리당(Tories) 16, 66, 84, 245
톰슨(Thomson, Charles) 12

【ㅍ】

파커(Parker, James) 189
「패트리어트」(*The Patriot*) 217, 239
『패트릭 헨리의 생애와 인물에 관한 개요』(*Sketches of the Life and Character of Patrick Henry*) 186
퍼트넘(Putnam, Israel) 199, 210
펄링(Ferling, John) 175
페인(Paine, Thomas) 157, 174
페컴(Peckham, Howard) 202, 268

포브스(Forbes, Esther) 36
포지 계곡(Valley Forge) 111
　―에 대한 낭만적 묘사 132
　―의 겨울과 데이비드 램지 129
　―의 겨울과 머시 오티스 워런 129
　―의 겨울과 윌리엄 고든 129
　―의 겨울과 존 마셜 129
　―의 겨울과 질병 127
　―의 겨울에 대한 독립전쟁 당시 역사가들의 언급 129
　―의 겨울의 진상 119
　―의 워싱턴 116, 120, 131
　―의 탈영 116
『폴 리비어와 그가 살던 세계』(*Paul Revere and the World He Lived In*) 36
폴런팀버스의 전투(Battle of Fallen Timbers) 290, 293
프랑스의 미국 지원 266
프랭클린(Franklin, John Hope) 228
프레스콧(Prescott, William) 199, 210
프레스턴(Preston, Levi) 97
프렌치-인디언 전쟁(French and Indian War) 239, 269, 270
프로스트(Frost, John) 251, 277
프로싱엄(Frothingham, Richard) 27
플레밍(Fleming, Thomas) 63, 105, 139
피셔(Fischer, David Hackett) 31, 36
피스크(Fiske, John) 36, 224, 252
피터스(Peters, Thomas) 236

【ㅎ】

하드레이버 조약(Treaty of Hard Labor) 298
핸콕(Hancock, John) 23, 68, 78

핼러헌(Hallahan, William) 71
허친슨(Hutchinson, Thomas) 67, 71, 72
헤일(Hale, Salma) 103, 132, 320
헨리(Henry, Patrick) 183
　─에 대한 윌리엄 워트의 전기 185~187
　─와 노예제 190~192
　─와 인디언 영토 193
　─의 연설에 대한 교과서의 언급 197
　─의 인지세법 거부 연설 194~196
　─의 '자유가 아니면 죽음을 달라' 연설 183~185
「혁명의 전령 폴 리비어」(Paul Revere's Ride) 29, 30, 35
『회오리 속의 천사』(Angel in the Whirlwind) 106
휘틀리(Wheatley, Phyllis) 334
흑인 애국자들(Black Patriots) 223
　　─에 대한 기록 226~231
힐드레스(Hildreth, Richard) 252, 323